ŒUVRES COMPLÈTES
D'ÉLISA MERCOEUR

DE NANTES.

Elisa MERCOEUR de Nantes.

OEUVRES COMPLÈTES
D'ÉLISA MERCOEUR

DE NANTES,

PRÉCÉDÉES DE

MÉMOIRES ET NOTICES SUR LA VIE DE L'AUTEUR,

ÉCRITS PAR SA MÈRE ;

ORNÉES

D'UN TRÈS BEAU PORTRAIT, PAR A. DEVERIA,

ET DE TROIS FAC SIMILE,

DONT L'UN D'ÉLISA MERCOEUR, ET LES DEUX AUTRES DE MM. DE CHATEAUBRIAND ET DE MARTIGNAC.

> Qui laisse un nom peut-il mourir ?...
> ÉLISA MERCOEUR.

I

PARIS,

CHEZ MADAME VEUVE MERCOEUR,
RUE DE SÈVRES, 120.
ET CHEZ POMMERET ET GUÉNOT,
RUE ET HÔTEL MIGNON, 2.

1843.

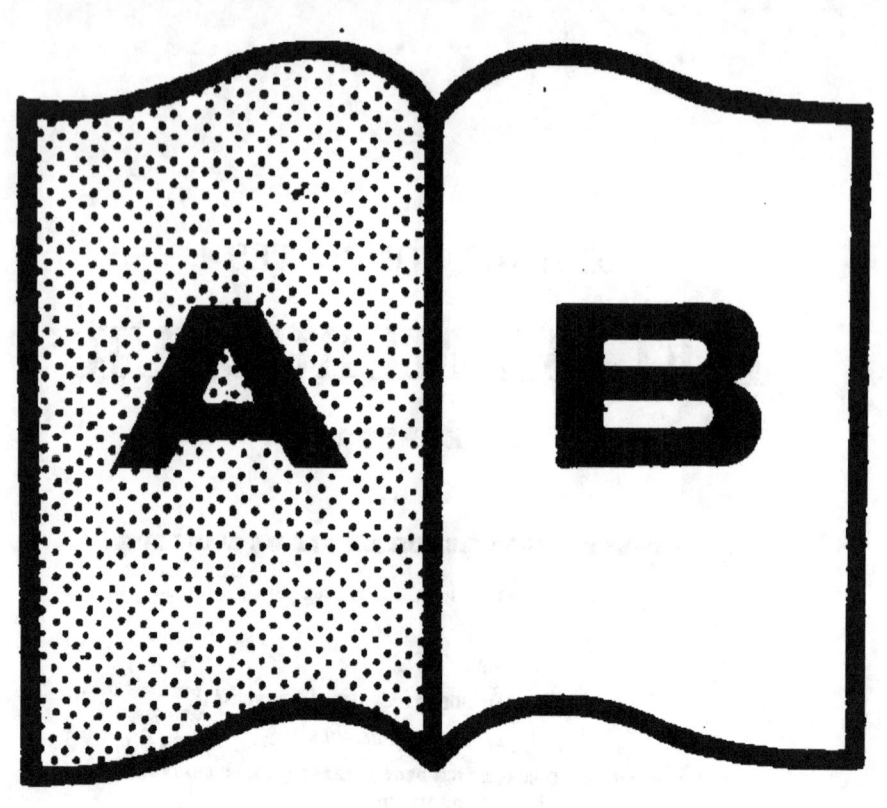

Contraste insuffisant
NF Z 43-120-14

Contraste hétérogène

Conforme à l'original

VALABLE POUR TOUT OU PARTIE
DU DOCUMENT REPRODUIT

Pour éviter toute contrefaçon, j'ai pris le parti de signer tous les exemplaires.

S'il se trouvait des personnes qui eussent le désir d'ajouter à leur collection de tableaux le portrait d'Elisa Mercœur, je les préviens que je l'ai fait tirer sur grand et papier moyen ; qu'il ne se trouve que chez moi, rue de Sèvres, 120.

Ve Mercœur

MÉMOIRES ET NOTICES

SUR

LA VIE D'ÉLISA MERCŒUR,

ÉCRITS PAR SA MÈRE

ET DÉDIÉS

A TOUTES LES BONNES ET VERTUEUSES JEUNES FILLES.

A L'ÉCHO.

> Déjà tel qu'un rêve elle s'est effacée ;
> Elle dort maintenant.
> Elisa Mercœur.

Echo ! toi qui, comme la vie et la mort, passes tous les seuils, franchis tous les espaces, retourne dans les lieux où tu fis entendre l'horrible vérité qui me tue : que la mère d'Elisa Mercœur n'avait plus d'enfant ; fais savoir à tous les bonnes et vertueuses jeunes filles que je leur dédie les Mémoires que j'écris sur la vie de celle qui travaillait sans relâche pour soulager ma misère et que la mort a surprise au milieu de ses nobles et pieux travaux. Dis aussi aux mères si heureuses de posséder leurs filles, si fières de leur amour, de leurs vertus et de leur naïve confiance, que je remplissais le cœur de ma bonne et vertueuse enfant; qu'Elisa n'avait point de pensées muettes pour sa mère; qu'elles avaient toutes une voix qui vibrait dans mon cœur; que nous ne nous quittions jamais. Dis qu'une fois seulement Elisa s'éloigna de sa mère.... Oh! mais ajoute, Echo, que ce fut pour aller vers son Dieu; que la jeune vierge est montée au ciel pure de toute tache, et que si toutes les vertus dont elle était parée lorsque Dieu l'enleva à mon amour, pouvaient devenir les rayons de son auréole de gloire, Elisa brillerait ineffaçable dans les cieux, et dissiperait les ténèbres qui la dérobent à sa malheureuse mère.

Mais si, après leur avoir fait connaître la perte irréparable que j'ai faite, les yeux des jeunes filles restent secs, si chacune d'elles ne se précipite sur le sein de sa mère en lui disant : Ma mère, prolonge mes jours pour ton bonheur; vois tout ce que souffre la pauvre mère d'Elisa Mercœur d'avoir perdu son enfant! si les mères, avec un mouvement d'anxiété convulsive, ne pressent leurs filles sur leur cœur comme pour les dérober à la mort, oh! alors, Echo, fais-leur comprendre s'il se peut, pour les rendre sensibles à mon malheur, tout ce que je souffris lorsque j'entendis prononcer : Elisa est morte !

> Morte !... ce mot dit toute ma douleur !
> Morte !... ce mot a déchiré mon cœur !
> Ce mot horrible et me glace et m'accable ;
> Morte si jeune ! oh ! c'est épouvantable !
> Je n'avais que ma fille, elle était tout mon bien !
> Elle est morte, grand Dieu ! morte !... je n'ai plus rien !

Ah ! que du moins son nom trouve dans le cœur des bonnes et vertueuses jeunes filles la vie du souvenir !.....

INTRODUCTION.

De même qu'il est des douleurs pour lesquelles, sur la terre, il n'est aucune consolation humaine, de même il est des sermens dont rien ne peut nous délier; et telle est la nature de celui qui m'a obligée de prendre la plume. Oh! pourquoi Dieu, qui mit tant de larmes dans mes yeux, en m'enlevant la meilleure des filles, n'a-t-il pas placé dans mon âme assez de force pour supporter courageusement la perte irréparable que j'ai faite, puisqu'il savait que j'avais une tâche difficile à remplir, et que, courbée sous le faix de ma douleur et des maux qu'elle me cause, que la plume serait trop lourde pour ma débile main! car la douleur est un pesant fardeau pour qui la porte sans espérance de pouvoir s'en décharger, lors même que son poids accable. Oh! si la vie pouvait payer la vie, Elisa Mercœur serait pleine d'existence, et sa mère reposerait dans la tombe; mais non, rien ne pourrait ranimer sa froide cendre, et je dois vivre pour souffrir et la pleurer, jusqu'à ce que le Ciel, touché de mon isolement et de mes larmes, ne consente à me réunir à elle..... Plus heureuse que moi, Elisa s'est vue exaucée dans ses vœux : elle avait demandé à Dieu de ne pas mourir la dernière, et pourtant elle eût trouvé dans sa jeunesse et son génie les forces qui me manquent pour supporter notre séparation.

Devenue, depuis sa mort, l'objet de la plus tendre compassion, j'ai vu plus d'une fois les yeux de qui traverse la vie en riant et en chantant, se remplir de larmes à l'aspect de mes souffrances. Puissent ces souffrances, qui font de tous mes jours un supplice continu, engager le lecteur à parcourir avec une bienveillante indulgence les détails que je me suis vue forcée de lui donner sur la vie si pleine et si rapide de ma pauvre enfant ! Car je n'aurais point osé les ajouter à ses œuvres, ces détails qui déchirent mon cœur, si, quelques jours avant que son génie ne s'envolât vers les cieux, avant que la plume échappât à sa main glacée, Elisa ne m'avait fait promettre sur le bord de sa tombe entr'ouverte, au nom du tendre souvenir qu'elle laisserait dans mon cœur, que si Dieu me condamnait à l'affreux malheur de vivre sans elle, de vivre pour sa mémoire, pour publier moi-même l'héritage que bientôt elle me laisserait, d'y ajouter, ce que l'on ne manquerait pas de me demander, et ce que seule je pouvais donner, quelques détails sur son enfance, sur ses travaux, ses habitudes et ses goûts, sur son amour pour sa mère, pour sa mère qui bientôt n'aurait plus d'enfant et que sa mort allait condamner à des pleurs éternels.

Il m'a donc fallu un serment aussi saint, un serment aussi sacré que celui que je fis à ma fille expirante, pour m'obliger à écrire des Mémoires sur sa vie; car, outre ce que j'ai souffert en les traçant, je ne puis, quoi que je fasse, bannir de mon âme la crainte qu'y ont jetée quelques observations peu ménagées qui m'ont été faites (1)

---

(1) Lorsqu'on a su que je ne voulais confier à personne le soin de publier les œuvres de ma fille et que j'écrivais des Mémoires sur sa vie, tous les ressorts de la mystification ont été mis en jeu pour m'obliger à renoncer à mon projet de publication, comme

quand on a su que je persistais à publier les
œuvres de mon Elisa, et à donner au public le

si des paroles plus ou moins durement prononcées pouvaient me
délier du serment que j'ai fait à ma pauvre enfant en présence de
la mort.

Elisa Mercœur étant devenue par sa mort le domaine des auteurs, me disait-on, je ne pouvais, sans encourir le blâme, empiéter sur leurs droits ; que je n'avais probablement pas réfléchi qu'en écrivant moi-même les Mémoires sur la vie de ma fille, que j'allais leur ôter tout l'intérêt qu'une plume exercée y répandrait ; que, d'ailleurs, il fallait bien me dire que pour avoir le droit de fixer l'attention du lecteur, il me fallait beaucoup d'autres choses que d'avoir su aimer et élever mon enfant ; que l'on était forcé d'avouer que je possédais beaucoup d'instinct* ; mais que l'on croyait devoir m'avertir en confidence que c'était du génie et un nom habitué à se faire applaudir que le lecteur cherchait dans les ouvrages qu'il se donnait la peine de lire.

La terre n'avait point encore recouvert la dépouille mortelle de ma fille qu'une personne qui, s'imaginant (je ne sais fondée sur quoi, puisqu'il n'avait existé aucune espèce de relation entre elle et ma fille) qu'elle publierait les œuvres d'Elisa Mercœur, sans réfléchir à l'inconvenance de sa proposition, dans un instant où j'étais livrée au plus affreux désespoir (on venait d'enlever la bière de ma pauvre enfant pour la porter à l'église) ; eh bien ! cette personne me pria de lui donner les manuscrits d'Elisa, qu'elle terminerait les travaux qui n'étaient pas achevés, et qu'elle les publierait ensuite. Je ne sais si je dus à mon refus une lettre anonyme en quatre pages que je reçus peu de temps après ; mais ce

---

* Pour aimer mon enfant, l'instinct m'aurait suffi sans doute : je n'aurais eu qu'à suivre l'impulsion de mon cœur. Mais pour l'élever il m'a fallu, je crois, plus que cela ; il m'a fallu du jugement, et le jugement est le fruit de longues et sérieuses réflexions.

détail des qualités si précieuses qui la distinguaient. Aussi me semble-t-il, d'après ces observations, justes peut-être, mais je crois un peu trop durement faites, voir la critique se lever en masse et l'entendre me demander de sa voix sévère si je pense que le titre de mère d'Elisa Mercœur me donne à moi, inconnue dans la littérature, le droit acquis d'écrire, ou si je me crois assez de génie pour me faire pardonner cette audace... Non, je n'ai point de génie, non, je le sais ; je n'ai pas même ce que l'on rencontre si facilement dans toutes les classes, de *l'esprit* et du *savoir*, mais j'ai du jugement et le cœur où Elisa déposait les pensées les plus intimes du sien.... C'est donc dans ce cœur, où ma bonne et candide enfant a enfoui tous les trésors de son cœur, que j'ai fouillé pour en détacher, non sans souffrances horribles, tous les douloureux quoique bien chers détails que contiennent les Mémoires et les Notices qui se trouvent dans ses œuvres.

On ne m'aurait point disputé le droit si légi-

que je puis dire, c'est qu'on m'y donnait des conseils dans les mêmes termes que ceux que m'avait donnés la personne dont je viens de parler ; on me la désignait comme étant la seule par qui je dusse faire achever les travaux de ma fille.

timement acquis de parler de ma pauvre enfant, droit consacré par vingt-cinq ans de tendresse, de conseils et de soins, si l'on s'était donné la peine de considérer que je me trouve dans le cas d'un homme qui, ayant fait naufrage, viendrait conter par quel miracle lui et l'un de ses fils échappèrent à la mort; comment ils vécurent pendant de longues années dans une île déserte où les flots les avaient jetés, et tout ce qu'il souffrit lorsque la mort lui enleva ce fils qui lui était si cher! Si l'on ne pouvait sans intérêt entendre le récit des infortunes de ce malheureux père, pourquoi me serait-on moins favorable, puisque comme lui, seule aussi, je suis réchappée du naufrage? Alors, comme lui, seule aussi, je dois pouvoir conter. Ah! que l'on ne m'envie pas cette douloureuse occupation de me retourner moi-même le poignard dans le cœur, en parlant d'un *passé* qui me fut un *présent* si cher! Mais, hélas! il n'est que trop vrai, et j'en ai fait la triste expérience, que, quels que soient les malheurs qui pèsent sur vous, rien ne peut vous soustraire à l'envie; car si, dans le récit de vos infortunes, l'ambitieux voit un gain d'argent, l'égoïste un gain d'amour-propre, ils vous disputent le douloureux privilége de dire comment

Dieu vous en accabla, et toutes les souffrances qu'elles ont jetées dans votre cœur. Mais si vous les empêchez de satisfaire la soif insatiable qui les presse de se mettre en évidence, s'ils sont obligés de renoncer à l'espérance d'exploiter vos malheurs à leur profit, alors ils donnent la torture à votre cœur en vous menaçant de la critique qu'ils vous représentent toujours armée et sans indulgence pour celui qui ose prendre la plume sans être porteur d'un brevet de talent sanctionné par les applaudissemens de la foule. Si je n'espérais que les raisons qui m'ont forcée d'écrire les Mémoires sur la vie de ma pauvre enfant désarmeront en ma faveur cette critique dont on s'est plu à me faire peur, j'irais demander au noble cœur de ceux qui, voulant me donner un témoignage de leur estime pour la mémoire de ma fille, de leur sympathie pour mon malheur, se sont empressés de souscrire à ses œuvres, de plaider la cause de la mère d'une jeune muse dont les vertus et le génie ont laissé un si doux souvenir dans la mémoire des hommes.

Toutes les observations si dures qui m'ont été faites par quelques personnes, et qui m'ont abreuvé de dégoûts et de craintes, ne m'auraient point été adressées, m'a-t-on dit, si on pouvait seulement supposer qu'à mon âge il fût possible d'idéaliser son style. S'il s'agissait d'un roman où la vérité ne dût être jetée que comme un épisode pour y semer de la variété, on aurait eu raison, je le sens, de m'empêcher de l'écrire; mais dans les renseignemens que je viens donner sur ma fille, la vérité s'y trouve dépouillée de toute fiction; c'est Elisa Mercœur dans sa simplicité, sans aucun ornement, c'est enfin la relation de son voyage dans la vie où seule je l'accompagnai, que je viens, à travers un déluge de larmes, livrer à la curiosité du public. Ah! si après l'avoir lue, les plus sévères critiques se trouvaient en face de ma douleur, s'ils voyaient la sueur ruisselant de mon front se joindre aux deux ruisseaux de larmes qui coulent constamment le long de mes joues creusées par la souffrance, il n'en est pas un seul, oh non! pas un qui, en me serrant la main, ne me dît : Pauvre mère, que je vous plains! quelle tâche pénible vous avez à remplir! Mais du courage; parlez, parlez surtout sans crainte, car nos cœurs entendent le vôtre... Oui, je parlerai, j'userai du privilége que me donne mon malheur de faire connaître la fille si chère que j'ai perdue. D'ailleurs, n'est-ce pas sous mes yeux que s'est déroulé son génie? qu'il a grandi noble et beau? Et qui pourrait, sans en avoir comme moi suivi pas à pas tous les développemens, donner le tableau exact des nuances si variées qui le composaient?

Quelque assurance que donne la vérité à celui qui fait entendre son langage, je ne serais cependant pas sans inquiétudes sur l'accueil que recevront les Mémoires et les Notices que j'ai écrits sur la vie de ma fille, si l'onction de sainte pitié qui s'est répandue sur moi depuis sa mort ne m'avait révélé que la voix du cœur est toujours entendue... Ah! si du fond de sa tombe Elisa pouvait te faire entendre la sienne, lecteur, elle te dirait : Prends pitié de ma pauvre mère, elle est bien malheureuse; je l'ai laissée sans enfans, sans appui sur la terre. Oh! ne la repousse pas lorsque, les yeux baignés de larmes et le cœur gonflé de soupirs, elle viendra te parler de la fille si chère qu'elle a perdue.... Rappelle-toi, lecteur, que cette fille qui fait aujourd'hui couler ses larmes, et qui autrefois embellissait sa vie, est cette même Elisa Mercœur que tu accueillis avec un si bienveillant empressement.

MÉMOIRES

SUR

LA VIE D'ÉLISA MERCŒUR.

> Et rose elle a vécu ce que vivent les roses,
> L'espace d'un matin.
> MALH.....

Elisa Mercœur est née à Nantes, le 24 juin 1809. Elle n'avait que vingt-un mois lorsque je restai seule pour l'élever : alors toutes mes affections se portèrent sur ma fille, elle devint mon horizon tout entier ; je ne vis plus qu'Elisa, rien qu'Elisa, toujours Elisa ; je ne pouvais en détacher ni mes regards ni ma pensée. Depuis lors mes yeux n'eurent plus de sommeil (1), j'aurais trop craint qu'en les fermant la mort ne profitât de cet instant pour m'enlever mon trésor... Inutile précaution! ne les avais-je pas ouverts lorsqu'elle ferma ceux d'Elisa pour jamais!!! Ah! pourquoi la nature fut-elle si riante et se para-t-elle de sa robe de fleurs (2) pour

(1) Ce n'est que depuis la mort d'Elisa que je m'explique ce qui me causa tant qu'elle vécut une insomnie permanente; il ne m'était pas possible de me mettre au lit sans me dire : Il ne faut pas que je m'endorme, car qui porterait secours à Elisa si elle se trouvait malade? Et cette crainte me tenait les yeux constamment ouverts. Je ne me serais jamais pardonné si elle était morte pendant mon sommeil, je me serais dit sans cesse : Si j'avais veillé, Elisa vivrait!... Ah! je sens maintenant que cette insomnie que je regardais alors comme un délire de mon imagination n'était que l'effet d'un pressentiment qui m'avertissait que je ne posséderais pas long-temps ma fille et que je devais veiller religieusement sur le précieux et cher dépôt que Dieu ne me confiait que pour un temps. Aussi dès que je sentais mes yeux un peu s'appesantir, je me mettais sur mon séant, et ce n'était pas sans un frémissement horrible que j'étendais la main pour m'assurer si le cœur de ma pauvre enfant témoignait encore de son existence. Cette crainte qui me mettait à la torture m'avait fait contracter l'habitude d'avoir toujours une veilleuse allumée, à moins qu'il ne fît un beau clair de lune qui me laissât apercevoir tous les mouvemens d'Elisa.

(2) Je ne crois pas avoir jamais vu le ciel plus serein et les fleurs plus belles que le jour où Elisa vint au monde.

La porte de ma chambre donnait sur un joli parterre; et, comme il n'y avait qu'un très petit pas de marche pour y des-

recevoir ma fille à son entrée dans la vie, si elle devait sitôt la livrer à la mort!... Accueil décevant, que tu coûtes de larmes à celle qui avait pris ton sourire pour un pronostic de longue existence pour son enfant!... Mais, hélas! devais-je me laisser surprendre à ce sourire trompeur? ne savais-je pas que la rose qui naît le matin d'un beau jour ne voit pas le soleil du lendemain, et que le parfum que ses feuilles répandent en s'envolant atteste seul son passage sur cette terre?... Puissent les feuilles qu'Elisa Mercœur parfuma de son génie devenir pour elle d'immortelles pages, et faire regretter qu'elle ait si peu vécu pour la littérature comme pour sa mère et pour ses amis!

Je ne dirai rien des deux premières années

cendre, il n'avait pas été possible, quelque chose que l'on pût me dire et quelles que fussent mes souffrances, de m'empêcher de m'y promener. Je crois que l'on m'aurait fait beaucoup de mal si l'on s'y était opposé. La vue des fleurs qui, la veille, n'étaient pas encore bien ouvertes et qui éclosaient devant moi, me paraissait un présage de bonheur pour l'être à qui j'allais donner la vie; il me semblait que la nature ne se parait ainsi que pour fêter sa bienvenue, et que le ciel n'était aussi pur que parce que son âme serait pure comme lui... Enfin, ce ne fut que lorsque mes souffrances furent à leur dernier période que l'on me décida à me laisser conduire dans ma chambre. Deux heures après, Elisa Mercœur comptait au nombre des vivans!...

qu'elle a vécu : ce temps de notre vie passé tout entier dans les bras d'une mère ou d'une nourrice, ne pourrait offrir, quelle que fût la minutie de ses détails, rien de bien intéressant pour le lecteur; car ce ne peut être du premier sourire qui se posa sur ses lèvres enfantines, et que mes yeux contemplèrent avec un indicible bonheur, ni du premier pas qu'elle essaya dans le chemin de la vie, où elle a si peu marché, qu'il doit désirer que je l'entretienne; ce ne peut être non plus le premier mot qu'elle bégaya, quoi qu'il eut pour mon oreille une si suave harmonie, qu'il doit lui importer de connaître ; ce ne doit être que ses pensées, et ce sont elles que je vais tâcher de classer par ordre.

Elisa n'avait que trois ans et quelques mois lorsqu'elle fit une remarque qui me prouva que le temps ne passait point inaperçu devant elle, ou qu'il ne se plaçait point dans sa mémoire comme le souvenir d'un jouet que la vue d'un autre jouet efface, mais comme un livre dont sa pensée retournerait souvent les feuillets.

Nous étions arrivés à cette époque de l'année où le jour, après avoir fait reculer la nuit, se trouve forcé de reculer à son tour. Jusque-là,

Elisa, que j'avais l'habitude de coucher le soir à sept heures ou à sept heures et demie; et, dans la belle saison, on sait qu'à cette heure-là il fait encore grand jour, ne connaissait de la nuit que le sommeil (1); d'obscurité, que celle qui règne dans les lieux où l'on ne peut pratiquer d'ouverture pour livrer passage au jour, ou celle où l'on peut se plonger soi-même en masquant les issues par où le jour pénètre. Elisa était trop jeune pour pouvoir se rappeler les deux années qui avaient précédé celle qu'elle parcourait; car, quand on ne compte que trois ans et quelques mois d'existence, on ne saurait fouiller bien avant dans le *passé;* la vue intellectuelle a si peu d'étendue à cet âge, que l'on ne doit guère voir au-delà du *présent.* Mais, pour Elisa, qui était née avec un caractère observateur, le *présent* lui rappelait le *passé*, sinon bien éloigné, du moins à quelques pas d'elle, et la rendait déjà prévoyante pour l'avenir.

Du moment où Elisa put parler, jusqu'à celui où sa voix a cessé de se faire entendre, elle a eu la passion des contes; jamais, tant qu'elle fut

---

(1) Elisa fut toujours si grande dormeuse qu'il ne lui arrivait que bien rarement lorsqu'elle était au lit d'y passer quelques instans sans dormir. Si en se livrant au sommeil, elle avait pu

petite, je ne la couchai sans lui en avoir dit un auparavant (1). Un soir que, selon sa coutume, elle était sur mes genoux pour entendre le conte que je lui racontais, la nuit nous surprit dans cette occupation et me contraignit de prendre de la lumière (2) pour la coucher. A mon grand étonnement, elle la vit sans surprise, cette nuit qui lui apparaissait pour la première fois ; mais elle ne la vit pas sans chagrin, et cela devait être ; car la pauvre petite s'imaginait que nous ne nous trouvions dans l'obscurité que parce que le bon Dieu était malade, et que sa maman, pour l'empêcher d'entendre le bruit de la rue, qui lui aurait donné mal à la tête, avait été obligée de lui fermer ses contre-vents afin qu'il pût dormir ; et que c'était ce qui nous empêchait de voir le jour et le soleil, qu'il avait chez lui. Je ne sais ce qui la rendait le plus triste, ou de la maladie du bon Dieu, ou de la crainte d'être privée long-temps du jour ; tout ce que je

cesser d'être soumise au besoin de la nature, elle ne se fût, je crois, jamais réveillée.

(1) Jamais je ne plaçais de revenans dans les contes que je disais à Elisa : aussi ne fut-elle jamais l'esclave de la peur.

(2) Jusqu'au moment où la nuit apparut à Elisa, elle croyait que l'on ne se servait de la lumière que pour dire la messe, pour aller dans les caves et pour cacheter les lettres.

puis assurer, c'est qu'elle me parut beaucoup moins affligée; mais je dois dire qu'elle croyait la guérison du bon Dieu certaine, car tout à coup il lui vint à la pensée que M. Aublanc (1) (c'est le nom du médecin qui nous donnait des soins) irait voir le bon Dieu, et que, dès qu'il lui aurait tâté le bras, regardé la langue et fait prendre deux onces de sirop de chicorée pour lui faire rendre ses vers, il serait guéri et qu'alors il rouvrirait ses contre-vents et que nous reverrions le jour et le soleil comme à l'ordinaire. Elle me pria en grâce d'écrire bien vite à M. Aublanc pour l'avertir que le bon Dieu était malade, en cas qu'il ne le sût pas, et le prier de l'aller voir et de le guérir tout de suite.

L'idée de la maladie du bon Dieu et des soins que M. Aublanc lui prodiguerait me donnèrent une telle envie de rire, que je ne songeai pas du tout, dans le moment, à faire revenir Elisa de l'erreur où elle était, erreur où je l'avais probablement jetée moi-même sans y penser. Je ne

---

(1) Elisa avait une telle confiance en M. Aublanc qu'elle croyait que rien ne lui était impossible. Pauvre enfant, au miracle près, elle a eu toute sa vie la même confiance en lui. Combien de fois, dans sa maladie, elle m'a dit : « Ah! si M. Aublanc était ici, lui qui connaît si bien mon tempérament, il me sauverait, j'en suis sûre.

tardai pas à reconnaître le tort que j'avais eu de la laisser dans sa croyance ; car, le lendemain, lorsque l'obscurité revint, elle me dit : « Il paraît que le bon Dieu est encore malade ; M. Aublanc ne sera point allé le voir. » Et elle soupira... Je compris alors combien il est imprudent de tromper un enfant, puisque l'imagination, à sa naissance, est comme une cire molle où tout ce qui la touche y laisse son empreinte. Il me suffira, pour le prouver, de citer le fait suivant :

Ainsi que tous les petits enfans, Elisa dormait le jour; c'était ordinairement depuis midi jusqu'à deux heures. Un jour qu'au lieu d'employer, comme de coutume, son temps à dormir, elle le passait à jaser avec moi, à me faire mille questions qui toutes tendaient à l'instruire (1), je pensai qu'en ne voyant plus le jour elle s'endormirait, et je fermai bien doucement les contre-vents de la croisée près de laquelle je travaillais ; c'était la seule qu'il y eût dans la chambre. Surprise de se trouver tout à coup dans l'obscurité, Elisa m'en demanda la raison. Je lui dis qu'à force de parler elle avait

(1) Elisa eut toujours un tel désir de s'instruire que je crois que la pauvre petite en sentit le besoin presque aussitôt que la vie.

donné mal à la tête au bon Dieu ; et que, pour ne pas l'entendre, il avait fermé ses contre-vents. Comme elle était tournée contre le jour, elle ne put s'apercevoir que c'étaient les nôtres que j'avais poussés ; aussi, ne pouvant soupçonner la ruse dont je me servais pour la faire dormir, elle me dit d'un petit ton de voix bien suppliant :

— Je t'en prie, ma petite maman mignonne, dis au bon Dieu qu'il ouvre ses contre-vents, que je serai bien sage, que je ne parlerai plus !...

On sent bien que le bon Dieu ne fut point insensible à la prière que je lui adressai, et que le jour reparut.

La scène que je viens de rapporter se passait le jour où Elisa achevait sa troisième année ; aussi, le souvenir ne s'en présenta-t-il à sa pensée, quelques mois après lorsqu'elle vit la nuit, que comme un de ces souvenirs vagues et confus, mais qui fait réfléchir, et qui lui fit conjecturer que le bon Dieu était malade et que la nuit ne provenait que de ses contre-vents fermés. Heureusement pour moi, car il m'eût été horrible de ne pouvoir inspirer de confiance à ma fille, qu'à l'âge qu'elle avait alors il n'est point de souvenir, quelque récent qu'il soit, auquel il ne manque quelque chose; et Dieu permit que la partie principale manquât à celui d'Elisa. Qu'aurais-je pu lui répondre, à cette pauvre enfant, si elle m'avait dit, lorsqu'il me fallut la détromper :

— Qui m'assurera que les paroles que tu emploies pour me tirer de l'erreur où tu m'as jetée sont plus vraies que celles dont tu t'es servie pour me tromper ?...

Enfin, grâce à la mémoire inexacte d'Elisa, je ne me trouvai point dans cet embarras, ou plutôt, grâce à son âge peu avancé. Mais si j'en fus quitte pour la peur, je puis assurer que la leçon que ce petit incident me donna ne me fut point une leçon perdue; il me démontrait trop évidemment que le mensonge, quelque innocent qu'il soit en apparence, n'est jamais sans danger pour un enfant, surtout à l'âge où il adopte sans examen aucun toutes les idées qu'on lui présente, pour que je ne fisse pas de sérieuses et utiles réflexions; aussi, si la manière dont j'ai élevé ma fille m'a valu par la suite quelques approbations, je crois en être redevable aux réflexions que je fis alors, car ce ne fut qu'alors que je m'aperçus que je n'avais pas examiné avec assez d'attention toute l'étendue de mes devoirs, et que je n'avais pas pesé comme je l'aurais dû toute l'importance de la tâche que mon titre de mère m'imposait. Décidé à la remplir jusque dans ses plus minutieux détails, cette tâche si sacrée pour mon cœur, je compris qu'elle ne consistait pas seulement à fournir scrupuleusement aux besoins de ma fille et à veiller religieusement à la conservation de cet être si cher; mais que je devais en même temps songer à former son jugement et son cœur, et que, pour y parvenir, je ne devais lui faire entendre d'autre langage que celui de la vérité (1), langage d'ailleurs si facile à parler pour une mère, lorsque c'est son cœur qui le porte à ses

(1) Elisa s'identifia si bien avec la vérité qu'elle lui devint, je crois, une seconde nature. Aussi me la disait-elle lors même qu'elle était à son désavantage et que j'aurais pu ne pas la savoir. Il me suffira d'en citer une seule preuve pour que l'on puisse se faire l'idée de la bonne foi de son caractère, car telle elle fut étant petite, telle elle fut étant grande, il ne se fit jamais de changement en elle de ce côté-là.

Lorsqu'elle était enfant, je la menais avec moi partout où j'allais, à moins qu'il ne fît trop mauvais temps; je ne m'en séparais que le moins qu'il m'était possible. Un jour qu'il pleuvait à seaux et qu'une affaire importante m'obligeait à sortir, je me vis contrainte de la laisser à la maison, et de l'y laisser seule, car ma bonne était absente. Comme il m'aurait été impossible de l'enfermer dans une chambre plutôt que dans une autre, toutes les portes

lèvres; si facile à comprendre pour un enfant, lorsque c'est son cœur qui l'écoute; et le cœur

du dedans de mon appartement ne fermant qu'au loquet, je ne sortis pas sans lui faire une forte recommandation de ne point approcher du feu, ce qu'elle me promit bien. Je fus fort étonnée lorsque je rentrai de ne la point voir accourir au-devant de moi pour chercher un petit gâteau que je lui avais promis. Je crus qu'elle s'était endormie, et je me hâtai d'aller vers le lit où je pensais qu'elle s'était peut-être couchée. Ne l'y ayant point trouvée, je l'appelai, mais non sans un frémissement horrible, car il me sembla qu'elle était morte.—Me voilà, ma petite maman mignonne, me répondit-elle avec sa petite voix argentine, me voilà. — Et mais où es-tu donc, ma chère petite? — Derrière la porte des pénitences, ma petite maman mignonne. — Et qui est-ce qui t'a mise là, ma fille? — C'est moi, ma petite maman. — Et pourquoi, mon cher ange? — Tu sais bien qu'en sortant tu m'as défendu d'approcher du feu? — Oui. — Eh bien! j'y suis allée tout de même, j'y ai mis un petit pot pour faire la soupe (le pot resté au feu témoignait de la vérité), parce que je voulais faire la dinette avec ma poupée; mais j'ai pensé que je t'avais désobéi et que je méritais d'être punie, et je me suis mise derrière la porte des pénitences : tu n'étais pas là pour m'y envoyer. J'ai bien fait, n'est-ce pas, ma petite maman, d'aller derrière la porte des pénitences pour m'empêcher de retourner au feu, quand tu seras sortie? car si tu ne m'avais pas donné le fouet quand j'ai volé l'image à Joséphine * je serais peut-être devenue une voleuse; ou

* J'étais extrêmement liée avec une dame qui avait une petite fille de deux ans plus âgée qu'Élisa. Cette petite allait à l'école, et, chaque fois qu'on lui donnait une image pour récompense, sa maman était obligée de l'amener à la maison pour la faire voir à Élisa. Un jour qu'elle avait eu pour prix de sagesse une bonne Vierge toute dorée et qu'elle était venue, selon sa coutume, avec sa maman pour faire voir son prix à Élisa, je les retins à passer la journée avec nous. Après le dîner, nous étions fort occupées, la maman et moi, à construire

d'Elisa l'écoutait et sa raison le comprenait. Aussi me fut-il peu difficile de lui faire com-

m'aurait mise en prison, et tu serais morte de chagrin, et le bon Dieu se serait dit : « Voilà une petite fille qui a fait mourir sa maman, il faut la faire mourir à son tour, et il aurait eu raison le bon Dieu, il aurait bien fait, car j'aurais mieux aimé mourir que de vivre sans toi, ma petite maman mignonne; aussi je suis bien contente que tu m'aies fouettée pour me corriger de ce vilain défaut-là; comme c'est vilain une petite fille qui vole. J'eus toutes les peines du monde à la décider à manger le gâteau que je lui avais apporté, parce que, disait-elle, une petite fille qui fait ce que sa maman lui défend ne mérite pas de gâteaux. — Sans doute, lui dis-je, ma chère petite ; mais comme tu m'as promis que cela ne t'arriverait plus, tu peux le manger. Depuis ce temps, je pouvais la laisser seule en toute sécurité, elle aurait gelé plutôt que de s'approcher du feu : elle avait alors quatre ans et quelques mois.

le plus solidement que nous pouvions des châteaux de cartes pour Joséphine et Elisa qui n'osaient bouger dans la crainte d'abattre les édifices branlans que nous leur élevions. A notre grande surprise, il s'éleva tout à coup une forte contestation entre ces deux petites.

— As-tu vu mon image, Elisa ? — Non, Joséphine. — Mais je te l'ai prêtée; qu'en as-tu fait ? — Non, mamoiselle, vous ne me l'avez pas prêtée. — Maman, Elisa m'a perdu mon image. — Vas-tu pleurer pour une image ? lui dit sa mère. — Je veux mon image; rends-moi mon image. — Ne pleure pas, ma petite, lui dis-je, nous allons la chercher, et si nous ne la trouvons pas, je t'en donnerai une bien plus belle. Nous prîmes la lumière, mais il n'y eut pas moyen de retrouver la malheureuse image. J'en donnai une autre, et la paix se rétablit. Au bout d'une demi-heure, Elisa me pria de lui chercher une puce qui la piquait, disait-elle, à la poitrine ; j'ouvris la robe et la chemise ; mais j'eus beau chercher, je ne trouvai point de puce, j'aperçus seulement un petit morceau de papier qui lui avait probablement causé de la démangeaison, je l'ôtai, c'était la petite image à Joséphine. — Tu as péché, dis-je à Elisa, tu as volé l'image ! tu vas être fouettée ! quoique je m'étais bien promis de ne jamais te battre ; mais je sens qu'il y a nécessité, car tu n'as pas seulement volé ; mais tu as

prendre que Dieu, qui a fait tout ce qui est sous les cieux, et qui peut tout, ne pouvait avoir voulu se rendre malade, puisque, pendant ce temps, la nature, à qui le soleil est si nécessaire, aurait langui.

Et ce souvenir, que j'eus soin de ne pas lui rappeler, n'occupa plus sa pensée que comme le souvenir d'un songe. Mais il n'en fut pas ainsi de la diminution des jours, qui l'occupa tout

ajouté le mensonge au vol, défaut qui conduit à tous les vices. — Seriez-vous assez dure, me dit la maman de Joséphine pour fouetter Elisa pour ce petit morceau de papier dont je ne donnerais pas un liard? — Ce n'est pas pour la valeur du papier, madame, mais pour l'action qu'elle a faite; je veux lui donner une leçon pour n'être jamais obligée de lui en donner deux. — Si vous donnez le fouet à cette pauvre petite, je ne vous reverrai de ma vie. — J'en aurai un véritable regret, madame, car j'attache infiniment de prix à votre société; mais pardonnez-moi de préférer le bonheur à venir de ma fille à ma satisfaction particulière; et je fouettai Elisa. — Viens, ma petite Elisa, lui dit cette dame, ta maman est une méchante, laisse-la. — Taisez-vous, vous, je ne vous aime pas, vous dites des sottises à maman. Tu as bien fait de me fouetter, ma petite maman mignonne, pour m'empêcher de voler. Si maman ne m'avait pas corrigée, j'aurais pris tout ce qui m'aurait fait plaisir; elle a bien fait, car je ne volerai plus jamais. Pardonne-le-moi, ma petite maman, va, je t'aime encore bien plus. Et elle me sauta au cou. — Tu as bien plus raison que moi, Elisa, lui dit la mère de Joséphine, demande pardon pour moi à ta maman. — Vous ne le serez plus; vous ne direz plus de sottises à maman? — Non, ma petite. — Eh bien! tiens ma petite maman mignonne, pardonne-lui, elle ne le fera plus!

Lorsqu'on parlait devant Elisa de quelqu'un flétri pour vol : — Pauvre malheureux, disait-elle, c'est peut-être à la faiblesse ou à l'indolence de ses parens qu'il est redevable de son déshonneur; s'ils eussent corrigé son premier vol, il serait sans doute honnête homme. Tant que la pauvre enfant a vécu, elle n'a cessé de me remercier d'avoir eu le courage de la corriger lorsqu'elle vola l'image.

entière et qu'elle se promit de suivre pas à pas. Cela lui était d'autant plus aisé que, se connaissant déjà très bien aux heures, elle pouvait à son gré épier la fuite du jour ; aussi, ne manquait-elle pas de calculer (1) toutes les minutes que la nuit lui dérobait ; c'eût été, je crois, un

(1) Dès l'âge de quatre ans, Elisa faisait de mémoire des calculs si extraordinaires que cela faisait dire à ceux qui se plaisaient à l'embarrasser par leurs questions qu'il fallait qu'elle eût la science infuse.

— J'ai rapporté de mon voyage, lui dit un jour un capitaine de navire qui ne pouvait croire que l'on fît de très forts calculs à quatre ans, 1,202,100 fr., combien à 5 du 100 cela me rapportera-t-il de rentes, ma petite Elisa ? Elle réfléchit quelques instans et lui dit tout en jouant avec sa poupée : — Cela vous rapportera 60,105 fr. — Et partagés entre mes quatre enfans, combien cela leur fera-t-il à chacun de fonds et de rentes ? — 300,525 fr. de fonds et 15,026 fr. 5 sous de rentes. — J'ai vu des choses bien étonnantes dans ma vie, ma chère petite, lui dit ce capitaine ; mais je n'ai jamais rien trouvé qui puisse t'être comparé. Le lendemain, il lui envoya une magnifique poupée avec un baril de sucre pour sucrer, lui écrivait-il, la bouillie de l'enfant à qui il la priait d'apprendre à calculer, et des confitures d'ananas pour la récompenser lorsqu'elle en serait contente.

J'avais appris à Elisa, comme on fait à tous les petits enfans, à compter jusqu'à 100 ; seulement je lui avais dit que 1 fr. rapportait 1 sou de rentes, qu'il fallait 20 sous pour faire 1 fr., que 1 sou valait 5 cent. ou 4 liards, que le liard valait 3 deniers, et le denier 2 oboles, et qu'il fallait dix fois 100 fr. pour faire 1,000 fr., et c'était là-dessus qu'elle basait tous les calculs qu'on lui demandait.

Elisa était poète qu'elle n'avait jamais fait un seul calcul avec

véritable chagrin pour elle, si elle n'avait eu ni montre, ni pendule pour pouvoir comparer le *présent* au *passé*.

Quoiqu'à l'époque où nous nous trouvions alors, il fût encore possible d'espérer quelques beaux jours, le temps devint tout à coup si mauvais qu'il me fut impossible, pendant près de trois semaines, de pouvoir sortir Elisa; aussi profitai-je du premier instant où le soleil reparut pour la mener promener; mais quelle fut son étonnement et son affliction de voir tous les arbres de la promenade dépouillés de leurs feuilles; j'avais oublié de l'en prévenir. Trop jeune pour se rappeler la marche des saisons, elle s'imagina que de méchans petits garçons avaient causé tout ce ravage en jetant des pierres dans les arbres. Je l'en dépersuadai; je lui dis que cela arrivait ainsi chaque année, et qu'au

---

la plume, et elle n'en aurait probablement jamais fait si une de ses écolières ne lui avait un jour demandé des conseils. Elisa la remit au lendemain; elle pria M. Danguy, qui avait été son instituteur, de lui montrer les quatre premières règles : une seule leçon suffît, et elle donna à son écolière tous les conseils dont elle avait besoin. Il lui montra ensuite la tenue des livres; mais elle n'aimait pas à calculer avec la plume, l'arrangement des chiffres l'ennuyait : sa mémoire, disait-elle, valait mieux que cela, parce qu'il ne lui fallait ni plume, ni encre, ni papier pour compter.

printemps elles repousseraient. Le lendemain, elle me pria de la mener sur la Fosse pour voir si les arbres avaient conservé leur beau feuillage. Ici, je le sens, il me faudrait une autre plume que la mienne pour peindre le désespoir d'Elisa.

Il avait fait de si violens ouragans pendant le temps que nous avions été forcées de garder la chambre, que deux des beaux arbres de la Fosse avaient été déracinés; comme ils barraient le passage et que cela gênait la circulation, plusieurs ouvriers se hâtaient, les uns de débarrasser les troncs de leurs branches, et les autres de mettre ces branches en fagots. Cette vue affligea tellement Elisa qu'elle se jeta à moi en pleurant à chaudes larmes. Pauvre petite, c'est que déjà l'avenir se présentait à sa pensée; non cet avenir qui fait voir tout en beau, mais cet avenir qui rend soucieux et qui fit craindre à Elisa que nous ne vinssions par la suite à nous trouver sans feu, persuadée qu'elle était qu'il ne resterait pas un seul arbre sur pied. Aussi la crainte que je n'eusse pas assez d'argent pour acheter une grande quantité de bois pour le temps où il n'y en aurait plus, la rendait si malheureuse que son cœur battait avec une violence extrême

Je ne serais point parvenue, je crois dans ce moment, à calmer son inquiétude de l'avenir si je ne lui avais montré plusieurs chaloupes de mottes (1) que j'aperçus sur la rivière, et si je ne lui avais dit que les Montoirins qui les amènent n'ayant pas de bois dans leur pays ne brûlent que de cela. Rassurée sur la possibilité d'avoir toujours de quoi faire du feu, elle ne songea plus qu'à disputer au vent les restes épars de la dépouille des arbres. Légère comme les feuilles qu'elle poursuivait, le vent l'aurait inévitablement entraînée dans la Loire si je ne l'avais saisie au détour d'une cale très rapide vers laquelle venaient de se diriger de larges feuilles après lesquelles elle courait, et qui semblaient, pour exciter le désir qu'elle avait de les atteindre, se faire un malin plaisir de tourbillonner devant elle. On aurait dit qu'elles cherchaient à l'attirer vers l'élément qui allait

---

(1) Il se fait à Nantes une telle consommation de mottes que les Montoirins y amènent, qu'il n'est pas rare de trouver des ménages qui en brûlent des 30 et 40 milliers par an; elles sont d'une grande ressource pour les malheureux; elles valent de 6 blans à 3 sous le 100; elles ressemblent absolument aux petites briquettes que l'on a à Paris; mais elles brûlent et font de la cendre comme le bois. C'est, je crois, la seule branche de commerce qu'il y ait à Montoire.

devenir leur tombeau, et qui n'aurait pu manquer de devenir celui d'Elisa et le mien par contre-coup, car si la pauvre enfant fût tombée à l'eau, je m'y serais précipitée pour la sauver, et les flots nous eussent englouties toutes les deux... Que de larmes m'eussent été épargnées!!...

Je sentis d'après l'empressement qu'Elisa mettait à ramasser des feuilles que je ne parviendrais pas à la convaincre, quelque effort que je fisse, qu'il en reviendrait de nouvelles; l'activité avec laquelle les ouvriers coupaient les deux arbres abattus lui paraissait une preuve incontestable qu'ils ne se dépêchaient ainsi que pour faire subir le même sort à tous les autres. Aussi n'insistai-je pas davantage pour la tirer de l'erreur où elle était. Je pensai que le printemps serait plus persuasif que toutes mes paroles, et que les preuves palpables qu'il lui donnerait seraient sans réplique. Je l'emmenai donc, emportant avec nous son précieux et volumineux trésor de feuilles (1); elle se trouvait si heureuse de les avoir qu'elle les montrait à toutes les personnes qui venaient à la maison; elle se dé-

(1) Elle en avait rempli son petit panier, mon mouchoir et mon sac.

cidait difficilement, quoiqu'elle fût d'un fort bon cœur, à en donner quelques-unes lorsqu'on lui en demandait ; l'idée qu'il n'y en aurait jamais d'autres lui faisait attacher un prix inestimable à leur possession.

Le temps semblait réellement se complaire à faire passer Elisa par toutes sortes d'épreuves, à donner la torture à son cœur en l'abreuvant de crainte. Aux quelques jours de beau temps qui avaient succédé aux ouragans qu'il avait fait succédèrent des brouillards si épais qu'on avait peine à distinguer à deux pas de soi. Un jour, qu'il était encore plus épais que de coutume (1), une personne excessivement gaie qui demeurait à deux cents pas de chez nous vint nous voir et me demanda avec un sérieux imperturbable si j'avais une forte provision d'huile à brûler, de bougies et de chandelles.

— Non, dis-je.

— Eh bien ! hâtez-vous donc d'en acheter avant que cela renchérisse.

— Et pourquoi cela renchérirait-il?

— Pourquoi ? C'est que nous n'allons bientôt

(1) Le brouillard fut si épais ce jour-là que les réverbères s'éteignaient et qu'il arriva plusieurs accidens.

plus avoir que de la nuit; et que la consommation du luminaire devenant plus grande, les épiciers spéculeront là-dessus.

— Et que deviendra donc le jour, s'il vous plaît?

— Je ne sais ce que Dieu en fera; mais tout ce que je puis vous assurer, c'est qu'il est midi et que l'on ne voit pas clair, et qu'on se heurte dans la rue sans se reconnaître.... Mais, en vérité, je vous admire... Lorsque tout le monde s'afflige de l'idée de vivre dans les ténèbres, vous êtes tranquille chez vous comme si le soleil brillait de tout son éclat..... Quant à moi, je lui en voudrai toute ma vie, à ce maudit brouillard; il est cause qu'Elisa ne m'aimera plus; je voulais lui apporter des gâteaux, et le courage m'a manqué pour aller jusque chez le pâtissier..... Pourtant, je pense qu'il y aurait moyen de réparer la faute que ce malheureux brouillard m'a fait commettre; qu'en dis-tu, ma petite Elisa? Si ta maman ne le trouve pas mauvais, et que ta bonne soit moins poltronne que moi, je lui donnerai de l'argent, et elle ira te chercher des gâteaux ou des dragées, ce que tu aimeras le mieux

— Je ne veux ni gâteaux ni dragées, dit Elisa vivement.

— Préfères-tu une poupée ?

— J'aime mieux les poupées que les dragées et les gâteaux ; mais je n'en veux pas.

— Et que veux-tu donc ? lui dis-je.

— Des petites bougies, ma petite maman.

— Et qu'en veux-tu faire, ma petite belle ?

— Ce sera pour nous éclairer quand il n'y aura plus du tout de jour..... Dis donc, ma petite maman mignonne, tu sais bien quand tu m'as dit que le jour grandirait ?

— Oui, ma fille.

— Tu ne savais donc pas, dans ce temps-là, que ce serait au contraire toujours de la nuit que le bon Dieu nous donnerait ?

— Non, ma chère enfant, je ne savais pas cela, et je ne pouvais pas le savoir; car songe que tout ce que tu viens d'entendre n'est qu'une plaisanterie.

— Non, non, Elisa, lui dit la personne dont je viens de parler, enchantée de voir que la pauvre petite avait pris ses paroles à la lettre, et qui s'amusait de sa crédulité et de sa prévoyance; non, ce n'est point une plaisanterie ; ta maman ne te dit cela que pour t'empêcher d'acheter des bougies; mais écoute; je vais emmener ta bonne avec moi, et je vais t'envoyer un gros paquet de petites bougies (1); car, vois-tu, c'est demain que la nuit commence, et tu as raison d'être prévoyante pour l'avenir. Quand tu les auras brûlées, je t'en donnerai d'autres, ne t'en inquiète pas.

Le lendemain, le soleil se montra un peu. La joie qu'Elisa en éprouva fut si grande, elle qui s'attendait à ne voir que la nuit, qu'elle ne pourrait se comparer qu'à celle du marin qui vient d'échapper au naufrage.

La saison trop avancée ne permettait plus de sortir. Elisa, condamnée à passer à la maison toutes les heures qu'elle employait à se promener, et n'ayant d'autre occupation que ses jeux, trouva les journées longues; et, pour abréger les heures dont elle ne savait que faire, elle me pria de lui apprendre à lire et à tricoter. Dès ce moment je fus à même de juger de toute la capacité de son intelligence. Elle ne mit que deux jours à apprendre ses lettres, grandes et petites; pendant trois semaines elle fit des pro-

(1) Le paquet de bougies pesait une livre; comme elles n'étaient longues que comme le doigt et grosses que comme un tuyau de plume, il y en avait une très grande quantité.

grés si rapides qu'il semblait qu'elle apprenait par magie ; mais, au bout de ce temps, je crus m'apercevoir qu'elle lisait avec ennui ; quelques larmes tombées sur le livre me prouvèrent que je ne m'étais pas trompée, et je le fermai. Voyant que je reprenais mon ouvrage, elle me demanda pourquoi je ne continuais pas de lui faire lire sa leçon.

— C'est que je vois que cela te chagrine, ma bonne petite, et comme ce n'est pas moi qui t'ai imposé l'obligation de lire, que c'est toi au contraire qui m'as priée de te montrer, du moment où cela te déplaît, je dois cesser de le faire. Tu n'as pas encore trois ans et demi; tu as bien le temps, comme tu vois, d'apprendre à lire, rien ne presse. Ainsi donc, ma chère enfant, je vais renfermer tous les livres pour que tu ne pleures plus, et je te promets de n'en pas atteindre un seul que tu ne sois décidée à apprendre; mais à apprendre sans caprices, tu sais que je ne les aime pas..... Allons, essuie tes yeux, ma chère mignonne, embrasse-moi et va jouer..... Maintenant que tu es bien convaincue que nous ne sommes pas condamnées à vivre dans les ténèbres, tu peux prendre quelques-unes de tes petites bougies pour t'amuser, à la condition, cependant, que tu ne les allumeras pas ; car tu risquerais de mettre le feu, et cela ne me ferait pas rire.

L'hiver se passa sans qu'Elisa fît autre chose qui vaille la peine d'être rapporté, que son vol d'une petite image dont j'ai donné les détails dans la note de la page xxix. Elle fut extrêmement malade cet hiver-là ; elle eut la rougeole et la cocluche, qui l'obligèrent à garder la chambre fort long-temps, et qui lui laissèrent tout le loisir d'examiner la diminution et l'accroissement des jours, et d'admirer ses feuilles pour lesquelles elle avait une sorte de vénération.

Ce ne fut que vers la fin d'avril ou le commencement de mai que le médecin me permit de la sortir. Je pris une voiture, et je dis au cocher de nous conduire sur la route de Rennes et d'arrêter au pont du *Sens*. Cet endroit a les sites les plus pittoresque qu'il soit possible de trouver; on dirait que la main des hommes n'a pas passé par là. Quoiqu'à peine à une demi-lieue de la ville, rien dans ce lieu ne la rappelle. Elisa s'était endormie sur mes genoux pendant le trajet; j'y avais aidé, je crois, en fermant les stores de la voiture..... Je l'éveillai, nous descendîmes, un cri lui échappa..... Elle venait de voir des arbres..... des feuilles..... La nature, parée de ses mille guirlandes de fleurs, étalait à ses yeux tous les trésors de sa beauté. Jamais je ne vis une extase semblable à celle d'Élisa; tous ses sens semblaient être passés dans ses yeux, on eût dit qu'elle était sous l'empire de quelque charme. Lorsqu'elle fut un peu remise de la surprise que lui avait causée le spectacle inattendu que ses regards contemplaient avec tant de ravissement, elle s'abandonna à des transports de joie si excessifs, que, quoique j'en aie été témoin, je n'oserais entreprendre de les décrire, tant je suis persuadée que je ne pourrais réussir. Tout ce que je puis dire, c'est que je ne parvins à la décider à quitter ce lieu qu'en faisant placer dans la voiture quelques branches d'aubépin bien fleuries, qui, rendues à la maison, lui devinrent des arbres sous lesquels elle mettait ses poupées à l'ombre. Nous ne fûmes pas plus tôt rentrées qu'elle donna, à l'exception de quelques-unes, ses feuilles sèches à sa bonne pour allumer son feu, et elle me pria d'attacher ensemble celles qu'elle avait réservées et de les suspendre au clou où je suspendais ma montre.

— Eh pourquoi cela? ma chère petite, lui

dis-je ; pourquoi ne les brûles-tu pas comme les autres?...

— *Parce que*, ma petite maman mignonne...

— Eh bien! explique-moi ton *parce que*.

— Tu sais bien quand tu m'as menée sur le *Cour* et sur la *Fosse*, et que je croyais qu'il n'y aurait plus de feuilles, et que tu m'as dit qu'il en reviendrait de nouvelles?

— Oui.

— Eh bien! ma petite maman, j'ai pensé que tu ne me disais cela que pour me consoler ; mais qu'il n'y en aurait plus jamais d'autres ; voilà pourquoi je garde celles que tu viens d'accrocher au clou de ta montre, parce que, vois-tu, ma petite maman, à présent, quand tu me diras quelque chose, si j'étais assez sotte pour ne pas te croire, je regarderais le petit paquet de feuilles et je te croirais tout de suite, ma petite maman mignonne, parce que toi, tu ne trompes pas ta petite fille (1).

(1) Lorsqu'Elisa s'était convaincue qu'on la trompait, on ne regagnait plus sa confiance ; aussi chaque fois que la personne qui avait voulu lui persuader qu'il ferait toujours nuit racontait quelque chose devant elle, elle lui demandait si ce qu'elle disait était aussi vrai que les ténèbres dans lesquelles nous devions vivre éternellement.

Depuis cet instant, sa confiance en moi devint sans bornes, ce fut ce qui me donna ce grand ascendant que j'ai toujours conservé sur son esprit. Pauvre enfant! elle acquit tant de preuves que j'étais incapable de la tromper, que je ne lui disais que la vérité, qu'il eût été bien difficile, je crois, de lui persuader le contraire. Aussi, ai-je eu le bonheur de jouir, tant qu'elle vécut, de cette confiance sans réserve qu'elle m'accordait, et qui rendait si douce l'intimité dans laquelle nous vivions.

Je ne me serais point autant appesantie sur ces détails de la première enfance d'Elisa, s'ils ne servaient à faire connaître son caractère, qui, dès lors, devint invariable, et les espérances que devaient faire concevoir les heureuses dispositions qu'elle annonçait dès son bas âge.

Il ne manquait plus au bonheur d'Elisa, depuis qu'elle avait retrouvé des arbres, des feuilles et des fleurs, que de pouvoir me décider à lui lire les longues affiches jaunes et rouges dont on placardait les murs. Je ne lui en avais pas lu une seule, quelque prière qu'elle m'en eût faite, depuis le jour où elle avait pleuré en lisant sa leçon, comme non plus depuis je ne lui avais pas parlé une seule fois de lecture, quand, venant à passer devant une affiche d'une grandeur démesurée, elle s'écria :

— Ah! ma petite maman, la belle affiche! regarde les belles images qui sont dessus; je t'en prie, lis-moi-la.

— Lis-la toi-même, mon enfant, lui dis-je.

— Tu sais bien, ma petite maman, que je ne sais pas lire....

— C'est vrai... Eh bien! quand tu le sauras.

— Mais, ma petite maman, quand je saurai lire, cette belle affiche-là n'y sera plus... Je t'en prie, ma petite maman mignonne, lis-la-moi... Je ne te demanderai jamais de m'en lire d'autres.

— A la bonne heure...

Et je lus l'affiche qui la séduisait tant... C'était une description des exercices des Franconi qui étaient venus donner des représentations à Nantes; hommes et chevaux, tout y était en attitude.

Lorsque nous fûmes rentrées, Elisa me demanda un livre.

— Non, ma bonne petite, lui dis-je; tu dois te rappeler que le jour où je les renfermai, je te dis que je n'en atteindrais pas un seul avant que tu ne fusses décidée à apprendre à lire; ainsi ne m'en demande plus.

— Mais, ma petite maman mignonne, c'est pour apprendre aussi que je t'en demande un.

— Et si je te le donne ce livre que tu me demandes pour apprendre à lire, qui est-ce qui te montrera, ma fille?

— Toi, ma petite maman.

— Oh! moi, tu sais bien, ma chère enfant, que je n'aime pas à faire lire les petites filles qui pleurent sur leur livre.

— Oh! mais je ne pleurerai plus à présent, ma petite maman; tu verras comme j'apprendrai bien vite pour pouvoir lire les belles affiches; je ne serai pas long-temps, va, à savoir, et puis je sais déjà un peu, je n'ai pas oublié ce que tu m'as montré... Je me rappelle bien qu'il y a vingt-cinq lettres; qu'il y a deux sortes de lettres, les voyelles et les consonnes, que le *c* est dur comme le *k* devant l'*a*, l'*o* et l'*u*, et que pour adoucir sa prononciation il faut mettre une petite cédille dessous; que le *g* est dur aussi; mais lui, par exemple, ce n'est pas une *cédille* qu'il lui faut pour l'adoucir, c'est un *e* muet; je connais bien aussi tous les *e*... et je me rappelle bien qu'entre deux voyelles, l'*y* a la valeur de deux *i*, et l'*s* la valeur du *z*. Tu verras, ma petite maman, tu verras que je saurai bientôt lire

Elle avait raison, elle sut bientôt lire... Comme elle me l'avait dit, elle n'avait rien oublié de ce que je lui avais enseigné, rien ne s'était échappé de sa mémoire, tout s'y était, je crois, au contraire buriné; car trois mois après, elle pouvait sans aide lire toutes les affiches qu'il lui plaisait... Elle redonnait à sa fille (c'était sa poupée) toutes les leçons qu'elle recevait de moi; mais tous ses efforts, comme on le sent, pour lui donner le goût de la lecture se trouvaient infructueux; son enfant n'apprenait rien, et restait, à son grand déplaisir, insensible à toutes ses remontrances; aussi me faisait-elle souvent part de l'inquiétude que lui causait son indolence pour l'étude.

— Je suis une mère bien malheureuse, madame, me dit-elle un jour qu'elle venait de donner une leçon à sa poupée dont le résultat n'avait pas été apparemment tel qu'elle le désirait, je ne sais vraiment plus ce que Marie (1) deviendra; elle ne veut ni apprendre à lire ni à compter, et pourtant vous êtes témoin de la

(1) C'était le nom qu'Elisa donnait à sa poupée; elle préférait le nom de Marie à tous les autres noms.

peine que je me donne pour lui montrer ; mais cela ne sert à rien, elle ne m'écoute pas, cela me désole. Vous ne savez pas ce que je pense, madame?

— Non, madame, lui dis-je.

— Eh bien! madame, j'ai dans l'idée que ma fille ne m'aime pas, car il me semble que si elle m'aimait, elle apprendrait. Croiriez-vous que l'autre jour je lui ai demandé comment elle épellerait : *j'aime ma petite maman mignonne*, qu'elle s'est mise à pleurer, et qu'elle ne m'a pas répondu, et pourtant je le lui ai épelé plus de vingt fois pour le lui apprendre, mais je n'ai jamais pu réussir à le lui faire redire après moi; ainsi vous voyez bien, madame, que ma fille ne m'aime pas, car certainement elle eût épelé: *j'aime ma petite maman mignonne;* c'est si facile quand on aime sa maman, moi je l'ai appris tout de suite, mais j'aime tant ma mère... Et puis je n'ai jamais pleuré qu'une fois en lisant, je n'aurais pas voulu lui faire deux fois du chagrin... Vous qui avez élevé un enfant, madame, donnez-moi des conseils, je vous prie, sur la manière dont je dois élever Marie; j'ai beau lui acheter des gâteaux et lui lire toutes les belles affiches qu'elle me demande de lire, espérant que ma complaisance l'engagera à apprendre ; mais je me donne, je le vois, une peine inutile... Pensez-vous que je ferais bien de renfermer les livres et de ne plus lui lire d'affiches?...

C'était ainsi que se passaient toutes les journées d'Elisa ; elle me pria de la faire écrire, et elle l'apprit avec la même facilité qu'à lire. Depuis cet instant, elle s'appliqua tellement à l'étude, qu'on la trouvait toujours avec un livre en main (1). La pensée d'un nom imprimé avait une telle magie pour cette pauvre enfant, que, dès l'âge de cinq ans, elle se rêvait une destinée d'auteur (2). Elle se voyait au milieu de

(1) Elisa s'instruisait en jouant, toute son éducation s'est faite ainsi, ses leçons étaient toujours partagées par un conte, c'était un véritable stimulant pour elle ; je crois qu'elle aurait bien moins appris si l'on n'avait eu cette complaisance ; elle en avait tant de reconnaissance qu'elle croyait ne pouvoir mieux la prouver qu'en s'appliquant à ses devoirs. On pourrait dire que le jeu lui servit d'échelon pour atteindre la science.

(2) Quelqu'un avait mené Elisa à une imprimerie où un ouvrier lui avait imprimé son nom sur le bras ; elle en avait été si enchantée qu'elle ne voulait pas que je lui lavasse le bras sur lequel il était dans la crainte de l'effacer. « Vois donc, me disait-elle, ma petite maman, comme mon nom est joli quand il est imprimé. » Cette imprimerie était celle de M. Mélinet Malassis où ses premières poésies ont été imprimées ; et, ce qu'il y a de singulier, c'est que l'ouvrier pressier qui a imprimé à Nantes, chez M. Mélinet, les poésies d'Elisa Mercœur est le même qui imprime ses Œuvres à Paris.

rayons chargés de livres de sa composition... Ce fut dès l'âge de six ans qu'elle eut la pensée de faire une tragédie sur le sujet qu'elle a traité à dix-neuf. Voici ce qui lui en donna l'idée :

Du moment où Elisa sut lire, la lecture devint sa passion dominante, surtout celle de l'histoire, des contes et de la tragédie.

Pour qu'elle ne gâtât pas tous les livres de ma bibliothèque, j'avais été obligée de lui en abandonner quelques-uns. Parmi ceux que j'avais mis à sa disposition se trouvaient les deux volumes de Gonzalve de Cordoue, par Florian, qu'elle ne pouvait se rassasier de lire, quelques volumes des contes des Mille et une Nuits et un volume de tragédies par Ducis, où se trouvait son roi Léar. Elisa la lisait si souvent qu'elle ne tarda pas à la savoir toute par cœur. Il fallait entendre de combien de malédictions cette pauvre petite chargeait les deux ingrates filles de ce malheureux monarque, et comme elle le plaignait d'être le père de pareils monstres!.... Mais les malheurs de la jeune et vertueuse reine de Grenade et d'Abenhamet, son amant, lui faisaient verser d'abondantes et constantes larmes. Une fois, qu'elle pleurait à sanglots sur ces infortunés, elle me dit :

« Comme cette histoire-là est triste, ma petite maman! Quel malheur que ce ne soit pas un conte!

— Et pourquoi trouves-tu si malheureux que ce ne soit pas un conte, ma chère mignonne?

— C'est parce qu'on sait bien, vois-tu, quand on lit un conte, que ce n'est pas la vérité, et qu'alors on ne s'afflige pas; au lieu que l'histoire, c'est bien différent, tout y est vrai, n'est-ce pas, maman?

— Oui, quant aux faits recueillis par les historiens, comme tu le vois dans le Précis sur les Maures. Mais quand un écrivain prend un de ces faits pour en faire un ouvrage, en un ou plusieurs volumes, quoiqu'il consulte dans l'histoire les principaux événemens arrivés aux personnages qu'il veut mettre en scène et qu'il étudie leur caractère, tu sens bien que, malgré tout cela, ma chère petite, il est obligé d'ajouter beaucoup du sien. Ainsi tu vois que, dans ces sortes d'ouvrages, le fond seul appartient à l'histoire, et que les détails appartiennent à l'auteur; et ce sont ces détails qui lui coûtent tant de combinaisons (car il faut qu'ils paraissent si essentiellement liés à l'histoire, que le lecteur croie qu'ils en font partie) qui donnent, par la manière dont ils sont décrits, plus ou moins de valeur à son ouvrage. Il faut donc, pour que tout puisse paraître vrai, que l'auteur ait grand soin de se demander, lorsqu'il fait parler ou agir ses personnages : Si c'était moi ! que dirais-je ou que ferais-je en pareille circonstance ? Je ne sais si tu me comprends, ma chère belle ?

— Oh ! oui, oui, ma petite maman mignonne, je te comprends très bien... Puisque, comme tu le dis, il faut toujours qu'un écrivain se demande : Que dirais-je ou que ferais-je, je crois que Florian a oublié de se demander s'il pouvait laisser vivre Zoraïde après la mort d'Abenhamet !

— Et qu'est-ce qui te fait penser que Florian a oublié de s'adresser cette question, mon petit enfant ?

— C'est que, vois-tu, ma petite maman, je pense que si Zoraïde aimait Abenhamet autant que Florian le dit, qu'elle aurait dû mourir quand Boabdil lui a fait jeter sa tête à ses pieds ; car je sens bien que moi, qui t'aime tant, je mourrais, si on me jetait ta tête aux miens. »

Quelques jours après ce que je viens de rapporter, j'étais allée, d'assez bon matin, à la messe, avec ma bonne ; nous avions laissé Elisa plongée dans un profond sommeil; comme nous espérions la trouver encore endormie, à notre retour, nous prîmes les plus grandes précautions pour ne pas la réveiller; mais quelle fut notre surprise de l'entendre parler d'une voix très élevée et tout à coup s'écrier fortement en frappant dans ses petites mains, *bravo, bravo, bravo!* Ne sachant ce que cela voulait dire, nous nous glissâmes doucement derrière un paravent qui masquait la porte de ma chambre et qui, par conséquent, l'avait empêchée de nous voir entrer; nous nous haussâmes sur la pointe des pieds pour tâcher d'apercevoir ce qui la faisait parler avec tant de véhémence. Nous la vîmes, debout sur le lit, le manteau tragique sur l'épaule (1) et déclamant la tragédie du Roi Léar. Lorsqu'elle eut fini sa tirade, nous criâmes à notre tour, la bonne et moi, *bravo, bravo, bravo,* et je fus ensuite près d'elle pour apprendre comment, en si peu de temps, ma chambre s'était transformée en salle de spectacle (2), mon

(1) C'était ma camisole de nuit qui lui servait de manteau. Il était facile de voir par la manière dont elle s'était drapée qu'elle avait vu jouer la tragédie. Je l'avais menée à deux représentations, l'une de *Sylla*, et l'autre d'*Andromaque*.

(2) J'ai pensé que le lecteur ne serait pas fâché que je lui fisse une description de la salle de spectacle dans laquelle Elisa faisait

lit en théâtre et elle en tragédien ; car c'était un rôle d'homme qu'elle jouait dans le moment.

« C'est que je veux faire une tragédie, ma petite maman mignonne ; et, comme je veux la lire moi-même, il faut bien que je m'habitue à déclamer des rôles d'hommes comme des rôles de femmes.

— Et qu'est-ce qui t'a donné l'idée de faire une tragédie, ma bonne petite chatte ? lui dis-je.

— C'est celle du Roi Léar, ma petite maman mignonne ; c'est l'ingratitude de ses deux méchantes filles et mon amitié pour toi qui m'ont décidée à faire une tragédie.

— Conte-moi cela au plus vite, je t'en prie, pendant que ta bonne va faire ton déjeuner, mon cher petit amour.

ses débuts, et quels auditeurs l'écoutaient. Elle avait rangé dans le paravent qui nous avait dérobées à ses yeux, lorsque nous étions entrées ma bonne et moi, quelques chaises sur lesquelles elle avait placé, d'abord sur celle du milieu, sa fille Marie (sa grande poupée), et, de chaque côté, tous ses autres enfans, c'était la galerie. Plus bas, et en avant, sur un tabouret, se trouvait un petit chat que les nombreux applaudissemens de la foule ne pouvaient tirer de son léthargique sommeil. On sent bien qu'avec de tels spectateurs Elisa n'avait point à craindre les sifflets, aussi jouait-elle avec une assurance extrême. Si l'œil de l'inimitable Téniers eût aperçu cette scène, il ne l'eût peut-être pas trouvée indigne de son savant pinceau.

— Je le veux bien, ma petite maman; mais comme ça te fatiguerait de rester debout devant le lit pour m'écouter, assieds-toi là-dessus; ma bonne va te donner une chaise pour appuyer tes pieds, et moi je vais m'asseoir sur toi où je me trouve bien plus à mon aise que partout ailleurs : au moins, quand je suis là, je peux t'embrasser tant que je veux. »

Et sautant aussitôt sur mes genoux, après avoir passé son bras droit autour de mon cou, placé sa main gauche, qui lui restait libre, dans ma main droite et m'avoir embrassée au moins vingt fois, elle me dit :

« Dès la première fois que j'ai lu la tragédie du Roi Léar, ma petite maman, j'ai pensé qu'on ne l'avait faite que pour faire entendre aux papas et aux mamans qui veulent donner leurs biens à leurs enfans, qu'ils doivent, avant de le faire, regarder avec attention ce qui est arrivé au roi Léar (1), qui avait tout donné le sien à ses deux vilaines filles aînées... Mais elles n'aimaient donc pas du tout leur papa, qui avait été si bon pour elles, ces deux mauvaises-là?... Oh! ma foi, mauvaises est bien le nom qui leur convient,

(1) On pouvait dire, et avec juste raison, qu'Elisa tirait la quintessence de ce qu'elle lisait.

n'est-ce pas, ma petite maman? Je ne sais vraiment pas comment le bon Dieu ne les a pas empêchées de faire tant de mal à leur père ! Tu conviendras, maman, qu'il a tout de même eu un peu de tort là-dedans, le bon Dieu...

— Et comment cela, ma chère fille ?...

— C'est que lui, qui *voit tout*, ma petite maman mignonne, qui *peut tout*, qui connaît jusqu'à nos *plus secrètes pensées*, et tu sais bien que c'est la vérité ça, puisque c'est dans le catéchisme que tu m'as acheté, pouvait bien dire au roi Léar, puisqu'il savait que ses deux filles aînées seraient des ingrates : Tenez, mon bon roi Léar, ne donnez pas votre bien à vos deux filles aînées; ce sont deux méchantes, qui ne vous aiment pas du tout; il n'y a que votre jeune fille qui vous aime et qui soit bonne. Tu sens bien que si le bon Dieu lui avait dit cela, d'abord, moi, je le lui aurais dit à sa place, que le pauvre roi Léar aurait gardé sa jeune fille avec lui et qu'il serait resté sur son trône; ainsi il a eu tort, le bon Dieu, de ne rien lui dire, à moins pourtant qu'il n'ait été occupé à autre chose dans ce moment-là.

— Mais, ma chère petite, lui dis-je, songe que Dieu, qui se fait sentir à notre cœur, qui se révèle à nous par tous ses bienfaits, ne nous parle point de la voix...

— Oh! mais si, ma petite maman, le bon Dieu nous parle de la voix, puisqu'il m'a dit, jeudi, dans la nuit, tu sais bien que je te l'ai raconté, que si j'étais aussi bonne pour toi que tu l'es pour moi, nous irions toutes deux dans son beau *paradis*, et que, si j'étais rendue avant toi, je te garderais ta place : ainsi c'est bien parler ça, je crois !....

— Mais, ma chère enfant, tu me parles là, toi, d'un rêve que tu as fait et non d'une réalité.....

— Mais, ma petite maman, puisque quand le bon Dieu m'a dit que si j'étais rendue avant toi dans son *paradis* je te garderais une place, je lui ai répondu : Mon bon Dieu, je n'irai point avant maman dans votre beau *paradis*, parce que, voyez-vous, je m'ennuie dès que je ne la vois point, et si elle était trop long-temps à venir me trouver, je me mettrais à pleurer, et cela vous fâcherait contre moi....

— Tout cela, ma chère petite, n'est pas une preuve que ce ne soit pas un rêve, mais seulement que ton amitié pour moi t'occupe jusque dans ton sommeil.

— Eh bien ! ma petite maman, si le bon Dieu m'a parlé en rêve, il aurait bien pu avertir comme ça le roi Léar de se défier de ses deux méchantes filles....

— L'indignation que te cause l'ingratitude des deux aînées de ce pauvre roi, te fait, je crois, oublier ta tragédie, mon Elisa....

— Oh ! que non, ma petite maman ; écoute. »

L'arrivée de la bonne, qui lui apportait son déjeuner, l'empêcha de continuer, mais, dès qu'elle eut achevé de manger, je la levai et elle reprit :

« Je n'ai point oublié ma tragédie, comme tu le crois, ma petite maman ; va, si on en a fait une sur l'ingratitude des deux méchantes filles du roi Léar, on n'en fera jamais une sur moi, pour un sujet semblable, je t'assure ; on ne dira jamais dans l'histoire que j'ai été ingrate envers toi et que je ne t'aimais pas, mais on dira : La petite Elisa Mercœur aimait tant sa maman, qui était si bonne pour elle, que, pour qu'elle fût tout-à-fait heureuse, elle a fait une tragédie pour la rendre riche ; car il ne manquait que de la richesse au bonheur de sa mère.... C'est vrai, n'est-ce pas, ma petite maman, qu'il ne manque

que cela à ton bonheur ; tu l'as dit l'autre jour à madame Olive (1)...

— Il n'y manquerait rien sans cela, ma chère bien-aimée, si mon amour pouvait te soustraire à la gêne, car ton amitié pour moi m'est d'un prix au-dessus de tous les trésors du monde.... Si je désire de la fortune, ma chère Elisa, ce n'est pas pour moi, crois-le bien, c'est pour toi, ma bonne petite ; si tu savais ce que souffre le cœur d'une mère lorsqu'elle n'entrevoit pas pour l'enfant qu'elle chérit un avenir tel qu'elle le désirerait. Mais je ne dois plus m'attrister par de semblables réflexions, ton avenir est maintenant dans tes mains, et je pense que tu te le composeras le plus avantageux possible. Parlons de la belle tragédie que tu dois faire pour me rendre riche ! Tu ne m'as pas dit où tu en as pris le sujet, ni quel en sera le titre.

(1) Elisa voulait parler d'une réponse que j'avais faite quelques jours avant à madame Olive (c'était une dame de mes parentes) qui me disait en voyant Elisa m'embrasser : « Vous devez vous trouver bien heureuse d'être aimée si tendrement de votre fille. — Tellement, lui répondis-je, que si j'avais assez de fortune pour lui laisser un sort indépendant, rien ne manquerait à mon bonheur. » Dix-neuf ans après, il n'y avait plus de bonheur possible pour moi, et madame Olive me disait : « Que vous êtes malheureuse ! que je vous plains ! » Elle venait de voir mourir ma fille !!!

— Je prends mon sujet dans Gonzalve de Cordoue, ma petite maman; c'est si joli! et le titre sera *Boabdil, roi de Grenade.* Tu sens bien que je ne manquerai pas de mettre Zoraïde et Abenhamet en scène; mais, par exemple, ils mourront tous les deux!

— Tu seras inexorable, à ce que je vois, mon enfant; enfin, si tu es aussi heureuse dans l'exécution de ta tragédie que tu l'es dans le choix du sujet et du titre, ton succès me paraît assuré...

— Oh! pour ça, ma petite maman mignonne, je suis sûre que je réussirai à la bien faire, parce que j'en ai demandé, ce matin, avant de commencer à jouer la tragédie du pauvre Roi Léar, la grâce au bon Dieu, à genoux encore, au pied du crucifix qui est dans le fond de notre lit, et j'ai pris de l'eau bénite pour faire un signe de croix, avant et après l'avoir prié; ainsi je pense, d'après cela, que le bon Dieu me fera bien écrire ma tragédie. Ce qui me le fait croire, vois-tu, c'est qu'il sait bien que je ne la fais que pour te rendre riche. Je le lui ai dit, et que si elle était mauvaise tu ne pourrais pas le devenir, puisqu'on ne pourrait pas la jouer : ainsi, je suis bien tranquille là-dessus; je réussirai!....

— Tu me parais si certaine de la possibilité de bien faire ta tragédie, mon cher ange, que tu finis par m'inspirer toute confiance en ton talent, et puis d'ailleurs je ne doute point que tu n'y parviennes avec le secours de Dieu. Ainsi il ne me reste plus qu'à être instruite de l'endroit où tu te proposes de la faire représenter : c'est à Nantes, je pense?

— Pas d'abord, ma petite maman mignonne.

— Et pourquoi cela, ma chère fille ?

— C'est que j'ai entendu dire plusieurs fois, aux personnes qui viennent nous voir, que pour qu'une pièce ait du succès en province, il faut toujours qu'elle soit jouée à Paris auparavant.

— Et sur quel théâtre se portent tes vues, mon Elisa?

— Sur le Théâtre-Français, ma petite maman!...

— Mais, si j'ai bonne mémoire, ma petite belle, tu m'as dit que tu voulais lire toi-même ta tragédie?

— Oui...

— Mais tu ne réfléchis donc pas que nous sommes à cent lieues du Théâtre-Français?

— Oh! que si, ma petite maman.

— Et comment pourras-tu y lire ta pièce, étant à une telle distance ?

— J'écrirai pour en demander la permission, et, si on me l'accorde, nous partirons. Tu voudras bien, n'est-ce pas, maman ?

— Sans doute ; mais je ne vois pas à qui tu t'adresseras pour obtenir la permission que tu seras obligée de solliciter ?

— Aux comédiens du Théâtre-Français eux-mêmes, ma petite maman.

— Je suis curieuse, mon enfant, de connaître le contenu de la lettre que tu leur adresseras.

— Oh ! elle ne sera pas bien difficile à faire, je t'assure ; d'ailleurs, tu sais bien que j'ai déjà un peu l'habitude d'écrire des lettres, puisque nous nous écrivons toutes les deux (1).... Comme tu

(1) Elisa avait appris si promptement à écrire, elle ressentait un tel besoin d'occuper son imagination, qu'il était rare qu'elle n'eût pas un livre ou une plume en main, et très souvent elle avait l'un et l'autre, car elle copiait les choses qui lui plaisaient. Alors il me vint à l'idée de profiter de son goût pour écrire pour commencer à former son style, c'est-à-dire à lui faire poser ses pensées sur le papier, et je l'engageai pour cela à entretenir avec moi une correspondance suivie. Nous placions les réponses sous les lettres... Voici les trois premières qu'elle m'écrivit ; elle avait alors deux mois de moins que six ans.

« On sait si peu de choses à mon âge, ma bonne petite maman
« mignonne, qu'il ne faut pas t'attendre à trouver en moi des

me dis toujours qu'il faut écrire comme on parle, et qu'une lettre n'est bien que lorsqu'en la lisant on s'imagine causer avec la personne qui l'a écrite, j'écrirai aux comédiens du Théâtre-Français tout simplement ce que je leur dirais s'ils étaient-là à m'entendre... Oh! mon Dieu, oui... Tiens... mais si je faisais mon brouillon d'avance, ce serait toujours autant de fait; n'est-ce pas, ma petite maman mignonne?

« idées d'une petite fille bien savante, mais seulement celles d'une
« enfant qui sait apprécier tout ce que tu fais pour elle, et dont
« le cœur n'a besoin de personne pour t'exprimer sa reconnais-
« sance et son tendre attachement.
    « Ta petite fille,   ELISA MERCOEUR. »

« Tu fais plus de cas, me dis-tu, ma petite maman, du savoir du
« cœur que de tout celui que l'étude procure; c'est bien heureux
« pour moi qui ne sais que t'aimer. Plus tard, j'espère savoir te le
« dire d'une manière plus digne de toi. En attendant, je ne puis
« que te demander d'avoir toujours de l'indulgence pour les
« fautes que l'ignorance fait commettre à ta petite fille,
            « ELISA MERCOEUR. »

« Je m'attendais, d'après l'espérance que tu m'en avais donnée,
« ma bonne et bien aimée petite mère, pouvoir, au commence-
« ment de cette année, te dire en t'embrassant tout ce que te sou-
« haite mon cœur; mais puisque tes affaires prolongent ton ab-
« sence, dis-toi bien que si Dieu exauce les vœux que je lui
« adresse chaque jour pour ton bonheur, qu'il n'est rien d'heu-
« reux que tu ne doives attendre de celui qui lit dans le cœur
« aimant et reconnaissant de ta petite fille, qui te dit au revoir.
                « ELISA MERCOEUR. »

— Sans doute; mais, dis-moi, ne crains-tu pas un peu la mésaventure des deux chasseurs, qui vendirent la peau d'un ours avant de l'avoir jeté par terre ?

— Oh! mais non, ma petite maman; moi, je n'enverrai pas ma lettre avant que ma pièce soit faite... »

Et elle prit la plume et écrivit ce qui suit :

«Messieurs les comédiens du Théâtre-Français,

« J'ai une maman que j'aime de toute mon
« âme et qui malheureusement n'est pas très
« riche. Comme je ne peux pas lui donner de
« l'argent comme je lui donne mon cœur, j'ai
« fait une tragédie pour lui en procurer, et c'est
« pour y parvenir que je désire qu'elle soit re-
« présentée par vous, et que je viens vous sup-
« plier de vouloir bien m'en accorder une lec-
« ture. Si je suis assez heureuse, messieurs, pour
« que vous consentiez à entendre ma pièce,
« veuillez avoir la bonté, je vous prie, de me le
« faire savoir, afin que je me rende aussitôt à
« Paris avec maman; car, si vous ne le trouvez
« pas mauvais, messieurs les comédiens, je lirai
« moi-même ma tragédie, quoique je sois bien
« jeune encore, puisque je n'ai que six ans et
« demi.... »

— Dis donc, ma petite maman mignonne, je mets six ans et demi, parce que je pense qu'il faudra bien quatre mois pour faire ma pièce...

« Soyez sans inquiétude, je la lirai haut, bien
« haut; oui, car Dieu, qui sait que c'est pour
« maman, me rendra la voix forte pour que vous
« puissiez m'entendre tous, et j'espère, si toute-
« fois ma pièce ne vous semble pas indigne de
« votre protection, que vous, messieurs les comé-
« diens, qui ne comptez pas, dit-on, parmi vous
« un seul mauvais cœur, un seul mauvais enfant,
« que, si vous aimez vos mamans autant que
« j'aime la mienne, vous vous direz : Il faut que
« nous aidions cette pauvre petite à faire le bon-
« heur de sa mère en recevant et en jouant sa
« tragédie, et je vous serai bien reconnaissante
« si vous vous dites cela, et Dieu vous en bénira.
« Oh! oui, messieurs, car je le lui demanderai
« tous les jours dans mes prières, et le bon
« Dieu, vous le savez, exauce les enfans qui le
« prient avec leur cœur. »

— Crois-tu qu'elle sera bien comme ça ma lettre, ma petite maman ?

— Oui, mon cher ange, elle sera bien, très bien !...

—Tu sens bien qu'elle sera encore mieux quand je la leur enverrai, parce que je la rarangerai. Maintenant il faut que je m'occupe à faire ma tragédie. Il faut que tu aies la complaisance de me coudre deux mains de papier ensemble : ce ne sera pas trop, n'est-ce pas ?.... Dis donc, ma petite maman mignonne, si elle allait avoir bien du succès, ma tragédie ! Tu serais bien contente, par exemple, quand on la jouera, si on vient à demander l'auteur, comme celui dont on parlait l'autre jour dans le journal; ce sera toi qui me mèneras, et si on me jette des couronnes, je te les donnerai toutes. Donne-moi bien vite du papier, ma petite maman, je t'en prie, pour que je me mette au travail; il ne faut pas, vois-tu, que je perde mon temps ; je n'ai qu'à me dépêcher, si je veux avoir fini à six ans et demi.

— Mais tu ne réfléchis donc pas, mon enfant, que tu as bien d'autres choses à faire auparavant ?

— Et quoi donc, ma petite maman ?

—Il faut, pour que tu sois en état de faire une tragédie, que tu commences par apprendre les principes de la langue française, ceux de la versification, et que tu connaisses l'histoire et la géographie.

— Qu'est-ce que tu me dis-là, ma petite maman?

— La vérité, ma chère mignonne : on ne peut faire de tragédie sans connaître à fond les choses dont je viens de te parler.

— Eh bien! je vais me mettre à les apprendre. Faut-il bien long-temps pour les savoir?

— Pas pour toi, ma chère petite, qui as de grandes dispositions.

— Oh! alors donne-moi une leçon tout de suite.

— Je ne suis qu'une ignorante, mon Elisa, et il faut de l'instruction pour t'enseigner ce dont tu as besoin pour composer la pièce que tu te proposes de faire.

— Mais, ma petite maman, c'est pourtant toi qui m'as enseigné tout ce que je sais, et si tu étais une ignorante, tu n'aurais rien pu me montrer...

— Quand tu seras plus instruite, ma chère petite, tu te convaincras que ta mère est, comme je te le dis, une ignorante.

— Eh bien! ma petite maman, je prierai mon mari (1), quand il viendra nous voir, de me

---

(1) C'était un vieux monsieur qu'Elisa appelait son mari, et à

montrer tout ce qu'il me faut pour faire ma tragédie : il sait bien des choses, lui...

— Oui, mais je doute qu'il veuille se donner
la peine de donner des leçons à une enfant si
petite que toi.

— Oh! ça, ma petite maman, je suis bien
sûre que dès que mon mari saura que je veux
faire une tragédie pour te rendre riche, qu'il me
donnera tout de suite des leçons de français et
de géographie pour que je puisse la bien faire,
parce que, vois-tu, il a un bon cœur mon mari.
Dis donc, ma petite maman, je n'aurai pas besoin, n'est-ce pas, de lui donner plus de peine
qu'il ne faut? Je pourrai bien étudier l'histoire
toute seule, il n'y a pas besoin d'explication
pour cela, il n'y a qu'à lire; d'ailleurs, quand je
me trouverai embarrassée, je m'adresserai à toi,
voilà tout. Je vais toujours repasser le précis sur
les Maures, quoique je l'aie déjà lu bien des
fois; mais plus je le lirai, et mieux je connaîtrai
leur caractère et leurs usages... Mon Dieu! mon
Dieu! ma petite maman, que je voudrais bien
que ma tragédie fût commencée... Mais je ne
sais, en vérité, pas pourquoi mon mari ne

qui elle a été redevable d'une partie de son éducation : ce fut lui
qui lui montra le français, le latin et la géographie.

vient pas nous voir aujourd'hui, c'est pourtant dimanche ; il n'a point de bureau... C'est que cela me retarde au moins... Je n'apprends rien pendant ce temps-là... Tiens... mais, ma petite maman, si tu m'achetais une grammaire, j'étudierais en attendant mon mari... Que c'est ennuyeux qu'il ne vienne pas!!!

Je fus obligée pour lui mettre l'esprit un peu en repos d'aller lui acheter la grammaire qu'elle me demandait; mais malheureusement pour son impatient désir de s'instruire, son mari, qui ignorait ses projets, ne pouvant soupçonner de quelle urgence il était pour elle de s'initier de si bonne heure dans les difficultés de notre langue et dans le mouvement des planètes, vaquait tranquillement à ses affaires sans s'occuper de ce qui se passait au logis de sa petite femme. Mais aussi (dès qu'il le sut car, au bout de deux jours, Elisa voyant qu'il ne venait pas, lui écrivit pour lui apprendre ce dont il s'agissait et le service qu'elle attendait de lui), comme il accourut mettre tout son savoir à sa disposition! L'idée qu'avait conçue Elisa de faire une tragédie à l'âge de six ans pour me rendre riche, et sa résolution de prendre des leçons pour acquérir toutes les connaissances pour la bien faire charmaient tellement M. Danguy (c'était le nom du monsieur qu'Elisa appelait son mari), que, pour avoir le plaisir de la faire jaser sur son plan, il s'engagea à lui donner tous les conseils et toutes les leçons dont elle pourrait avoir besoin pour faire sa pièce, se promettant bien de l'entretenir autant que possible dans ses idées d'études et de composition dramatique, afin de prolonger une scène qu'il aurait été fâché de voir trop tôt finir; aussi adhéra-t-il avec empressement à la prière qu'elle lui fit de lui donner des leçons dès le jour même... Il y avait quelque chose de si touchant dans les expressions dont cette pauvre petite se servait pour exprimer sa reconnaissance à M. Danguy et dans la joie que lui causait l'espérance de faire ma fortune, que je suis persuadée que les personnes les plus indifférentes n'eussent pu la voir et l'entendre sans en être attendries.

« Que tu es bon, mon petit mari mignon, disait-elle à M. Danguy en lui sautant au cou, de vouloir bien m'aider à faire le bonheur de maman!

— Je me trouve trop heureux, ma petite femme, que tu aies bien voulu me faire participer à une œuvre aussi méritoire; je tâcherai de me rendre digne du choix que tu as fait de moi.

— Et moi, mon petit mari, je te dédommagerai par mon application de toute la peine que tu vas te donner à m'enseigner.

— Tu es donc bien décidée à apprendre, ma petite femme; c'est donc sérieusement?

— Oui, mon mari.

— Mais as-tu réfléchi au temps qu'il te faudrait?

— Oui, mon mari, et c'est la seule chose qui me contrarie, car je voudrais savoir tout de suite.

— Je crains vraiment, ma petite femme, que, malgré ton désir d'apprendre, mes leçons ne finissent par t'ennuyer.

— Et pourquoi crains-tu cela, mon mari?

— C'est qu'à ton âge, vois-tu, on a si peu de persévérance dans ses projets qu'ils ont quelquefois bien de la peine à vivre jusqu'au lendemain...

— Oui, quand on n'aime pas sa maman, mon mari; mais quand on l'aime, c'est bien différent, on persévère dans les projets qu'on fait de travailler à la rendre heureuse. Cette idée-là donne tant de courage... Tiens, ma petite maman mignonne, donne-moi bien vite du papier pour faire mes devoirs... Tu verras, mon petit mari, tu verras si j'aurai de la persévérance à apprendre...

— Puisqu'il en est ainsi, ma petite, je ne te ferai plus d'observation, je suis prêt à te donner toutes les leçons dont tu pourras avoir besoin, et nous commencerons quand bon te semblera.

— Tout de suite, mon petit mari mignon, si tu le veux bien ; seulement avant je te prierai d'une chose.

— Et laquelle, ma petite femme ?

— Ce sera, mon mari, d'avoir la bonté de me dire tous les jours un conte entre la leçon de français et celle de géographie ; mais un conte de ta composition, je les trouve très jolis ceux que tu fais, et puis ceux qui sont imprimés, je puis bien les lire, ma foi...

— Eh bien ! ma petite femme, je te dirai un conte, je te le promets (1)... Mais, dis-moi, où allons-nous nous mettre ?

(1) Il aurait été fort difficile à M. Danguy de ne pas tenir sa promesse, car dès que la leçon de français était finie, Elisa sautait sur ses genoux, afin de ne rien perdre du conte qu'elle le priait de lui dire.

— A la table près de laquelle maman travaille.

— Je crains que nous ne gênions ta maman, ma petite chérie.

— Oh! que non, mon mari, je suis presque toujours assise devant elle... N'est-ce pas, ma petite maman? Et puis s'il y avait des choses que tu ne pusses pas me faire entendre, maman me les expliquerait, parce que, vois-tu, je comprends tout de suite ce qu'elle m'explique (1).

(1) C'est à cette grande facilité de me faire comprendre d'Elisa que j'ai dû, malgré mon ignorance, le bonheur de lui être utile dans son éducation ; aussi ne voulait-elle pas prendre une seule leçon que je ne fusse présente. Et M. Danguy ne tarda pas à se convaincre qu'elle avait eu raison lorsqu'elle lui avait dit qu'elle comprenait *tout de suite ce que je lui expliquais.* Un jour qu'il avait été obligé d'avoir recours à moi pour lui démontrer quelque chose qu'il n'avait pu lui faire entendre, surpris du peu d'efforts que j'avais eu à faire pour y réussir, il me demanda comment il se faisait qu'Elisa saisissait beaucoup mieux mes définitions que les siennes. « C'est, lui répondis-je, que les miennes lui sont données beaucoup moins savamment que les vôtres. — Mais pourtant il me semble que cela devrait produire un résultat tout contraire à celui que vous obtenez. — Non. — Et comment cela? — C'est que pour donner des explications à Elisa, vous ne vous servez que des termes de l'art, tandis que moi il ne m'arrive peut-être jamais, dans celles que je lui donne, d'employer une seule fois le mot technique, je cherche le mot qui la persuade, et voilà tout. — Et c'est le meilleur de tous, c'est le seul qui convienne. — Oui, je le crois. » Depuis lors, M. Danguy s'attacha à simplifier tout ce qu'il

— Allons, je le veux bien; ta maman sera mon interprète; asseyons-nous près d'elle et commençons... Qu'est-ce que la gramm... Eh... mais où vas-tu donc, ma petite femme?

— Chercher ma grammaire, mon petit mari. »

Elle revint bientôt apportant en même temps sa poupée qu'elle posa sur une chaise près de la table, et lui appuya les bras dessus... M. Danguy avait une peine extrême à garder son sérieux à la vue de la poupée placée à la table, comme si elle était là pour profiter des leçons qu'il allait donner ou pour amuser l'écolière en cas que l'ennui vînt à se mettre de la partie. Mais il en arriva tout autrement, l'attention d'Elisa ne fut pas un instant détournée par la présence de sa

enseignait à Elisa, et ce moyen lui réussit au-delà de ses espérances, car elle fit des progrès qui tenaient du prodige; elle n'avait pas plus de trois mois de leçon qu'elle lui faisait des questions et des observations qui l'étonnaient tellement qu'il ne cessait de me les rappeler. Une fois entre autres qu'il lui faisait une dictée, elle l'arrêta à la fin d'une phrase que voici : « Le bruit que j'ai cru entendre venait de la cour.... — Mais, mon petit mari, comment se fait-il que, désignant l'endroit d'où partait le bruit, tu dises que tu as cru l'entendre? Songe donc que puisque tu sais si bien où il se faisait que tu l'as réellement entendu. — Tu as raison, ma petite femme, je ne suis qu'un insensé... — Non, mon mari, tu n'es point un insensé pour ça; tu n'as pas réfléchi, voilà tout.

poupée, la leçon alla au mieux, et le plan de la tragédie fut vivement discuté. Elisa soutenait son opinion d'une manière qui prouvait qu'il y avait conviction chez elle.

— Oui, disait-elle, mon mari, je trouve beaucoup plus dramatique de faire défendre *Zoraïde* par *Boabdil*, sous des habits espagnols, que par *Larra*, et de la lui enlever au moment où il vient de lui sauver la vie, par le moyen du poison qu'elle aura pris avant le combat, que de la laisser vivre après; car, vois-tu, mon mari, il faut que Boabdil soit puni. Quand je ferai ma tragédie, ce sera là mon dénoûment; il me plaît, je n'en veux pas d'autre; ainsi rappelle-toi de ne pas chercher à m'en faire changer (1). »

M. Danguy ne manquait jamais à la fin des leçons de ramener Elisa sur le sujet de sa pièce.

« J'échangerais, me disait-il, tout ce que je possède pour une portion du génie d'Elisa; elle en a réellement trop à elle seule, il est facile de voir que déjà il la dévore, et que sera-ce quand l'âge l'aura mûri! »

(1) On pourra juger, après avoir lu *Boabdil*, roi de Grenade, qui est dans ce volume, car c'est le même sujet qu'elle a traité, et le dénoûment dont elle parloit alors dont elle s'est servie, si elle avait ou non raison d'y tenir.

Il était bien rare que les leçons se passassent sans quelque dispute entre le maître et l'écolière. Quoiqu'Elisa apprît avec une vitesse surprenante, elle aurait bien voulu pouvoir avancer le temps, car la pauvre enfant était persuadée qu'il coulerait inutilement pour elle jusqu'au moment où elle l'emploierait à faire sa tragédie, et elle voulait, en dépit des remontrances de M. Danguy, s'essayer à rimer...

« Si tu rimes encore, ma petite femme, lui dit-il un jour en lui prenant des vers qu'elle avait faits (1), je ne te dirai plus de contes.

— Eh bien ! mon mari, maman m'en dira. N'est-ce pas, ma petite maman mignonne?...

— Mais songe donc, ma petite femme, que tu n'es pas de si tôt en état de faire ta tragédie, et que tu ne dois faire des vers que lorsque tu seras capable de les bien faire. Il faut que tu débutes avec avantage, vois-tu, ou point... Occupe-toi maintenant d'apprendre tout ce qu'il te faut savoir pour réussir dans ton entreprise... Tu n'as pas encore lu l'Art poétique de Boileau, ma petite femme ; quand tu l'auras commenté,

(1) M. Danguy avait grand soin d'emporter tous les vers qu'il enlevait à Elisa.

tu verras qu'il n'est pas si facile de faire des vers que tu le penses.

— Apporte-moi Boileau, mon mari, et je le commenterai (1); au moins après, je pourrai faire ma tragédie.

— Voyons, en attendant que je t'apporte ce grand maître, écris toujours ce que je vais te dicter. »

Lorsqu'elle eut fini, M. Danguy prit le papier pour voir si elle n'avait point fait de fautes, et je l'entendis s'écrier en déchirant quelques lignes de la page qu'il lisait.

« Mais tu es donc incorrigible, petite entêtée?... Voyez plutôt vous-même, madame, me dit-il en riant et en me présentant les lignes qui paraissaient devoir m'apprendre le sujet qui le portait à adresser à Elisa les épithètes d'incorrigible et d'entêtée, et jugez si je n'ai pas raison de l'appeler ainsi. »

Je pris les lignes accusatrices, et j'y lus à mon grand étonnement et à ma grande satisfaction :

(1) Il n'est point d'ouvrage qu'Elisa ait autant commenté que Boileau ; elle avait fini par le savoir tout par cœur.

« Mon cher mari,

« Sont-ils donc si mauvais qu'ils ne puissent te plaire,
« Ces vers qui malgré moi s'échappent de mon cœur ;
« Ces vers que mon amour me dicte pour ma mère ;
« Ces vers que je voudrais qui fissent son bonheur ? »

« Eh bien ! me dit M. Danguy en me regardant embrasser Elisa qui avait sauté sur mes genoux, que pensez-vous que mérite un tel délit ?

— Grâce entière, me hâtai-je de lui répondre, et je suis persuadée qu'il n'est point de juge, à ma place, qui ne pensât comme moi... Ecoute, mon cher ange, dis-je à Elisa, comme l'humeur que paraissent te faire éprouver les petites tracasseries qui s'élèvent depuis quelque temps entre ton mari et toi relativement aux vers que tu fais pourrait t'empêcher de prêter à ce qu'il te dirait sur ce sujet la même attention que je suis sûre que tu voudras bien m'accorder, laisse-moi, ma chère mignonne, d'abord, tenter de rétablir la bonne intelligence qui, d'habitude, régnait parmi vous, et te dire ensuite quel motif porte ton mari à te donner le conseil de ne pas faire des vers ; ne va pas croire au moins, mon Elisa, que ce soit parce qu'ils lui déplaisent et qu'il les trouve mauvais, non, ma chère petite, non, tes vers ne lui déplaisent point, sois en sûre, non, il ne les trouve pas mauvais, car les vers qui échappent au cœur ne sauraient jamais l'être, ma bien aimée; ceux-là valent toujours mieux que les autres.

— Et pourquoi donc, vilain, dit-elle en adressant la parole à M. Danguy, si mes vers sont bons, es-tu toujours à me gronder quand j'en fais, et à me dire qu'il faut attendre que je sois capable de les bien faire?

— C'est par intérêt pour toi, ma petite femme; crois bien que je suis incapable de te faire du chagrin..

— Oui, mon amour, lui dis-je, c'est par intérêt pour toi, car songe que ce projet de tragédie qui, depuis seize mois, absorbe à lui seul toutes tes pensées, et que ton désir de me rendre heureuse te fait croire possible, n'est maintenant, ma petite enfant, qu'une chimère; plus tard, ma chère mignonne, ce projet conçu par ton cœur pourra peut-être devenir une réalité; mais alors tu pourras peser au poids de ta raison toute l'importance d'une telle tâche et tout ce qu'elle impose à celui qui l'entreprend, car qui, sans calculer ses forces, ma fille, se charge d'un fardeau trop pesant se trouve obligé de le mettre bas, ou s'il persiste à le porter jusqu'au but dont sa confiance en ses forces ou tout autre sentiment l'ont empêché de mesurer la distance, on le voit succomber sous son poids sans avoir pu atteindre ce but, objet de toute son ambition. Ne pense pas, mon Elisa, que je ne te parle ainsi que pour t'empêcher de donner suite à ton projet de tragédie, non, ma petite, non, je ne te demande seulement que de l'ajourner jusqu'au moment où tu auras acquis toutes les connaissances qu'exige une telle œuvre; alors si les années n'ont point amoindri ce désir qui te porte à faire une pièce pour me rendre riche, tu pourras, ma chère mignonne, mettre à exécution ce dessein si louable de travailler pour le bonheur de ta mère; mais au moins sera-ce avec le sentiment intime de ce que tu seras capable de faire. D'ici là, ma bonne petite, promets-moi de ne pas faire de vers et de ne t'occuper que de tes études; les progrès constans que tu as faits depuis que tu les as commencées peuvent faire pressentir ceux que tu feras dans ce qui te reste à apprendre; car qui pourrait désormais t'embarrasser quand, à sept ans et demi, tu raisonnes les difficultés de notre langue, quand tu peux donner sur la géographie telle définition qu'il plairait de te demander, et que tu connais assez l'histoire pour ne pas rester court aux questions qu'on pourrait t'adresser à ce sujet? D'après la facilité avec laquelle tu conçois tout ce que l'on t'enseigne, je suis persuadée qu'il te faudra peu d'années pour t'initier dans la connaissance des sciences qui te manquent...

— Mais, ma petite maman mignonne, tu penses donc qu'il me faudra plusieurs années pour achever mon éducation?

— C'est selon les choses que tu te décideras à apprendre, mon enfant; et puis, crois-tu, lorsque tu auras fini avec la science, qu'il ne te restera qu'à prendre la plume pour écrire ta tragédie?

— Et que pourrait-il me rester à faire lorsque j'aurai appris tout ce qu'il faut que je sache?...

— Une chose à laquelle tu n'as pas songé, ma chère mignonne, et qui pourtant est de rigueur : à lire les chefs-d'œuvre des grands hommes qui ont écrit pour le théâtre, par exemple, ceux de *Corneille*, de *Voltaire*, de *Racine*, etc. ; mais non pas lire une fois, comme on fait d'une chose indifférente, mais dix fois, vingt fois, s'il le faut, pour te bien pénétrer de l'importance d'un tel travail. Et puis cela fait, regarde : Vois-tu sur ce rayon ces douze gros volumes qui portent pour titre *Cours de littérature de La Harpe?*...

— Oui, ma petite maman.

— Eh bien! mon enfant, il faudra encore que tu les aies lus et commentés avant de commencer ta tragédie; La Harpe te donnera d'utiles leçons, je t'assure, pour ce que tu veux faire. Tu verras ce qu'il dit des habiles écrivains que je viens de te nommer, la comparaison qu'il fait de leurs pièces avec celles des anciens; et, comme tu ne lis rien sans fruit, je suis persuadée que tu mettras à profit ses sages critiques. Ainsi tu vois, mon Elisa, que lorsque je te dis qu'il te faut plusieurs années pour arriver au but que tu te proposes, je n'ai pas tort. Mais comme ta pièce ne presse pas, ma chère belle, je t'engage à ne point te hâter et à mettre tout le temps qu'il te faudra pour apprendre.

— Moi, ma petite maman, je crois au contraire qu'il faut que je me dépêche, car si les personnes chez lesquelles tu as placé ton argent venaient à te le faire perdre, comment ferais-tu pour t'en procurer si ma tragédie n'était pas faite, au lieu que si elle l'était, tu n'endurerais pas de misère au moins (1).

— Ma bonne amie, je crois tous les revers de fortune possibles. Ceux arrivés à ma famille par le remboursement des assignats, et dont je me trouve victime, ne peuvent, tu le sens, me laisser aucun doute à cet égard; mais dussé-je avoir la certitude de perdre tout ce que je possède et n'entrevoir d'autre perspective pour te procurer l'existence que d'être réduite aux travaux les plus durs, eh bien! je m'opposerais encore de tout mon pouvoir à ce que tu fisses ta tragédie avant d'avoir atteint l'âge de raison !

— Et pourquoi donc, ma petite maman?

— C'est qu'à ton âge, mon Elisa, un enfant ne doit point se livrer à des travaux sérieux; il doit jouer, promener et dormir beaucoup, et employer les instans qui lui restent à apprendre les premières choses qu'il est obligé de savoir ; voilà sa tâche, tandis que toi, si tu ne quittais pas l'étude, si tu persistais à faire main-

(1) J'avais beau représenter à Elisa toutes les difficultés qu'il fallait vaincre pour réussir à faire une tragédie, espérant par là la faire renoncer à son projet; mais rien n'était capable de la rebuter, tant le désir de faire ma fortune lui faisait passer par dessus tout ce que je lui opposais.

tenant ta tragédie, tu tomberais malade, ma chère mignonne, tu mourrais peut-être... Oh! oui, car tu ne pourrais résister à un pareil travail; et que deviendrais-je sans toi, ma bien-aimée? toi, mon unique bonheur, que ferais-je seule ici-bas? Courbée sur ta tombe, j'arroserais de mes larmes sans pouvoir te ranimer la terre qui te recouvrirait, et j'entendrais, insultant à ma douleur, des gens se dire autour de moi : C'est elle qui a fait mourir sa fille ; elle l'a forcée de faire une tragédie pour lui procurer de l'or.

— Oh! ma petite maman, personne ne pourrait dire une chose comme ça, car ce n'est pas toi qui me dis de faire une tragédie, c'est bien moi qui veux la faire pour te rendre riche.

— Oui, sans doute, ma chère petite, c'est toi, je le sais, mais le monde l'ignore ; et comme le plus souvent il juge des effets sans connaître les causes qui les ont produits, il commencerait par m'accuser d'être l'auteur de ta mort avant de s'informer s'il aurait dépendu de ma volonté de l'empêcher. Tu le sais, mon enfant, je n'ai point l'habitude de te dire jamais : je veux ou je ne veux pas que tu fasses telle chose : je préfère la persuasion à tous les ordres du monde; mais si tu m'aimes, comme tout ce que tu veux

faire pour ma fortune me le prouve, mon Elisa!
si tu crains de m'affliger, ne t'occupe plus de
ta tragédie, je t'en supplie, jusqu'à ce que l'âge
et l'inspiration t'avertissent que le temps est
venu... Ecoute, ce soir on donne un des chefs-
d'œuvre de Racine, *Phèdre;* comme je suis persuadée que la vue de cette admirable tragédie
te convaincra que j'ai raison de te conseiller
d'attendre que le temps soit venu pour faire la
tienne, je vais accepter la proposition que
M. Danguy m'a faite de nous conduire au spectacle. Seras-tu contente de voir *Phèdre?*

— Oui, ma petite maman, je serai bien contente... Dis donc, mon mari, serons-nous bien
placés?

— Dans une loge de face, ma petite femme.

— Oh! tant mieux!... Habillons-nous bien
vite, ma petite maman, me dit-elle, lorsque
M. Danguy fut parti, pour ne pas faire attendre
mon mari quand il viendra nous chercher, car
si nous arrivions trop tard au spectacle, nous
pourrions fort bien trouver notre loge prise, et
ce serait bien désagréable... Qu'il me tarde
d'être rendue! »

La pauvre petite était si satisfaite, que la joie
l'empêcha de manger. Chaque fois qu'elle en-

tendait des pas sur l'escalier, elle me disait : Je crois bien que c'est mon mari qui vient nous chercher; enfin le mari arriva, et nous partîmes. Jamais je n'oublierai la représentation de *Phèdre ;* l'attention avec laquelle Elisa l'écouta était telle, que s'il ne lui était pas échappé de temps en temps cette exclamation : Oh! que c'est beau! on l'eût prise pour une statue!

— Eh bien! ma petite femme, lui dit M. Danguy lorsque la toile fut baissée, persistes-tu encore dans ton projet?

— Oui, mon mari, mais je suivrai le conseil de maman; j'attendrai que le temps soit venu pour le mettre à exécution. Je sens bien, me dit-elle en m'embrassant, que mon désir de te rendre riche ne suffit pas pour faire une tragédie, et que vous aviez bien raison tous les deux de me dire que j'avais encore beaucoup de choses à apprendre avant que d'être en état d'entreprendre un pareil travail, je le comprends bien maintenant; mais si mon mari a le courage de me les montrer, ces choses qu'il est indispensable de savoir, moi j'aurai le courage de les apprendre.

— Certainement, ma petite femme, que j'aurai bien ce courage-là; mais c'est à la condition que tu ne penseras plus à ta tragédie.

— Je ne puis pas te promettre de n'y plus penser, mon mari, puisque l'on pense malgré soi, et que, plus tard, j'espère bien la faire; mais je te promets de ne t'en plus parler d'ici là (1), parce qu'il dépend de moi, vois-tu, de m'en empêcher.

— Et tu ne feras plus de vers (2) ?

— Non, mon mari.

— A la bonne heure.

Depuis lors, Elisa se livra avec ardeur à l'étude; la pauvre petite ressentait un tel besoin de s'instruire, que, malgré son amour pour les contes et les poupées (3), elle ne reculait devant aucune des choses qu'on offrait de lui apprendre.

(1) Elisa tint parole. Ce ne fut que bien des années après en assistant à une des représentations que Ligier était venu donner à Nantes et en voyant jouer *Othello* qu'elle parla pour la première fois de sa tragédie de *Boabdil;* mais alors elle était poète et pouvait juger ce qu'elle était ou non capable de faire. On en trouvera les détails dans la Notice sur *Jane Gray*, qui est dans ce volume, page 448.

(2) Autant M. Danguy défendait alors à Elisa de faire des vers, autant, lorsqu'elle fut déclarée poète, il la pressait d'en faire; il était si heureux et si fier du succès qu'obtenait son élève, qu'il aurait voulu qu'elle consacrât tous ses instans à la poésie.

(3) Ce ne fut qu'en prenant la lyre qu'Elisa déposa les poupées; elle les aimait avec une telle passion qu'elle n'y aurait, je crois, jamais renoncé sans la poésie. Aussi le sacrifice qu'elle lui en fit ne fut-il jamais bien pur de regrets, car chaque fois depuis,

M. Danguy, qui depuis seize mois avait pris goût aux leçons qu'il lui donnait, et qui aurait été fâché de les voir cesser, sentant bien que cela ne pouvait tarder, s'il ne lui montrait que

lorsqu'elle passait devant un magasin de jouets, elle me disait : « Je t'assure bien, maman, que je finirai par m'acheter une poupée, et que je l'appellerai encore Marie; tant pis pour ceux qui se moqueront de moi. » Quinze jours avant sa mort, la pauvre enfant, ayant désiré se lever, me pria de lui en atteindre une toute petite qu'elle avait conservée comme souvenir de son amusement favori. Je fus la lui chercher; cette vue parut lui faire oublier ses souffrances, et ranima, pour quelques instans, le sourire sur ses lèvres décolorées. On eût dit à la gaieté qui l'animait qu'elle venait de retrouver ses beaux jours d'enfance; je crois qu'elle s'en fit l'illusion, car elle se leva de dessus le canapé où nous étions toutes deux, s'assit sur mes genoux, me passa l'un de ses bras autour du cou, et me dit en m'embrassant et en me montrant la petite poupée qu'elle tenait à la main : « Tu le vois, maman, je suis encore ton petit enfant, quoique je sois bien grandie *. Dis-moi un conte, je t'en prie, pendant que je suis sur tes genoux; je me croirai encore au temps où chaque soir tu m'en disais un avant de me coucher.... Tiens, celui de *Pipet*, il est tout court... Dépêche-toi, car je te fatigue... »

Pendant près de treize mois qu'a duré la maladie d'Elisa, il ne s'est guère passé de jours que je ne lui aie lu quelques contes des *Mille et une Nuits*. Quarante-huit heures avant de quitter la vie, elle voulut entendre celui d'*Aly-Baba ou les Quarante Voleurs* qui lui plaisait beaucoup. Je ne sais si elle s'aperçut de l'effort que je faisais pour repousser mes larmes, mais elle me dit : « Ferme le livre, maman, tu ne me parais pas bien en train de lire au-

* Elle avait grandi de trois pouces dans deux mois. Elisa avait alors cinq pieds

le français et la géographie dans lesquels elle n'avait plus qu'à se perfectionner, lui proposa de lui enseigner le latin ; elle n'y fit pas moins de progrès que dans le français. Elle apprit aussi l'anglais, le grec, l'italien (1) et le dessin. A onze ans, elle composa en deux heures une petite historiette portant pour titre : *Herminie, ou les Avantages d'une bonne éducation*, qui se trouve en tête du volume de Nouvelles, le second des OEuvres. J'ai expliqué à la fin d'Herminie ce qui

jourd'hui ; ta voix est tremblante. Est-ce que tu serais malade ? — Non, ma chère petite, lui dis-je. — Ah ! tant mieux, tant mieux, car qui soignerait ta pauvre enfant ! ! ! »

(1) Depuis notre séjour à Paris, Elisa était si souvent prise pour Grecque et pour Espagnole qu'elle s'était habituée à parler leur langage, afin de pouvoir répondre à ceux qui, la prenant pour une de leurs compatriotes, lui adressaient assez fréquemment la parole. Elle parlait aussi un peu l'arabe ; mais elle n'en savait pas assez pour suivre une conversation. Si Elisa avait pu réussir à faire jouer sa tragédie, elle comptait apprendre le syriaque et le samscrit.

Beaucoup de personnes se sont imaginé qu'Elisa, ayant appris plusieurs langues dans son enfance, n'avait pas dû prendre un instant de repos ; c'est une erreur, elle était si complétement organisée pour ce genre d'étude, qu'il était bien rare qu'elle eût la peine de lire plus de deux fois les principes des devoirs qu'elle avait à faire ; et, comme elle écrivait avec une excessive vitesse, cela faisait qu'elle employait fort peu de temps à étudier, quoiqu'elle apprît beaucoup, et qu'elle jouât régulièrement la moitié de la journée.

donna à Elisa l'idée de cette composition et comment elle l'écrivit. Peu de temps après, suivant le conseil que je lui en donnai, elle fit en vers le portrait de M. Danguy qu'elle se disposait à faire au crayon. Je ne sais si depuis le jour où Elisa avait promis à M. Danguy de ne plus faire de vers, ce désir avait cessé de se faire sentir en elle, ou s'il s'était seulement assoupi, mais en prenant la plume pour écrire les stances ci-dessous, elle me dit :

« Il s'est fait bien du changement en moi depuis quatre ans, maman; j'ai perdu tout-à-fait cette assurance qui ne me faisait douter de rien. Si j'étais assez sotte alors pour me croire capable de faire une tragédie, je t'assure bien que maintenant je me crois incapable de faire un seul vers; j'entends un bon, car il n'est pas difficile d'en faire de mauvais; enfin, je vais essayer, mais j'ai bien peur que la crainte de mal faire ne m'empêche de réussir à faire quelque chose même de passable.

Portrait de M. Alexandre Danguy *par Elisa Mercœur, sa petite femme.*

Raphaël, prête-moi ton pinceau véridique;
Qu'à le perfectionner, ta main s'occupe encor,

On descends sur la terre avec un noble essor,
Pour peindre avec succès celui que je t'indique.

Par ce signalement tu pourras reconnaître
Celui qui de mon cœur ne saurait s'effacer.
Ma faible main, hélas! va tâcher d'ébaucher
Le seul et vrai sujet digne d'un si grand maître.

Il n'exista jamais un ami plus sincère ;
Tu sais des malheureux qu'il est le ferme appui,
Et que les orphelins croient retrouver en lui
Tout ce qu'ils ont perdu, la tendresse d'un père.

Je crains peu désormais ma mémoire infidèle,
Raphaël a saisi jusques au moindre trait;
Aurait-il pu d'ailleurs achever son portrait,
Si sa main des vertus ne l'eût fait le modèle?

Et toi, peintre charmant, et toi, peintre fidèle,
Que ma reconnaissance ombre bien ton tableau ;
Elle seule, en ce jour, doit guider ce pinceau
Qui te fit couronner d'une palme immortelle (1).

Quelque temps après qu'Elisa eut écrit les cinq stances ci-dessus dont elle avait été fort

(1) Lorsqu'Elisa devint poète et qu'elle relut les stances qu'elle avait faites sur M. Danguy, elle me dit en me les montrant: « Il faut convenir, maman, que voilà un portrait qui est une bien mauvaise croûte; de même, je crois qu'il faut plus qu'une toile, des couleurs et des pinceaux pour faire un tableau, il faut aussi plus qu'une plume, de l'encre et du papier pour faire des vers ; et dans ceux-ci il n'y a tout juste que cela, et pourtant il y avait de quoi bien faire. Je ne crois pas réellement qu'il soit possible de trouver de la reconnaissance plus mal exprimée. Enfin, je n'avais

mécontente, la fortune nous devint si contraire que nous nous trouvâmes tout à coup plongées dans une situation affreuse. Si j'avais dû souffrir seule de ce malheur, loin de murmurer, j'en aurais béni le ciel, puisqu'en me faisant connaître tout ce que j'étais en droit d'attendre du sublime et tendre dévouement de mon Elisa, il me dévoilait toutes les nobles vertus que renfermait sa belle âme. Mais, je l'espère, Dieu dut pardonner la plainte poussée par le cœur d'une mère que la pensée de voir la misère peser sur sa fille chérie révoltait, comme il doit me pardonner les gémissemens que m'arrache une séparation à laquelle je ne puis m'habituer. J'ai pensé que rien ne pourrait mieux donner l'idée du caractère d'Elisa qu'une lettre qu'elle écrivit à l'époque dont je parle :

« Vous m'avez fait promettre tant de fois, ma-
« dame, que s'il me prenait jamais envie de me
« mettre à donner des leçons, de vous en avertir,
« que vous me donneriez mesdemoiselles Berthe
« et Julie pour écolières, que je m'empresse de

pas douze ans, et à cet âge on n'est pas poëte. » Je lui conseillai de retoucher ses vers; mais elle me répondit qu'elle s'en garderait bien, qu'elle voulait les conserver avec toutes leurs imperfections.

« vous faire savoir que je désire me livrer à l'en-
« seignement. La perte que maman a faite de sa
« petite fortune, car, comme vous le savez, il
« n'est malheureusement que trop prouvé que
« la personne chez laquelle elle avait placé son
« avoir a, par ses folles entreprises, ruiné tous
« ceux qui lui avaient confié leurs fonds, l'oblige
« à travailler jour et nuit pour nous procurer
« l'existence et me conserver mon maître d'an-
« glais (1), qu'elle ne veut pas renvoyer, tant

(1) Il est impossible d'avoir poussé plus loin l'étude de la langue anglaise qu'Elisa ne l'avait fait. Combien de fois, depuis sa mort, je me suis reproché d'avoir cédé au désir qu'elle me témoigna de vendre, avant de quitter Nantes, toutes ses traductions à l'épicier; il en était trois qu'elle avait faites entières, qui me seraient devenues une grande ressource; c'étaient celles des *Fables* de Gray, des *Saisons* de Thompson et du *Paradis perdu* de Milton. Elisa aimait tellement l'anglais qu'elle m'a dit bien des fois que lorsqu'elle tenait lord Byron, elle oubliait qu'elle était Française. Comme elle le parlait sans accent, on ne pouvait persuader aux Anglais qu'elle n'avait pas été élevée en Angleterre. « Il faut, ma chère Elisa, lui disait M. Robert Spencer, frère puîné du célèbre ministre, que vous ayez su l'anglais en venant au monde. — Non, monsieur Spencer, non, je me suis donné la peine de l'apprendre; mais vous saurez qu'à douze ans, j'avais fini la traduction du *Paradis perdu* de Milton, et qu'alors je n'avais guère recours au dictionnaire que pour les mots inusités. — Mais comment se fait-il, ma chère enfant, qu'à cet âge vous ayez pu traduire Milton, quand beaucoup d'Anglais ne peuvent pas le lire. — Je vais vous l'expliquer, monsieur Spencer, c'est qu'il n'est pas plus difficile à celui qui apprend, d'apprendre le langage vieilli que le langage

« que ses conseils me seront nécessaires. C'est
« en vain que maman me tait la fatigue que lui
« cause un travail sans repos ; mon cœur la de-
« vine : il faudrait que je fusse une insensée si
« je ne m'apercevais pas que je lui suis une
« charge trop lourde, et si je ne cherchais les
« moyens de la lui alléger ; je n'en ai qu'un, c'est
« de mettre à profit ce que je sais. Ce n'est pas
« sans peine, je vous assure, madame, que je
« suis parvenue à décider ma pauvre maman à
« me laisser donner des leçons, tant elle craint
« que cela me rende malade ; elle a, dit-elle,
« assez de force et de courage pour travailler
« pour nous deux ; j'en aurai comme elle, je
« l'espère, car, comme elle, je puiserai l'un et

moderne. — Mais votre style, si pur, si élégant, si élevé et qui cause toujours mon étonnement, je me demande comment à votre âge, vous avez pu atteindre à une perfection qu'on n'acquiert qu'avec les années. — C'est que je pense plus fortement en anglais qu'en français. » Voici quatre vers que M. Spencer envoya à Elisa deux heures après la conversation que je viens de rapporter :

Polymnie est sa sœur, Apollon est son maître,
Sapho la veut cacher aux regards de Phaon.
    Jeune Phénix, il vient de naître
De la cendre du grand Byron.
                   ROBERT SPENCER [*].

[*] M. Robert Spencer était poète en sept langues.

« l'autre dans mon cœur. Ainsi donc, madame,
« si notre malheur ne diminue point à vos yeux
« la bonne opinion que vous aviez conçue de
« mon petit savoir, si j'ai le bonheur que vous
« me jugiez capable d'enseigner à vos demoi-
« selles, je ne vous ferai point payer cher les
« leçons que je leur donnerai quoique je les leur
« donnerai bien consciencieusement : je ne vous
« prendrai que 10 fr. par mois pour elles deux;
« je sens trop bien que les leçons d'une enfant
« de douze ans ne peuvent et ne doivent point
« être mises à un prix aussi élevé que celles d'un
« maître qui s'est acquis, par un long exercice,
« une réputation méritée. Vous comprendrez
« sans peine, madame, avec quelle impatience
« je vais attendre votre réponse.

« Sitôt que M. Kernay a su que je me trou-
« vais réduite à donner des leçons, il a voulu
« m'y mettre au fait lui-même, et c'est sous
« ses yeux que je m'exerce à enseigner l'anglais
« au fils de madame Petit, qui doit dans quel-
« ques mois aller en Angleterre, et qui a bien
« voulu devenir mon écolier. M. Kernay a la
« bonté d'être content de mes définitions Je
« ferai tout pour que vous le soyez aussi. Mille
« tendres complimens pour maman, etc., etc. »

« Non, ma chère Elisa, votre malheur ne di-
« minue point la bonne opinion que j'ai conçue
« de ton savoir ; il l'augmenterait au contraire,
« s'il était possible, comme il augmente mon
« admiration et mon amitié pour toi. Si j'é-
« tais capable de me réjouir du malheur des
« personnes que j'aime, ma chère Elisa, je me
« réjouirais de celui qui va procurer à Berthe et
« à Julie le bonheur de s'instruire à l'école de
« la meilleure des filles. Regarde-les donc dès
« cet instant comme tes écolières, et compte
« sur elles les six mois que nous avons à passer
« à Nantes. Comme je veux qu'elles mettent à
« profit l'occasion qui leur est offerte, elles
« commenceront dès après-demain lundi. Je les
« conduirai moi-même chaque jour chez toi,
« parce que pendant que tu leur donneras leurs
« leçons, j'aiderai ta maman à broder. Quant au
« prix si modique que tu me demandes, chère
« enfant, il ne saurait me convenir ; si je ne suis
« pas assez riche pour l'élever au taux que je dé-
« sirerais, je ne suis du moins pas assez pauvre
« pour ne pas pouvoir le doubler. Ainsi donc, je
« te donnerai 20 fr. au lieu de 10 que tu me de-
« mandes : c'est une affaire arrêtée.

« Embrasse ta maman pour moi, ma bonne

« Elisa, et dis-lui que je compte assez sur son
« amitié pour espérer qu'elle voudra bien venir
« demain avec toi dîner à la maison. Berthe et
« Julie t'embrassent. Nous conviendrons de-
« main de l'heure que tu pourras leur donner. —
« Toute à toi,

   « Berthe de Montigny. »

Elisa qui ne m'avait pas donné de repos que je ne consentisse à la laisser chercher des écolières, eut, comme on le voit, le bonheur de trouver une mère qui eut assez de confiance en une institutrice de douze ans pour essayer de ses leçons pour ses filles. La nécessité fit vieillir sa raison ; elle n'était enfant que lorsque ses leçons étaient finies, et, jetant la plume, elle prenait sa poupée. Son enfance n'a rien perdu des momens que lui volait la raison ; elle les a repris en détail (1).

Après le départ de madame de Montigny et de ses filles, une personne de mes connaissances qui aimait beaucoup Elisa lui proposa

---

(1) Elisa n'ayant jamais eu le goût de d'autres amusemens que les poupées et les contes, et ayant toujours à sa disposition les uns et les autres elle leur consacrait tous les momens dont elle pouvait disposer.

de la faire entrer dans la plus forte pension de la ville de Cholet pour y enseigner le français, l'anglais, la géographie, et y donner des notions de littérature.

« Maman y viendra-t-elle avec moi ? demanda-t-elle.

— Non.

— En ce cas, je refuse.

— Et pourquoi, je te prie ?

— C'est qu'avec maman je puis tout, sans elle, rien. Éloignée de maman, je le sens, je n'y serais que le temps qu'il me faudrait pour mourir de chagrin, et que deviendrait-elle alors moi qui suis son seul bonheur ? elle n'aurait donc plus de consolation sur la terre ?

— Mais ta maman, Elisa, pourrait aller demeurer à Cholet, et tu la verrais le jeudi et le dimanche.

— Ce n'est pas assez, répondit-elle vivement, j'ai besoin de la voir toujours, et maman est comme moi, si je juge son cœur d'après le mien ; mais, oui, je la connais, elle ne consentirait jamais à se séparer de moi. N'est-il pas vrai, ma petite maman ? Nous devons vivre ensemble pour être heureuses, voyez-vous. »

Et elle se jeta dans mes bras comme si elle

avait craint qu'on l'entraînât. Touchée de l'attachement de cette pauvre petite pour moi, la personne n'insista plus, mais ne s'en occupa pas moins de chercher les moyens de lui être utile.

« Moi qui connais tout ce que tu sais, ma
« chère Elisa, lui écrivait-elle, si j'avais dix en-
« fans, je te confierais leur éducation ; mais il
« m'est impossible de persuader aux mères aux-
« quelles je te propose pour instruire leurs filles
« qu'à ton âge on puisse connaître à fond tout
« ce que l'on exige de savoir dans les personnes
« qui enseignent. Si, pour venir à l'appui de mes
« paroles, j'avais en main une preuve que tu
« sais et que tu es capable d'enseigner, je pour-
« rais te procurer les quatre belles demoiselles ***
« pour écolières. Elles ont été très bien élevées,
« et tu en serais, je crois, fort contente. Ainsi,
« comme tu le vois, il ne s'agit pas de leur pre-
« mière éducation, mais de leur perfectionner
« celle qu'elles ont reçue. Envoie-moi la preuve
« que je te demande, et tout ira bien. »

Elisa fit un exposé rapide des principes généraux de la grammaire française et un autre sur l'analyse logique; et, quelques jours après, les

quatre demoiselles *** devinrent ses écolières.
La mère, qui assistait assez souvent aux leçons
qu'Elisa leur donnait, lui dit un jour :

« Avant de vous avoir entendue, mademoiselle Mercœur, je ne pouvais me persuader, quelque éloge que me fît M. Bet... de votre savoir,
qu'à votre âge on pût posséder toutes les connaissances requises pour faire de bonnes édu-
cations; vos définitions m'ont rendue crédule;
elles m'ont convaincue qu'on peut être jeune,
enfant même, puisque vous n'êtes encore que
cela, et savant professeur à la fois... Mais vous
avez donc eu des révélations, mademoiselle Mercœur; car enfin, pour savoir, il faut le temps
d'apprendre, et vous ne l'avez pas eu. Mon éducation à moi ne ressemble pas à la vôtre; elle
est bien imparfaite. Mariée fort jeune, mes occupations m'ont fait négliger ce que l'on m'avait
enseigné, et je sens que maintenant il est malheureusement trop tard pour réparer le temps
perdu; mais, malade comme je le suis, mes
souffrances me donnent tant de momens d'ennuis, qu'il me semble que j'en aurais beaucoup
moins si je m'occupais à apprendre. Voulez-vous
de moi pour écolière, mademoiselle Mercœur,
dites? Je ne serai pas moins attentive à vos dé-

finitions que mes filles, ni moins docile qu'elles à vos observations. La préparation de mes devoirs me deviendrait, je crois, une distraction, car je souffre moins lorsque je vous écoute !... »

La manière précise avec laquelle Elisa démontrait les sciences qu'elle enseignait donna beaucoup de confiance en son savoir et lui procura, tant Anglaises que Françaises, des écolières de la plus haute distinction ; et, ce qu'il y a d'extraordinaire, c'est qu'elles étaient presque toutes mariées. A l'exception de quelques-unes, Elisa n'a jamais guère donné de leçons qu'à des personnes beaucoup plus âgées qu'elle.

Enfin à seize ans, commença la réalisation de ses rêves d'enfant.

Nous étions au spectacle un jour de la rentrée d'une première chanteuse que nous n'avions point entendue précédemment ni Elisa ni moi. Elisa, qui avait été frappée de la beauté de la voix de la cantatrice et qui croyait toujours entendre ses sons harmonieux résonner à son oreille, ne pouvait, contre son ordinaire, s'endormir ; elle causa musique, du bonheur d'avoir une si belle voix. Elle était tellement agitée que je finis par croire qu'elle était malade ou folle, car s'étant mise sur son séant, elle ne faisait que natter et dénatter ses longs et touffus cheveux noirs dont elle me couvrait toute la figure lorsqu'elle les rejetait en arrière. Inquiète, je lui demandai si elle était malade :

« Moi, point du tout, je t'assure, maman, » me répondit-elle.

Elle l'était alors sans le savoir, car son pouls que je consultai m'apprit qu'elle avait une fièvre des plus fortes. Il battait avec tant de vitesse qu'il m'aurait été fort difficile d'en pouvoir compter les pulsations; son cœur battait à l'unisson, mais la pauvre enfant ne s'apercevait de l'agitation ni de l'un ni de l'autre.

« Si tu n'es pas malade, ma chère mignonne, qu'est-ce qui t'agite donc ainsi?

— C'est que je veux faire des vers sur la chanteuse que nous avons entendue... Mon Dieu! maman, que sa voix est touchante!... Tiens, je vais me lever.

— Mais, est-ce que tu es folle, Elisa? Dors, tu feras des vers demain, ma fille.

— Oh! c'est pour le coup que je serais malade si j'attendais jusqu'à demain. »

Et sautant aussitôt en bas du lit, elle me dit :

« Le sort en est jeté, je vais rimer. »

Elle alla d'abord dans la salle à manger, ouvrit le buffet, coupa un morceau de pain, prit une grappe de raisin et revint dans la chambre chercher dans le secrétaire tout ce qu'il lui fallait pour écrire ; puis, poussant la porte d'un cabinet qui se trouvait entièrement éclairé par le clair de lune, elle y entra, s'assit sur un petit tabouret, posa son écritoire sur le plancher ; et, tout en mangeant son pain et son raisin (1), écrivit quatre-vingt-huit vers sur la cantatrice dont la voix l'avait tant charmée (c'était une espèce d'allégorie), revint se coucher, dormit tranquillement, sa fièvre était passée. Le lendemain, lorsqu'elle eut revu ses vers et qu'elle les eut copiés au net, elle les plia et les mit dans son sac.

« Comme c'est aujourd'hui le jour de leçon de madame Smith, me dit-elle, et que pour aller chez elle je suis obligée de passer devant l'imprimerie de M. Mélinet Malassis (2), je vais

(1) Depuis lors, Elisa ne ressentit jamais d'inspiration poétique sans éprouver un besoin de manger qui l'aurait rendue fort malade si elle n'avait pu le satisfaire. Comme l'inspiration lui arrivait toujours au moment où elle s'y attendait le moins, elle avait pris le parti, pour ne pas se trouver au dépourvu lorsqu'elle était hors de la maison, d'emporter dans son sac de quoi manger.

(1) Nom de l'imprimeur et libraire qui, en 1827, imprima et publia, à Nantes, la première édition des Poésies d'Elisa Mercœur.

emporter mes vers avec moi, et j'entrerai lui demander s'il voudrait avoir la bonté de me les insérer dans le feuilleton du *Journal de Nantes*. »

M. Mélinet, surpris de la démarche d'une jeune fille qui, dans son enthousiasme poétique, venait avec toute la candide et naïve confiance de son âge le prier de publier les vers que lui avait inspirés la délicieuse voix de la cantatrice qui avait débuté la veille, les prit, les lut et les relut avec attention ; et, levant les yeux sur leur jeune auteur qui attendait sa réponse en silence :

« Vous désirez, n'est-il pas vrai, mademoiselle, que je fasse connaître vos vers dans mon journal ?

— Oui, monsieur ; est-ce que vous ne les trouveriez pas bien ?

— Pardonnez-moi, mademoiselle, je les trouve bien, très bien pour un début, lui dit-il d'un ton de voix tout-à-fait paternel, car M. Mélinet est le meilleur des hommes ; mais vous ferez mieux encore, oui, beaucoup mieux, le feu qui brille dans vos yeux m'en est un sûr garant ; et, si vous voulez l'essayer, vous ne tarderez pas à vous convaincre que j'ai raison de vous parler ainsi. Dans deux jours, mon journal apprendra aux Nantais qu'ils possèdent parmi eux une jeune fille poète. Je vous engage à revoir vos vers, vous pouvez d'ici demain au soir y faire toutes les corrections que vous jugerez à propos, et si, par la suite, vous vous décidez à écrire pour le public, moi je me charge, mademoiselle, de lui faire connaître vos productions, non par le feuilleton de mon petit *Journal de Nantes*, mais par la voie de mon *Lycée armoricain*.

— Eh bien ! monsieur, si je me décide à écrire, ce que je crois, je profiterai de votre obligeante proposition, j'aurai recours à vous. Mais, dites-moi, je vous prie, car tout ce qui se trouve hors du cercle de mes occupations m'est tout-à-fait étranger, qu'est-ce que c'est que votre *Lycée armoricain ?*

— C'est un journal mensuel que je publie, mademoiselle, et dans lequel plusieurs auteurs distingués écrivent; et, comme il est répandu dans la capitale et dans toutes les grandes villes de France, je vous l'offre comme un moyen plus sûr et plus prompt de vous faire connaître avantageusement.

— Je vous remercie, monsieur, de vos bonnes intentions à mon égard, conservez-les-moi, et je ferai tous mes efforts pour me rendre digne de figurer parmi les écrivains qui embellissent de leurs pensées votre Lycée.

— Vous avez si peu de choses à faire pour cela, mademoiselle, que je suis persuadé que mes abonnés ne tarderont pas à vous applaudir. Quel âge avez-vous, mademoiselle?

— Seize ans et deux mois, monsieur.

— Seize ans! Comme à cet âge on voit tout en beau, n'est-ce pas? comme l'avenir apparaît brillant!

— Oui, pour ceux qui, pouvant se moquer de ses caprices, se plaisent à le parer de toutes les illusions de leur imagination; mais pour celui qui attend tout de ses faveurs, il perd beaucoup de son éclat, je vous assure; et, dans la profession que j'exerce, j'ai déjà bien eu à souffrir de ses capricieuses boutades.

— Et puis-je vous demander, mademoiselle, quelle est la profession que vous exercez?

— Celle de l'enseignement, monsieur.

— Quoi! à votre âge, mademoiselle!

— Il y a déjà bien long-temps, monsieur; depuis plus de quatre ans je donne des leçons de français, d'anglais et de géographie, et lorsque, pour vivre, il faut attendre le produit de ses leçons, on n'est pas toujours à l'aise; les professeurs ne peuvent à leur gré reculer ou avancer les saisons. L'été qui m'enlève mes écolières ne peut me dédommager par les agrémens qu'il me présente de la perte pécuniaire qu'il me cause; l'hiver qui les force de revenir à la ville les rend paresseuses pour l'étude : elles ne peuvent s'occuper à la fois d'apprêts de fêtes et de leçons, et cela me chagrine, parce qu'alors toute la charge retombe sur maman qui travaille plus que ses forces, car elle serait fâchée que je manquasse de quelque chose. Si la misère n'atteignait que moi, j'aurais plus de courage; mais voir ma mère souffrir de mes souffrances, cela me tue. Aussi voilà pourquoi je veux écrire, il est trop malheureux de n'avoir qu'une corde à son arc : on court risque de mourir de faim.

— Mais cependant, mademoiselle, l'éducation que vous avez reçue annonce de l'aisance.

— De bons amis l'ont faite, monsieur, cette éducation que j'ai reçue; maman ayant perdu sa fortune n'aurait pu me procurer les maîtres des choses que j'ai apprises; elle n'a jamais payé que M. Kernay, mon professeur d'anglais, encore on dirait qu'il a voulu lui faire une remise de l'argent qu'elle lui a donné, en m'enseignant le grec gratis et en me faisant présent des livres nécessaires pour l'apprendre. C'est au bon M. Danguy, que vous connaissez sans doute, monsieur, que je suis redevable de presque tout ce que je sais ; je dis presque, car ce sont les leçons qu'il m'a données qui m'ont aplani toutes les difficultés de celles que j'ai été obligée de prendre de d'autres. »

Depuis cet instant, M. Mélinet prit le plus vif intérêt au sort d'Elisa, et n'a cessé, comme on le verra, de lui en donner des preuves chaque fois que l'occasion s'en est présentée. Sachant que la pauvre petite désirait se livrer à la carrière des lettres, afin qu'on fît plus d'attention à elle, M. Mélinet attendit, pour publier les vers qu'elle avait faits le jour du second début de celle qui les avait inspirés. On conçoit que l'apparition des vers d'une jeune fille de seize ans, faits à la louange de la débutante qui fixait dans ce moment l'attention de tous les amateurs, ne durent point passer inaperçus; aussi causèrent-ils une espèce de révolution : on ne parlait plus que de la jeune poète. M. Mélinet, en envoyant à Elisa, le jour de l'insertion des vers, un numéro du journal où ils se trouvaient, avait eu la politesse d'y joindre deux billets afin qu'elle pût assister au second début de la première chanteuse. Il fut on ne peut plus brillant. Le spectacle commençait par une comédie en trois actes de M. Bouilly, *Madame de Sévigné*. Pendant la représentation, Elisa fit des vers sur la jeune et jolie actrice qui jouait le rôle de *Marie* (c'était la fille du directeur). Ces vers, que je joins ici, n'ont point fait partie des deux éditions des Poésies d'Elisa.

A mademoiselle Gabrielle Bousigues (1), *jouant le rôle de* Marie *dans* Madame de Sévigné, *comédie en trois actes, de* M. Bouilly.

   Que j'aime cette voix timide,
  Cet embarras, ces yeux pleins de douceur,
Cette bouche semblable au bouton d'une fleur,
   Qui naïvement se décide
  A confier le secret de ton cœur !
Ah ! quand, accompagné du plus joli sourire,
S'en échappe l'aveu que tu fais à Pilois,
   Marie, en secret on désire
   Tout comme lui suivre tes lois.
  Chacun, épris de ta grâce touchante,
  Tremble quand Sévigné, jaloux de son bonheur,
   Pour tromper ton âme innocente,
Sous le doux nom d'ami te cache un séducteur.
   Oui, pour cette aimable ingénue,
   On craint, on blâme son amour ;

(1) Devenue depuis madame Thénard, la même que les Parisiens sont si souvent allés applaudir au Vaudeville.

L'âme inquiète et tout émue,
On l'accuse, et pourtant on se dit à son tour :
Oh! c'est bien mal... Mais elle est si jolie!...
Jeune Gabrielle-Marie !
Fille charmante, au regard enchanteur,
En témoignant cette vaine frayeur,
Peut-on te prouver davantage
Combien nous chérissons l'image
Que nous rendent tes yeux, ta grâce et ta candeur.

Je regrette beaucoup de ne pouvoir joindre aux vers ci-dessus que quatre de ceux qu'Elisa avait faits précédemment sur la première chanteuse. Mais je n'ai pu m'en rappeler davantage; j'ai eu beau feuilleter tous les papiers qu'elle m'a laissés, il m'a été impossible, malgré mes recherches, d'en trouver ni la copie, ni le numéro du journal où ils furent insérés le 5 ou 6 septembre 1825.

FRAGMENT.

. . . .
. . . .
. . . .

Quand sa flexible voix, si légère et si tendre,
Modulait doucement des sons harmonieux,
Le zéphyr attentif se taisait pour l'entendre,
Et tout pour l'écouter était silencieux.

. . . .

Les vers d'Elisa eurent tant de succès, que, dans son étonnement, elle me dit... car dès lors on publia qu'elle était née poète :

« Ah ça, maman, il faut donc bien peu de chose pour être poète, si les deux faibles preuves que j'ai données suffisent pour me faire déclarer telle ; puisqu'il en est ainsi, je m'en vais suivre le conseil de M. Mélinet, je vais écrire dans son *Lycée armoricain.*

Les deux premiers morceaux qui y parurent furent : *Dors, mon ami,* qui se trouve en tête de son volume de Poésies, et l'élégie qui le suit. Je place ici des vers que les deux morceaux dont je parle inspirèrent et qui furent envoyés à M. Mélinet, pour être remis à Elisa et insérés dans le Lycée.

A MADEMOISELLE ÉLISA MERCOEUR.

Nantes aussi voit naître sa Delphine ;
Muse Elisa, j'ai lu tes charmans vers,
Mon cœur ému répète encor les airs
    Qu'a modulés ta voix divine.

Quel charme pur s'est emparé de moi,
    Quand d'un ami, sylphide tutélaire,
Tu contemples Morphée errant sur sa paupière...
    Mais, ô ma muse, je le crois,

Ta plume ici fut un peu mensongère ;
Peut-on dormir auprès de toi ?

Qui t'a couverte ainsi de vêtemens funèbres ?
Ton ami de la tombe a donc franchi le seuil ?
Muse, sèche tes pleurs, quitte cet air de deuil,
N'appelle plus sur toi d'éternelles ténèbres.

Je le sens, ton ami n'est pas près de mourir ;
Relève, tendre fleur, ta tige qui succombe ;
Ah ! le ciel pour se réunir
Créa d'autres lieux que la tombe.

Seize fois ton regard vit un nouveau soleil :
Seize fois à tes yeux la terre s'est fleurie :
Rien que seize ans !... c'est l'âge où tout est plus vermeil,
Où mille adorateurs vont encenser ta vie !...
Belle de tes seize ans, quand aurai-je une amie
Pour guetter comme toi mon songe et mon réveil ;
Comme toi pour pleurer sur mon dernier sommeil ?

Un Abonné, âgé de vingt ans.

« Cette pièce de vers, me dit Elisa, m'est une preuve sans réplique qu'on s'est donné la peine de lire les miens par le soin qu'on a pris de les analyser, et pourtant je trouve que *Dors, mon ami,* et ma petite élégie n'en valent guère la peine, mais c'est peut-être pour m'encourager qu'on m'adresse des choses si flatteuses. »

S'il me fallait insérer tous les vers qui ont été adressés à Elisa, ils formeraient à eux seuls un gros in-8.

On vient de voir qu'Elisa ne se laissa pas aveugler par son premier succès; mais M. Mélinet, jugeant de ceux à venir par celui qu'elle obtenait à son début (car dès lors il pressentit qu'elle ferait son chemin dans la carrière des lettres), lui conseilla de travailler avec courage à mériter de nouveaux applaudissemens, ne lui dissimulant pas combien il lui faudrait donner de preuves de talent avant que sa réputation d'écrivain fût établie sur des bases solides, et pensant qu'il ne serait pas mal qu'elle concourût à deux prix qui devaient être décernés par la Société académique de Nantes, aux auteurs des deux meilleures pièces de poésies sur le *Phare de la Tour-du-Four* et sur le *Combat des Trente*, il l'engagea à entrer en lice; elle le fit seulement par déférence pour les conseils de M. Mélinet, qu'elle savait lui être donnés tout dans son intérêt; car il n'entrait point dans sa manière de voir de disputer le prix du talent à personne. Aussi se promit-elle bien de ne jamais concourir, à moins que le prix proposé ne fût une somme assez forte pour lui donner l'espérance de voir s'améliorer notre sort.

Les deux morceaux qu'Elisa fit pour les deux concours dont je viens de parler, reçurent chacun une mention honorable dans les séances qui eurent lieu pour la distribution des prix, qui furent décernés, l'un, vers la fin de 1825, à M. E. Souvestre de Rennes, et l'autre, dans les premiers mois de 1826, à M. Evariste Boulay-Páty du même endroit. J'avais pensé pouvoir me les procurer (Elisa n'en ayant pas conservé de copie) en m'adressant au secrétariat de la Société académique de Nantes, où ils sont déposés ; mais ma demande étant demeurée sans réponse, je me suis vue forcée de renoncer au plaisir de les ajouter à ses Œuvres. Je regrette surtout de ne pouvoir faire connaître celui qu'elle fit sur *le Combat des Trente*, qui était un petit poëme divisé en trois chants : *l'Apparition*, *le Défi* et *le Combat*, qui contenait dans le second chant un passage entre les deux chefs de ce combat mémorable (1), dont les vers auraient

---

(1) *Le Combat des Trente* eut lieu dans le quatorzième siècle entre trente Bretons et trente Anglais, et mit fin aux dissensions continuelles que faisaient naître, chez ces peuples voisins, la haine qui les animait l'un contre l'autre. Les Bretons avaient à leur tête le brave maréchal Jean de Beaumanoir, et les Anglais l'intrépide et farouche Richard Brembro. La victoire demeura aux Bretons ; et, pour l'attester, un monument fut élevé à l'endroit même où le combat se passa. Ce lieu se nommait *Chêne-de-Mi-Voie* ; il était ainsi appelé parce qu'il y avait un chêne et qu'il se trouvait placé à mi-chemin de la demeure des deux chefs.

mérité d'être conservés comme de graves sentences. Pour s'en assurer, voir à la note ci-dessous huit de ces vers, dont la force et la justesse m'avaient tellement frappée, que je ne les ai jamais oubliés, et qui me semblent d'autant plus remarquables qu'Elisa n'avait pas dix-sept ans lorsqu'elle les fit (1). Ses progrès dans la poésie devinrent si sensibles qu'on ne tarissait pas sur son éloge ; et comme la louange est le véritable stimulant de l'esprit, M. Mélinet, qui regardait les succès qu'elle obtenait comme autant de pas faits sur le chemin qui conduit le poète à la fortune, afin de la faire arriver plus tôt à ce but, ne manquait jamais de lui montrer ce qu'on lui écrivait de flatteur sur son talent (2).

(1) . . . .
    Ah ! songe que frapper qui ne peut se défendre
        Est un triomphe avilissant.

    Oui, lorsque le guerrier, de sa colère esclave,
    A soif à chaque instant d'un massacre nouveau,
    Le héros disparaît sous l'armure du brave,
        Il ne reste plus qu'un bourreau.

. . . .
        On déshonore un souvenir
        En le consacrant par des crimes.
. . . .
. . . .

(2) Parmi les éloges prodigués au talent d'Elisa et qui lui par-

Enfin, après avoir publié successivement plusieurs morceaux dans *le Lycée armoricain*, Elisa se trouva être arrivée au même mois où un an auparavant on y avait publié ses deux premiers. Etonnée de l'accueil sans caprice de ses lecteurs, elle me demandait ce que je pensais d'un succès qui lui avait coûté si peu et qu'elle croyait si peu mériter, lorsqu'on lui remit un journal qui lui était adressé de *Lyon*, et qui contenait sa nomination comme membre correspondant de l'*Académie provinciale*. C'était une société qui venait d'être établie depuis peu dans cette ville, et dont M. de Châteaubriand était président perpétuel.

Surprise autant que flattée de voir son nom associé à celui de nos écrivains les plus célèbres, car, en se formant, l'*Académie provinciale* avait appelé à elle toutes les illustrations de notre époque, Elisa, qui ne se serait jamais imaginé qu'elle dût être académicienne à dix-sept ans, éprouva une telle émotion que je fus obligée de l'aider à gagner le lit, ses jambes refusant de

vinrent par la voie de M. Mellinet, j'en ai vu peu d'aussi flatteur que celui que contenait une lettre qu'il reçut de la célèbre mademoiselle S.-U. Tremadeure, qui écrit pour la jeunesse, et dont l'Académie française a si justement couronné plusieurs fois les travaux.

lui rendre ce service. Dès qu'elle put le quitter, car elle fut assez gravement malade, elle prit la plume et écrivit la lettre suivante à l'*Académie provinciale* ; et lui adressa en même temps sa pièce de *la Pensée*, ce qui fut cause que *le Lycée* ne publia rien d'elle dans le mois de novembre (1).

« Rivaliser de gloire avec ces muses aimables
« et célèbres dont la patrie s'enorgueillit en
« adoptant tous leurs succès (2), n'a point été
« mon espérance ; mais j'ai éprouvé un senti-
« ment d'orgueil en songeant que mon nom
« pourrait trouver une place auprès de leurs
« noms chéris. Cette espèce de rapprochement
« est la première feuille de ma couronne litté-
« raire : puissent à l'avenir des suffrages mérités
« joindre quelques lauriers à cette feuille pré-
« cieuse !

« Union et tolérance ! telle est la devise qu'a
« choisie l'Académie provinciale ; un sourire et
« son indulgence, telle est la prière que je lui
« adresse aujourd'hui ! »

(1) On verra en lisant *la Pensée* qu'il y a eu erreur dans sa date, puisqu'Elisa en fit hommage à l'*Académie provinciale* en 1826.

(2) Elisa voulait parler de mesdames Desbordes-Valmore, Amable Tastu et Delphine Gay, qui faisaient partie de l'Académie provinciale.

L'Académie n'eut pas plutôt reçu la lettre d'Elisa qu'elle la fit insérer dans le journal l'*Indépendant* (c'était celui qui lui avait fait connaître sa nomination), et s'empressa de lui en envoyer plusieurs numéros. On y disait, après avoir parlé de l'hommage qu'elle venait de faire de sa pièce de *la Pensée* à l'*Académie provinciale* et que le journal annonçait devoir publier très prochainement (1) : « Mademoiselle Elisa Mercœur s'est déjà fait connaître par plusieurs pièces de vers très remarquables, insérées dans le *Lycée armoricain*, et surtout par une ode intitulée l'*Avenir*, où l'on trouve ces admirables strophes :

Le cœur est un miroir où se peint notre vie, etc.

Et l'on citait cette strophe en entier et les quinzième, seizième et dix-septième.

De même que les visages sont différens, la manière d'envisager les choses l'est aussi, à ce qu'il paraît, car cette pièce de l'*Avenir* dont l'*Indépendant* venait de faire un éloge si brillant, et qui fut citée tant de fois dans les journaux à cause de la profondeur des pensées qu'elle renferme, fut im-

(1) Ainsi que l'avait annoncé le journal l'*Indépendant*, *la Pensée* fut insérée dans un numéro très prochain ; elle fut analysée de la manière la plus flatteuse pour son auteur par M. Al. Rastoul, membre de l'*Académie provinciale*.

pitoyablement critiquée par M. E. S. de Rennes, qui adressa sa critique à M. Mélinet, avec prière de la faire paraître dans son *Lycée armoricain;* mais M. Mélinet, qui a l'âme aussi noble qu'il a le cœur bon, sentant bien qu'il ne pouvait être à la fois et protecteur et délateur d'Elisa, ne fit point paraître la critique de M. E. S., qui était dans les termes les plus injurieux et pour le talent et pour la personne d'Elisa qu'il ne connaissait pas (1). M. E. S. y disait en parlant de sa pièce de *l'Avenir :* « Quel est donc ce galimatias, ce fatras de vieilles pensées rafraîchies que mademoiselle Mercœur vient nous donner pour du neuf, etc., etc., etc. » Et, à l'en croire, les dernières strophes de cette pièce étaient les

(1) M. E. S., ayant eu occasion de venir à Nantes, et désirant connaître la jeune fille qui avait été l'objet de sa critique, se présenta à la maison avec un jeune homme qui venait y acheter un volume de poésies. Comme M. E. S. ne fit que saluer en entrant et en sortant, Elisa et moi nous le prîmes pour un sourd et muet de naissance, ce dont nous le plaignions beaucoup. Ce n'est que depuis notre séjour à Paris que nous apprîmes par un de ses amis, à qui il avait raconté sa singulière visite, que le silencieux monsieur était M. E. S. de Rennes.

Six mois ou environ après notre arrivée dans la capitale, M. E. S. envoya, par la voie de M. Mélinet, à Elisa un volume des pensées de trois jeunes femmes qu'il avait recueillies lorsqu'elles les confiaient à la brise du soir sans se douter du larcin que M. E. S. leur faisait.

choses les plus ridicules du monde. Elisa se consola des injures qu'il lui jetait à pleines mains, en pensant qu'elle n'avait encore rencontré qu'un M. E. S., mais qu'elle avait trouvé beaucoup d'indulgence et de bienveillance parmi tous ses lecteurs.

Le titre de membre de l'Académie provinciale que depuis sa nomination Elisa ajoutait à sa signature lorsqu'elle publiait des vers dans *le Lycée armoricain*, bien que regardé par la plupart comme un titre inventé à plaisir, rehaussa néanmoins tellement son talent, que ceux qui n'avaient point entendu parler d'Elisa Mercœur avant qu'elle écrivit, s'imaginèrent qu'il se pouvait qu'un homme, pour répandre plus de charme sur ses poésies et les faire lire avec plus d'intérêt, signait ce nom de jeune fille. Cette idée prit tant de consistance dans l'esprit du vieux marquis Bl. de la M*** de Rennes, qui croyait voir la scène de *la Métromanie* en action, qu'il écrivit à M. Mélinet pour lui demander des renseignemens à ce sujet. M. Mélinet lui répondit que le sexe, l'âge et le nom de l'auteur dont il insérait les jolis vers dans son *Lycée armoricain* n'étaient nullement d'invention, que mademoiselle Mercœur était une jeune fille aux longs et beaux yeux noirs pleins de feu et de génie. Et puis un quatrain fut adressé à M. Mélinet, par le marquis Bl. de la M***, véritable métromane, pour être remis à la jeune Muse armoricaine (1).

L'idée du marquis Bl. de la M*** parut si bizarre à Elisa, qui ne se serait jamais attendue qu'on dût lui trouver assez de talent pour douter de son sexe, qu'elle en rit comme une folle.

Je ne sais si ses progrès étaient aussi rapides qu'on le disait, ou si son titre d'académicienne n'aidait pas un peu à les faire paraître tels ; toujours est-il vrai qu'on l'en félicitait de tous côtés, et ce qui pourrait faire croire que ces félicitations pouvaient bien n'être pas sans fondement, c'est que la Société académique de Nantes vint joindre ses éloges à tous ceux qu'on lui prodiguait.

Le secrétaire général de la Société académique du département de la Loire-Inférieure.

« Mademoiselle,

« Si les fonctions qu'on m'a confiées peuvent
« avoir parfois quelque chose de flatteur pour
« moi, c'est lorsque, devenu l'organe de la So-

(1) C'était le nom qu'on donnait à Elisa depuis qu'elle écrivait dans le *Lycée armoricain*.

« ciété académique, je n'ai qu'à transmettre
« d'unanimes suffrages et à distribuer pour elle
« de justes éloges. Vous annoncer qu'elle vient,
« dans sa séance du 3 mai 1827, de vous rece-
« voir au nombre de ses membres correspon-
« dans, c'est vous donner une preuve de l'in-
« térêt qu'elle prenait depuis long-temps à vos
« aimables travaux, auxquels elle a d'abord
« souri comme à d'agréables préludes ; mais
« qu'elle a applaudis ensuite lorsqu'elle a vu leur
« succéder de plus savans accords. En rendant
« cette justice à vos talens, elle a pensé que,
« jalouse de la seconder, vous vous efforceriez
« de réaliser de plus en plus les espérances
« qu'elle a fondées sur votre avenir.
 « Il vous sera, je n'en doute pas, facile d'y
« réussir ; il ne faudra pour cela que peindre
« avec la même vérité que vous avez mise dans
« vos productions, cette foule de sensations
« dont votre âme est remplie. Les femmes sont
« toujours sûres de trouver dans leur cœur les
« inspirations que les hommes cherchent dans
« leur esprit. Puisez-y donc, Mademoiselle,
« comme à une source intarissable, qui prê-
« tera à vos vers ces vives émotions, cette
« douce sensibilité, ce délire qui est la poé-

« sie elle-même, quand il est naturel et pro-
« fond.
« Recevez, Mademoiselle, etc., etc., etc.
                              « R. LUMINAIS.

« P. S. J'oubliais de vous parler de votre di-
« plôme que je joins ici, et dont je vous prie de
« m'accuser réception.
            « Nantes, mai 1827. »

Elisa fut extrêmement flattée de sa nomination à la Société académique de Nantes. Si tous les éloges et les honneurs qu'on lui prodiguait avaient pu lui tenir lieu de fortune, rien n'eût manqué à son bonheur ; mais la pauvre enfant se demandait sans cesse si la gloire ne rapportait jamais plus d'argent à personne qu'à elle, car il y avait déjà assez long-temps qu'elle écrivait, et pas un de ses vers ne lui avait valu encore un seul denier.

M. Mélinet voyant qu'elle s'affligeait de ne tirer aucun profit de ses travaux, craignant qu'elle ne se dégoûtât d'écrire, lui conseilla de rassembler toutes les pièces qu'elle avait faites en un volume, qu'il se chargerait de l'imprimer, et qu'il ne lui ferait payer que ses déboursés ; qu'il fallait qu'elle cherchât des souscripteurs ; qu'il allait, de son côté, faire tout ce qu'il pourrait pour lui en procurer, et huit ou dix jours après, il envoya à Elisa le traité suivant.

« Les soussignés, voulant donner à mademoiselle Elisa Mercœur un témoignage de l'estime qu'ils ont pour ses talens, se réunissent pour lui faire la proposition suivante relativement à la collection de ses poésies qu'elle se propose de faire imprimer.

« Ils se chargent des frais d'impression jusqu'à la concurrence de 500 exemplaires.

« Ils lui offrent pour le droit de débit de ces 500 exemplaires une somme de 200 fr.

« Le manuscrit restera la propriété de mademoiselle Mercœur, qui ne pourra cependant en faire une seconde édition que lorsque les quatre cinquièmes des 500 exemplaires seront écoulés.

« Il sera cependant loisible à mademoiselle Mercœur de faire tirer pour son compte 500 exemplaires de plus, mais sous la condition que 450 au moins resteront en dépôt et ne pourront être mis en vente par elle que lorsque les 500 premiers auront été placés. Quant aux 50 autres, mademoiselle Elisa Mercœur sera libre d'en disposer pour les présens qu'il lui conviendrait d'en faire.

« Les soussignés chargent M. de Tollenare, l'un d'entre eux, de conclure d'après les bases ci-dessus avec mademoiselle Mercœur, de traiter avec M. Mélinet-Malassis, l'imprimeur, et de suivre l'accomplissement du traité. »

« C'est bien heureux, maman, me dit Elisa après avoir examiné les clauses du traité qui précède, que ce traité, qui certes n'a été fait que dans le dessein de m'être utile, ce dont je suis fort reconnaissante, ne me soit pas parvenu huit ou dix jours plus tôt ; car, n'ayant point alors contracté d'engagement avec aucun souscripteur, j'aurais sans nul doute accepté la somme qu'on m'y propose pour la publication de mes poésies, et avec empressement, je t'assure ; et tu vois, d'après le nombre de souscriptions que M. Danguy m'a recueillies depuis ce temps (1), que j'aurais eu tort, puisque j'aurais perdu cent pour cent sur mon édition, peut-

(1) Dès que M. Danguy avait appris que, suivant le conseil de M. Mélinet, Elisa se disposait à publier ses poésies et qu'il fallait qu'elle s'assurât de souscripteurs, point essentiel pour pouvoir faire imprimer, sentant bien qu'il n'était pas convenable qu'une jeune personne se mît à leur recherche, il l'avait priée de le lais-

être même bien davantage. Oh! oui, car d'ici l'apparition de mon volume, j'ai tout lieu de penser que M. Danguy me recueillera encore bien des signatures (1); ainsi tu vois que c'est bien heureux que ce traité ne me soit pas parvenu plus tôt. Espérons donc, d'après cela, que tout s'arrangera pour le mieux; que le jour du bonheur se lèvera bientôt pour nous, et que nous ne retrouverons plus nos chagrins que dans notre souvenir!... Espérons, maman, espérons; Dieu nous protégera, j'en suis sûre!... je le crois, du moins... »

Et, pleine de cette croyance si douce à l'âme candide d'une jeune fille, Elisa prit la plume, et, sous la dictée de sa reconnaissance, elle écrivit aux membres de la Société académique de Nantes, car c'étaient eux qui s'étaient ré-

ser se charger de ce soin; que, pendant qu'elle s'occuperait de l'arrangement de son volume, lui s'occuperait de lui procurer des signatures; qu'il espérait pouvoir lui en obtenir beaucoup à la Bourse et au spectacle.

(1) Elisa avait raison, M. Danguy lui recueillit encore bien des signatures, car la liste qui, lors du traité, ne contenait que quatre cents noms, à la publication de ses poésies, en contenait près de six cents; et je dois dire que pas un de ceux qui avaient signé ne manqua à son engagement: il semblait que c'était un tribut que chacun d'eux croyait devoir au talent de la jeune Muse armoricaine et qu'il s'empressait de lui payer.

unis (1) pour lui faire les propositions qu'on a vues dans le traité, et dont M. de Tollenare était chargé de l'exécution (2), afin de leur exprimer le regret qu'elle éprouvait de ne pouvoir profiter de leur bonne intention à son égard. Cela fait, elle ne s'occupa plus que des moyens d'accélérer la publication de son volume, qui, à sa grande satisfaction, eut lieu le 21 juin (1827), cinq semaines après ce que je viens de rapporter, et trois jours avant qu'elle n'eût ses dix-huit ans accomplis. M. Mélinet, à qui elle en avait confié l'impression, avait trop bien compris l'impatience que doit éprouver une jeune personne qui s'élance à la fois vers la gloire et la fortune, pour ne pas donner à ses presses toute l'activité qui dépendait de lui. Elisa eut on ne peut plus à se louer des procédés de M. Mélinet (3); aussi,

(1) Une autre fois encore les honorables membres de la Société académique de Nantes se réunirent en l'honneur d'Elisa; mais cette fois, ce fut pour souscrire pour le tombeau de leur jeune collègue.

(2) C'était à M. de Tollenare qu'Elisa était redevable de sa nomination à la Société académique de Nantes; et à M. Mélinet, des propositions que cette Société lui fit relativement à l'édition de ses poésies. M. Mélinet, craignant qu'Elisa ne se décidât pas à faire imprimer ses poésies, et sentant combien il était important pour elle qu'elles le fussent, avait engagé les membres de la Société académique, dont il fait partie, à se charger des frais de l'impression.

(3) Ainsi que M. Mélinet l'avait promis à Elisa lorsqu'il l'avait

lui en conserva-t-elle, tant qu'elle vécut, la plus vive reconnaissance; et, pour qu'elle ne s'éteignît pas avec elle, en mourant elle l'a déposée dans mon cœur. Bon et digne homme! que j'aurais été heureuse de pouvoir, ainsi que je le désirais, confier à ses presses qui ont fait connaître au monde les premières pensées d'Elisa Mercœur la tâche de lui révéler ses dernières! Dieu m'est témoin que pour me faire abandonner ce projet, car je ne connais point de moyen de lutter contre l'*impossible*, il m'a fallu des raisons aussi fortes que celles qui me clouent à Paris, et qui m'ont obligée d'y contracter des engagemens avec des imprimeurs.

Dès que le volume d'Elisa parut, elle s'empressa de faire parvenir les exemplaires à ses souscripteurs, et elle en présenta un au maire et au préfet, M. le vicomte Alban de Villeneuve, qui prit dès lors à son sort un intérêt si vrai,

engagée à rassembler toutes les pièces qu'elle avait faites en un volume, de se contenter de ses seuls déboursés pour l'imprimer, il renonça à toute espèce de gain, ou, du moins, s'il en préleva, ne fut-ce que celui si profitable à l'âme : la satisfaction que procure le souvenir d'une bonne action. L'édition d'Elisa, tirée à sept cent cinquante exemplaires sur papier vélin, ornée d'une lithographie et de culs-de-lampes, format in-12, coûta, tout frais compris, 559 fr., dont M. Mélinet ne voulut recevoir que 300 fr. en espèces, et prit le reste en volumes au prix des souscripteurs.

et, cela fait, elle écrivit la lettre suivante à M. de Chateaubriand, en lui adressant un volume de ses poésies.

« Monsieur le Vicomte,

« Doit-elle espérer son pardon, celle qui, sans
« avoir obtenu votre aveu, ose aujourd'hui vous
« dédier ses faibles essais? Femme, jeune et Bre-
« tonne, elle a cru que ces trois titres auraient
« peut-être quelques droits à la bienveillance
« de l'illustre écrivain que la Bretagne a vu naî-
« tre, que la France contemple avec un si juste
« orgueil. Sans fortune, sans conseils, loin du
« monde, dont ma pauvreté m'exile, loin des
« modèles dont j'ai tant besoin, j'ai pensé,
« Monsieur, qu'oubliant l'intervalle qui existe
« entre nous, vous daigneriez vous pencher vers
« moi et m'aider à m'élever en me tendant une
« main tutélaire. Me serais-je trompée en espé-
« rant cette noble protection? Et tout cela, Mon-
« sieur, ne serait-il qu'un songe? Ah! grâce pour
« mon erreur, si c'en est une; mais il me semble
« que le plus doux apanage du génie est de
« pouvoir d'un sourire assurer le bonheur de
« ceux qui l'implorent. Du moins, Monsieur,
« qu'un mot, un seul mot m'apprenne si votre

« jeune compatriote eut raison de croire à l'in-
« dulgent regard de celui dont elle n'ose qu'en
« tremblant se dire,

« Avec le plus sincère et le plus profond res-
« pect, Monsieur le Vicomte, la très hum-
« ble, etc., etc.,

« ELISA MERCOEUR. »

Nantes, 12 juillet 1827.

Elisa n'attendit pas long-temps, comme on le verra en comparant les dates, la réponse qu'elle avait sollicitée de M. de Chateaubriand. Heureuse de la posséder, cette réponse qu'elle avait appelée de tous ses vœux et qu'elle eût voulu faire connaître au monde entier, elle courut aussitôt la montrer à M. Mélinet, qui la pria de la lui laisser jusqu'à la fin de la journée, afin de pouvoir la faire lire à quelques incrédules (1); et, le lendemain, la réponse de M. de Chateaubriand devint la nouvelle du jour : M. Mélinet l'avait insérée dans son journal.

« Comme c'est heureux pour le succès de cette petite, disait-on de tous côtés, qu'elle ait

(1) Beaucoup de personnes avaient pensé que M. de Chateaubriand ne se donnerait pas la peine de répondre à Elisa, parce qu'il était impossible, disaient-elles, que le plus grand écrivain de notre siècle fît attention à l'hommage d'une jeune fille qui, bien que sa compatriote, n'en étoit pas moins qu'à son début.

eu la pensée de dédier ses Poésies à ce grand homme; sans cela peut-être n'eût-elle pas réussi; il est si rare que l'on croie au talent des poëtes de province, que, sans la réponse de M. de Chateaubriand, on aurait fort bien pu douter de celui de notre jeune muse : il y a tant de personnes qui n'osent juger d'après elles. » Réflexion qui fit dire à Elisa, comme le disait l'habitant de la Guadeloupe à son habit : « Oh! ma chère réponse, que je te remercie!... » Car, dès lors, elle comprit toute l'influence qu'exerce sur la réputation de l'écrivain qui débute le nom et l'opinion de l'écrivain que la renommée a consacrée, et devant lequel tout s'incline!... Aussi n'attribua-t-elle point à son talent le succès sans obstacle qu'obtint son volume, mais à la célébrité que lui avait prédite l'illustre écrivain auquel elle l'avait dédié.

La réponse de M. de Chateaubriand fit tant de bruit à Nantes, car les journaux semblaient prendre plaisir à la répéter, qu'on vint en foule solliciter d'Elisa la faveur de la lire dans l'original. A voir l'empressement qu'on mettait à s'en saisir et à l'attention qu'on apportait à en considérer les caractères, on eût dit une relique dont la vue et l'attouchement devaient mettre à l'abri de tous dangers. Je crois réellement que si Elisa avait voulu mettre un prix à sa complaisance, que la réponse de M. de Chateaubriand lui eût rapporté beaucoup d'argent. Que de félicitations ne reçut-elle pas sur le bonheur de posséder un tel trésor!

Convaincue par tout ce dont j'ai été témoin du prix qu'on attache aux autographes des personnes destinées par leur génie à traverser tous les siècles, et désireuse de réunir aux Œuvres de ma fille tout ce qui peut attacher le lecteur, j'ai pensé qu'il me saurait gré de les avoir enrichies des *fac-simile* des deux premiers autographes qu'elle reçut des deux grands hommes qui ont fait son destin (1); l'un en fixant en un instant par son opinion l'opinion du public sur son *talent*, l'autre en s'occupant du sort à venir de la jeune *poète*, et en lui assurant une existence à l'abri des caprices de la littérature. Ces deux *fac-simile* se trouvent immédiatement après les pièces dont ils sont les réponses. (Voir après la dédicace à M. de Chateaubriand et après la pièce de *la Gloire*, pages 12 et 178 de ce volume.)

Pressée par mes souscripteurs de leur donner un *fac-simile* de l'écriture d'Elisa en regard de

(1) M. de Chateaubriand et M. de Martignac.

son portrait, que, grâce à l'obligeance de M. Devéria, j'ai eu le bonheur de pouvoir, ainsi qu'ils le désiraient, ajouter à ses Œuvres (1), pour que ce *fac-simile* ait un autre mérite à leurs yeux que celui de produire seulement ses caractères,

(1) Ne pouvant, d'après les demandes réitérées qui m'avaient été adressées, me dispenser d'ajouter le portrait de ma fille à ses œuvres, je souhaitais, ainsi qu'on m'en avait priée, qu'on le fît sur le croquis d'un petit profil qu'elle avait fait en se palpant les traits. Je ne sais si la crainte de ne pas être payé n'entra pas pour quelque chose dans tous les refus que j'essuyai, mais personne ne pouvait faire ce que je désirais!... Désespérée, je portai le croquis d'Elisa à M. Devéria, auquel je n'avais pas osé m'adresser d'abord, et vingt-quatre heures après, son neveu m'apporta le billet suivant :

« Madame,

« Je vous fais remettre les matériaux que vous m'avez confiés et
« le dessin que j'ai pu en retirer. Vous ne me devez rien, et soyez
« assez bonne, toutefois, pour qu'il n'en soit plus question entre
« nous.

« Si le dessin vous est utile, je vous répète l'adresse de M. Le-
« mercier *, rue de Seine, 55.

« Recevez, madame, les très humbles respects de votre dévoué,

« A. DEVÉRIA. »

Dès que j'eus achevé de lire le billet de M. Devéria, son neveu développa la pierre sur laquelle était dessiné le portrait de ma fille. C'est le seul instant de bonheur que j'ai eu depuis sa mort! Il me sembla qu'après une longue absence, Elisa revenait vers moi; et je m'élançai pour l'embrasser. Heureusement que ce cri

* Nom du lithographe chez lequel a été fait le tirage du portrait de ma fille. J'ai eu beaucoup à me louer de M. Lemercier. Je me trouve heureuse de l'avoir pour souscripteur.

j'ai choisi des vers qu'elle adressa à l'*ange de l'Abbaye-aux-Bois* (1).

Un bonheur n'arrive jamais seul, dit le proverbe, et le proverbe a, je crois, raison. Hélas! pourquoi faut-il qu'il en soit ainsi du malheur!...

A voir l'enthousiasme qu'excita l'apparition du volume d'Elisa, l'empressement des journalistes à faire l'éloge de son talent poétique, citant comme pour venir à l'appui de ce qu'ils

du petit Devéria : « Qu'allez-vous faire! on ne touche pas à ça, » m'avertit assez à temps de l'erreur dans laquelle m'avait jetée le talent de l'artiste pour m'empêcher de gâter son chef-d'œuvre. Je n'avais donné à M. Devéria que le seul croquis des traits d'Elisa, et elle m'apparaissait telle qu'elle était lorsqu'elle allait dans le monde dans un des costumes qu'elle affectionnait le plus *, et dont mes mains l'avaient si souvent parée. Je passai donc de l'illusion à la réalité, et j'admirai!... Et ce fut en face de cette image si chère, qu'une lampe éclaira toute la nuit, et devant laquelle, comme devant une sainte Madone, je m'inclinai tant de fois, Dieu me pardonne cette adoration, elle fut involontaire, que, malgré la défense de M. Devéria, je pris la plume et lui parlai de ma reconnaissance. Je ne sais, tant j'étais émue, dans quels termes je la lui exprimai, mais il paraît qu'il fut satisfait du langage de mon cœur; car, non content de ce qu'il a fait pour moi, M. Devéria a voulu y ajouter en souscrivant aux Œuvres de la jeune fille dont son habile crayon a rendu les traits avec un si rare bonheur... Je n'en saurais douter, la grandeur de l'âme égale celle du talent.

(1) Madame Récamier.

* Elisa a été vue souvent dans les salons avec le costume qu'elle a dans son portrait, le voile seul a été ajouté pour faire tableau.

avançaient, les passages de ses Poésies qui leur semblaient le plus dignes de fixer l'attention, réservant toujours comme le *bouquet* le dernier alinéa de sa dédicace à M. de Chateaubriand, ce qui leur fournissait l'occasion de faire connaître la flatteuse prédiction qu'il lui avait valu de cet immortel écrivain, on eût dit que chacun désirait, pour sa part, de contribuer au succès de cette chère enfant.

J'ai déjà fait connaître combien furent heureux les premiers pas qu'Elisa essaya dans la carrière des lettres, et que, pour l'encourager à marcher, deux académies se hâtèrent de lui tendre les bras. On va voir qu'une troisième ne tarda pas à suivre leur exemple : c'était à qui poserait un fleuron à sa couronne littéraire.

8 septembre 1827.

A MADEMOISELLE ÉLISA MERCOEUR,

EN LUI ENVOYANT LE DIPLÔME DE MEMBRE CORRESPONDANT DE LA SOCIÉTÉ POLYMATHIQUE DU MORBIHAN.

En écoutant les accens de ta lyre,
Belle Elisa, dans un soudain délire,
J'ai dit : « Parlons cette langue des dieux
« Que sa bouche module en sons mélodieux. »
Et, disciple imprudent de l'austère Uranie (1),

(1) L'auteur est professeur de mathématiques et de physique.

Pour le luth oubliant le modeste compas,
J'aborde des sentiers ouverts au seul génie,
Et m'essaie en tremblant à marcher sur tes pas.
Notre naissante Académie
T'adopte pour sa sœur ; elle t'ouvre les bras ;
Et, pour preuve, tu trouveras
Ci-joint l'officiel grimoire,
Avec cachet, paraphe au bas.
Ce diplôme, tu le joindras
A celui qui t'ouvrit le chemin de la gloire,
A celui du talent que nous ne donnons pas.
Enfans de la même patrie,
Enflammés de la même ardeur,
De notre Bretagne chérie
Puissions-nous augmenter le lustre et le bonheur !
Puisses-tu, jeune météore,
Qui, dès la matinale aurore,
Brilles d'un éclat radieux,
Dans ta glorieuse carrière,
Inonder de flots de lumière
Ce pays trop long-temps négligé par les dieux !

RALLIER,
Membre résidant de la Société polymatique.

Parmi les nombreux hommages rendus au talent d'Elisa, et qu'on se plaisait à lui répéter, on concevra sans peine combien elle dut être flattée de cette prédiction de M. de Lamartine :

« Je prévois que cette petite fille nous effacera tous tant que nous sommes. »

« Non, me dit-elle après avoir lu la phrase que je viens de citer, la petite fille n'effacera personne, encore moins M. de Lamartine que tout autre; car, si elle y parvenait, elle serait trop grande (1).

Pauvre enfant, comme la vie dut lui paraître belle, alors que chacun s'empressait de semer quelques fleurs sur la route qu'elle devait parcourir! Si Elisa avait eu un grain d'orgueil, il y avait réellement là de quoi la faire s'enfler comme la grenouille; mais, pour qu'il en fût ainsi, il aurait fallu qu'elle changeât de nature, et cela ne se pouvait pas; modeste elle avait vécu, modeste elle devait mourir. Douteuse de son talent (2), elle jouissait de son succès avec reconnaissance; car elle ne voyait dans les éloges qu'on lui prodiguait qu'un sentiment de bienveillance qu'elle attribuait au désir qu'on avait de la voir réussir.

M. Mélinet ayant répété dans son journal l'aimable prédiction de M. de Lamartine sur Elisa, comme il avait répété celle de M. de Chateaubriand, les autres journaux la répétèrent à leur tour, et depuis, lors on ne l'appela presque

(1) Elisa était convaincue que jamais personne n'atteindrait à la hauteur du genre de talent de M. de Lamartine.
(2) Elisa ne pouvait se persuader qu'elle eût autant de talent qu'on le disait.

plus que la *petite fille*. Ce nom, qu'on se plaisait à lui donner et qu'on lui donna tant qu'elle resta sur la terre, on le lui a conservé dans la tombe. Consacré par le temps, le nom de la *petite fille* est devenu inhérent à celui d'Elisa Mercœur.

Voyant que l'on continuait de s'occuper d'Elisa, on pensa probablement que ce qu'elle écrirait ne pourrait manquer de fixer l'attention, et le billet suivant fut jeté dans la boîte du journal *l'Ami de la Charte*. Ce billet nous fut apporté par un négociant fort estimé à Nantes, M. P. Monteix, qui avait prié le gérant responsable du journal que je viens de nommer de ne rien insérer sur mademoiselle Elisa Mercœur sans le lui communiquer.

« Pour prouver comme tous les moyens sont
« bons au gouvernement actuel, nous citerons
« le fait suivant :

« Un grand déjeuner diplomatique auquel
« avait été invitée la jeune Muse nantaise, Elisa
« Mercœur, a eu lieu samedi dernier à l'hôtel
« de la préfecture. Pendant le repas, on a sondé
« l'opinion de cette jeune personne; on ne sait
« pas encore quel parti prendra mademoiselle

« Mercœur, mais on espère qu'elle consacrera sa
« plume à la bonne cause. »

Elisa sut un gré infini à M. Monteix de lui avoir évité l'insertion du billet ci-dessus, dont elle fut moins surprise que fâchée, car déjà plusieurs anonymes de ce genre lui avaient été adressés directement. Elle n'avait reçu d'autre invitation, pour le jour désigné, que celle que l'on va voir, mais qui probablement avait servi de texte à la fable des propositions qu'on disait lui avoir été faites pour l'engager à consacrer sa plume à la bonne cause, car tel était le travers de beaucoup de gens, qu'ils attachaient une intention politique à tout ce qui se faisait, et qu'ils voyaient de la politique même où il n'y en avait pas l'ombre. Alors cela donnait ample matière aux donneurs de conseils.

« M. Walsh a l'honneur de souhaiter le bon-
« jour à madame Mercœur et de lui adresser
« une prière qui, il l'espère bien, ne sera pas
« refusée. C'est que mademoiselle Elisa Mercœur
« veuille bien venir avec elle demain matin, à
« onze heures, déjeuner à l'hôtel des postes (1).
« Madame Walsh a chez elle, en ce moment,

(1) M. Walsh en était le directeur ; il a occupé cette place jus-

« notre nouveau député le comte Donatien de
« Sesmaisons, qui est tout-à-fait enchanté par la
« lyre de notre Muse bretonne et qui demande
« en grâce de lui être présenté comme un des
« admirateurs de son beau talent. Madame Mer-
« cœur sera bien aimable de persuader à made-
« moiselle Mercœur qu'elle ne peut se soustraire
« à cet empressement.   « VICOMTE WALSH. »

Ce déjeuner, que l'auteur du billet de la bonne
cause avait cru devoir transporter à l'hôtel de la
préfecture, est un des plus agréables qu'Elisa
ait jamais faits; la famille Walsh y fut parfaite
pour elle; et l'accueil qu'elle reçut du comte de
Sesmaisons dut lui faire croire qu'il lui savait
gré d'avoir bien voulu se rendre à l'invitation
de M. Walsh. Une surprise des plus flatteuses
lui avait été ménagée. Après le déjeuner, le gen-
dre de M. de Sesmaisons, M. de Seimpérne,
se mit au piano et chanta plusieurs stances de
sa pièce d'*Une Nuit*, dont il avait composé la
musique :

Les rêves de mon âme ont passé comme une ombre (1).

qu'en 1830. Son fils est directeur du journal *la Mode*. Tous deux
se sont empressés de souscrire aux Œuvres de ma fille.

(1) Page 57 de ce volume.

Le lendemain le comte de Sesmaisons lui envoya les poésies de Clothilde de Surville, en s'excusant de n'avoir pu trouver, à Nantes une plus belle édition. On lui remit aussi de la part du vicomte Walsh, ses *Lettres vendéennes* et son *Fratricide*; hommage dont elle fut excessivement flattée. Le comte de Sesmaisons, qui n'avait pu voir Elisa sans s'intéresser à son sort, vint nous voir avant son départ, ainsi qu'un député du Morbihan, le vice-amiral Halgan, qui devait retourner en même temps que lui pour se trouver à l'ouverture des Chambres, et qui ne prenait pas à la position de ma fille un moindre intérêt que le comte. Dans le courant de la conversation, M. de Sesmaisons s'informa si Elisa avait envoyé ses Poésies à la duchesse de Berri. Sur ce qu'elle lui dit que non, mais qu'elle était dans l'intention de le faire, il lui proposa de lui remettre l'exemplaire qu'elle lui destinait; qu'il le ferait relier à ses armes, et le lui ferait présenter; qu'elle n'avait qu'à écrire à la duchesse, qu'il joindrait sa lettre au volume. Il lui dit que si elle voulait lui en donner un autre, il espérait bien qu'il serait assez heureux pour le placer avantageusement. Le vice-amiral Halgan lui demanda aussi un volume pour un de ses amis qui se trouvait placé de manière, lui dit-il, à pouvoir lui être utile.

Elisa, qui pesait tout dans la balance de son jugement, voyant les jours, et même les mois s'écouler sans recevoir aucunes nouvelles de MM. de Sesmaisons et Halgan, pensa qu'il se pouvait que l'intérêt qu'ils avaient paru prendre à elle n'eût été que l'intérêt du moment, ou que ses Poésies n'avaient pas produit sur la duchesse de Berri et sur les personnes auxquelles ils avaient dû les offrir l'effet qu'ils en attendaient, ce qui nécessairement ne pouvait manquer de les mettre dans une position embarrassante à son égard, et les obligeait au silence. Bien décidée à ne pas le rompre la première ce silence qu'ils gardaient avec elle, car elle aurait craint de leur paraître ridicule en venant leur demander compte de la mission dont eux-mêmes avaient voulu se charger, elle ne leur écrivit pas et n'en reparla plus que lorsqu'elle reçut les lettres qui suivent :

« Madame la maréchale duchesse de Reggio a
« l'honneur d'assurer M. le comte de Sesmaisons
« de sa parfaite considération, et de lui envoyer
« la réponse que Madame, duchesse de Berri,

« fait à mademoiselle Elisa Mercœur, ainsi que
« les 100 fr. que Son Altesse Royale lui envoie. »

Paris, ce 3 avril 1828.

« Madame la maréchale duchesse de Reggio
« a remis à Madame, duchesse de Berri, le
« *Recueil de Poésies* de mademoiselle Elisa Mer-
« cœur; son Altesse Royale l'a accueilli avec
« bienveillance et a chargé madame la maré-
« chale d'envoyer 100 fr. à l'auteur.

« Madame la maréchale prie mademoiselle
« Elisa Mercœur de vouloir bien agréer l'assu-
« rance de ses sentimens distingués. »

Paris, le 3 avril 1828.

Maison du Roi, département des Beaux-Arts, n° d'ordres, bureau des encouragemens et affaires littéraires.

Paris, le 3 avril 1828.

« Mon cher comte, je viens d'accorder à ma-
« demoiselle Mercœur un encouragement an-
« nuel de 300 fr. qui lui sera payé à Nantes, lieu
« habituel de sa résidence. En donnant à cette
« jeune personne ce témoignage d'intérêt, j'ai été
« heureux de faire quelque chose qui vous fût
« agréable. Je regrette seulement qu'il n'ait pas
« été possible de prendre plus tôt cette mesure.

« Veuillez recevoir l'expression sincère de mon
« amitié.

« L'aide-de-camp du Roi, chargé du département des Beaux-Arts,

« Vicomte DE LAROCHEFOUCAULD. »

L'étonnement qu'Elisa éprouva à la lecture des lettres qui précèdent fut si grand, que, bien qu'elle tînt dans ses mains les preuves non équivoques des bontés dont S. A. R. Madame, duchesse de Berri, daignait l'honorer, et qu'elle ne pût douter de son changement de fortune, puisque le vicomte de Larochefoucauld avait eu la délicate attention de joindre son brevet de pension à sa lettre au comte de Sesmaisons, elle ne pouvait se figurer que ce ne fût pas un songe. Tant de bonheur dans un jour lui semblait impossible. Mais comme si la fortune eût trouvé que ce lot n'était pas assez fort, ou qu'elle se plût à lui rendre le 3 avril à jamais mémorable, elle reçut, à cette même date, par la voie de la préfecture de Nantes, un mandat de 150 fr. que S. Exc. le ministre de l'intérieur avait remis pour elle à M. le vicomte Alban de Villeneuve, notre préfet, qui était à Paris depuis deux mois, et qui s'était empressé de l'adresser aussitôt à son secrétaire intime, M. de

Contencin, avec recommandation expresse, dès qu'il l'aurait reçu, de l'envoyer à mademoiselle Mercœur sans tarder, ce qu'il exécuta à la lettre. Toujours gracieux dans sa manière de transmettre à Elisa les messages dont le chargeait pour elle M. de Villeneuve, M. de Contencin lui écrivit en lui faisant passer le mandat, qu'il l'engageait à regarder cet envoi de M. de Martignac (c'était lui qui était ministre alors), non seulement comme le témoignage du plaisir que la lecture de ses Poésies avait procuré à ce ministre, mais aussi comme le prélude de ce que son excellence se proposait de faire pour l'avenir d'une jeune *muse* dont la position lui inspirait autant d'intérêt que le talent d'*admiration* (1)...

(1) L'intérêt et l'admiration de M. de Martignac pour Elisa étaient antérieurs à son entrée au ministère, et avaient pris naissance à la préfecture de Nantes, chez M. de Villeneuve même, chez lequel il avait lu ses Poésies pour la première fois. Il paraît qu'il en avait été fort content; car, après son départ, M. de Villeneuve dit à Elisa qu'il rencontra : « Si je n'avais craint, mademoiselle, de vous paraître indiscret, j'aurais pris la liberté de vous présenter l'un de mes amis intimes, le vicomte de Martignac, qui avait un désir extrême de vous connaître. La lecture de vos Poésies lui a donné une si haute opinion de votre génie que je puis bien vous assurer que si jamais il devient ministre, comme tout porte à le croire, que vous trouverez en lui un protecteur zélé. Je ne négligerai rien du moins, s'il a un jour le pouvoir, de récompenser le talent, pour faire tourner au profit

« Ce qui signifie clairement, me dit Elisa, enchantée de cette remarque, que je ne tarderai pas à recevoir la pension que son excellence a promise pour moi à M. de Villeneuve lorsqu'il lui a présenté mes Poésies. Tout me porte à le croire du moins (1), et tant mieux ! tant mieux ! qu'elle vienne, car alors rien ne manquera à notre bonheur ; mais, en l'attendant, prends toujours le brevet de celle-ci, maman, prends ces gratifications aussi… prends… tout est pour toi !… Mon Dieu ! que je suis heureuse d'être pensionnaire de la maison du roi ! ! ! » Puis, s'abandonnant à toute la joie que cette idée lui causait, et dont la surprise avait un instant paralysé les élans, elle me saisit par les mains, m'entraîna jusqu'au milieu de la chambre, me fit tourner jusqu'à perdre haleine, en me criant

de votre avenir toute l'admiration que lui cause votre talent si précoce, et tout l'intérêt que lui inspire votre touchante position. » Elisa eut, par la suite, la satisfaction de voir se réaliser à la lettre les espérances que lui avait fait concevoir M. de Villeneuve.

(1) Il y avait déjà un mois lorsqu'Elisa reçut le mandat de M. de Martignac que M. de Villeneuve lui avait fait savoir par son secrétaire que le comité d'examen des ouvrages littéraires s'était assemblé pour entendre le rapport qui lui avait été fait sur ses Poésies, et que la décision du comité lui avait été favorable, ce qui lui faisait croire qu'elle ne tarderait pas à recevoir la pension que M. de Villeneuve avait demandée pour elle à M. de Martignac. Je ne sais ce qui retarda la décision du ministre.

à tue-tête : « Que je suis heureuse, maman ! que je suis heureuse d'être pensionnaire du roi !!! » Et, comme la reconnaissance entrait aussi spontanément dans son cœur que la joie et la peine, avec cette différence que la joie et la peine en sortaient, et que la reconnaissance s'y clouait, Elisa prit la plume pour exprimer la sienne au comte Donatien de Sesmaisons et au vice-amiral Halgan qui avait été de moitié dans les démarches qu'avait nécessitées la pension dont elle venait de recevoir le brevet ; et dont il lui avait aussi envoyé l'avis qu'il en avait reçu ; car pendant que, de son côté, le comte de Sesmaisons sollicitait cette pension du vicomte de Larochefoucauld, le vice-amiral Halgan la sollicitait de l'intendant général de la maison du roi, le baron de Labouillerie, c'était l'ami pour lequel il avait demandé un volume à ma fille... Ce fut en vain que, dans l'élan de sa reconnaissance, Elisa essaya d'écrire, force lui fut de déposer la plume, car elle comprit qu'elle serait impuissante à traduire ce qu'éprouvait son cœur. Je n'entreprendrai donc point de décrire ce qui résista à la plume de ma fille. Eh ! comment le pourrais-je en effet, moi qui ne pense même pas qu'il soit possible, à moins de posséder comme elle une âme de feu, et que d'être comme elle le soutien d'une mère tendrement aimée et de n'avoir pour la faire subsister que la perspective du seul produit de ses travaux, de pouvoir se faire au juste l'idée des sensations qui durent agiter son cœur filial en recevant, en un même jour, tant d'éléments de bonheur (1). Je dirai seulement que dès qu'elle put rassembler ses pensées, elle se hâta d'adresser ses remercîmens à MM. de Sesmaisons, Halgan et de Villeneuve, ayant soin de placer sous le couvert des deux premiers ceux qu'elle voulait faire parvenir à l'intendant général de la maison du roi (le baron de Labouillerie) et au vicomte de Larochefoucauld; elle plaça de plus sous le couvert du comte de Sesmaisons une lettre à l'adresse de madame la maréchale duchesse de Reggio qui contenait une pièce de vers entremêlée de prose pour S. A. R. Madame, duchesse de Berri. Les vers se trouvent dans ce volume; mais Elisa n'y ayant ajouté la prose

(1) Elisa fut si convaincue, d'après toutes les faveurs qu'elle reçut à la fois, que chacun dans sa vie avait des jours marqués pour le bonheur, qu'en reconnaissance de tout celui que lui avait procuré le 3 avril, chaque année depuis lors, elle faisait dire une messe qu'elle entendait avec toute la dévotion d'un jeune cœur qui rapporte à Dieu tout ce qui lui arrive d'heureux.

qu'en les transcrivant au net, je n'ai pu la joindre à la pièce ; j'ai seulement indiqué par des points les endroits où elle se trouvait placée.

Tenant à justifier la bonne opinion que S. Exc. le ministre de l'intérieur avait conçue de son talent, Elisa ajourna à un temps un peu plus éloigné les remercîmens qu'elle lui devait, désirant les faire suivre d'une ode qui fût digne de lui être offerte, et, pour cela, il fallait attendre l'inspiration.

Les journaux firent bientôt connaître toutes les faveurs dont Elisa venait d'être comblée. Tant d'honorables encouragemens accordés à la fois à une jeune fille de province la firent grandir tout à coup de dix coudées ; l'attention se fixa plus que jamais sur elle, et particulièrement celle des étrangers qui venaient visiter Nantes. Je crois qu'ils nous auraient accablées de visites s'ils n'avaient eu la facilité de la voir au spectacle (1) ; cela n'empêcha pas cependant que plusieurs parvinrent à se faire présenter à la maison, tous paraissaient concilier difficilement son extrême jeunesse et son profond sa-

(1) La Ville, sachant qu'Elisa était dans l'intention de travailler pour le théâtre, afin qu'elle pût étudier les effets de scène, nous avait donné nos entrées au spectacle. Il sera facile de se convaincre en lisant sa tragédie, si elle fut bon observateur ou non.

voir... Dégagée de toute espèce de pédanterie, Elisa leur paraissait un être à part... privilégié... et j'en ai vu qui ne savaient ce qu'ils devaient le plus admirer en elle ou de son talent ou de sa modeste simplicité. Plusieurs Allemands lui écrivirent pour la complimenter sur son talent. Elle reçut, entre autres, une lettre d'un élève de l'infortuné Kotzebue, dont le style était un modèle de grâce... Elisa eut la satisfaction d'apprendre depuis son séjour à Paris que les Allemands voyageurs n'étaient pas les seuls qui eussent bonne opinion de son talent (1).

Le bruit se répandait depuis quelque temps

(1) « Madame de Villers vous aura dit, Mademoiselle, que vos Poésies avaient du succès à Berlin; mon frère (Audalbert de Chamisso) les a fait connaître dans les cercles de tous les savants et littérateurs de ce pays, et sa qualité de poète les lui a fait lire et sentir avec un double intérêt; j'espère que nous en entendrons encore parler. »

« D'ENGENTE, née DE CHAMISSO. »
Paris, décembre 1829.

Peu de temps après, M. de Chamisso écrivit à sa sœur qu'il avait lu la pièce de *la Gloire* d'Elisa en présence du prince royal, dans cette séance solennelle qui se tient chaque année à Berlin, et où se réunissent les savans les plus distingués de l'Allemagne, et qu'elle y avait excité une admiration générale. « Assure mademoiselle Mercœur, disait M. de Chamisso à sa sœur, que je ne laisserai échapper aucune occasion de faire connaître ses poésies avantageusement...... »

que S. A. R. Madame, duchesse de Berri, devait venir dans notre ville. Une dépêche officielle annonça aux Nantais qu'ils jouiraient du bonheur de posséder cette princesse; qu'elle arriverait à Nantes le 22 du même mois (nous nous trouvions alors au mois de juin); qu'elle repartirait le 23 pour le Morbihan; qu'elle reviendrait le 28, et ne quitterait Nantes que le 1ᵉʳ juillet; que, pendant son séjour, elle visiterait tous les monumens publics; qu'elle assisterait à la pose de la première pierre du pont de l'Ecluse; qu'elle irait au spectacle, et honorerait de sa présence le bal que la ville lui avait fait offrir.

Le maire et le préfet, M. le baron de Vaussay, qui avait succédé à M. de Villeneuve (celui-ci était passé de la préfecture de Nantes à celle de Lille), pensant, d'après les bontés toutes récentes que S. A. R. Madame, duchesse de Berri, venait d'avoir pour Elisa, qu'il pourrait peut-être lui être avantageux d'être présentée à la princesse, lui en firent la proposition. Élisa l'accepta avec transport. Nous nous occupâmes donc de suite, Elisa de faire des vers pour Son Altesse, et moi des préparatifs de notre toilette, car nous étions invitées du bal que l'on devait donner à Madame, et Madame devait arriver sous peu de jours. Il parut enfin ce jour tant désiré, si lent à venir au gré des Nantais, ce jour où ils devaient accueillir avec des cris d'allégresse la mère de celui qui semblait destiné à régner sur la France!... Qu'un autre jour fut différent pour elle ; mais alors le silence de tous lui prouva leur sympathie comme leur respect pour son malheur.

Nous nous rendîmes à l'heure indiquée au palais ; la princesse y fit le plus gracieux accueil à Elisa. Son Altesse parut extrêmement touchée des vers qu'elle lui adressa (ils ne se trouvent pas dans les Œuvres (1)), et l'en remercia dans les

(1) Deux mois avant la mort d'Elisa, nous arrivions alors de la campagne ; un monsieur vint lui demander des vers pour une Revue légitimiste qu'il devait bientôt publier. Elisa lui dit qu'elle était trop mal pour pouvoir travailler, mais qu'elle avait une ode qu'elle avait présentée à Charles X *, au bas de laquelle se trouvaient des vers qu'elle avait dits à la duchesse de Berri lors de son passage à Nantes ; mais qu'elle ne se souciait pas de les donner,

* Lorsqu'Elisa présenta son ode à Charles X, quoique ce fût la deuxième fois qu'elle parût devant ce souverain, il lui prit un tel tremblement, et elle devint d'une telle pâleur que je craignis de la voir se trouver mal. Je crois que le roi en eut la crainte aussi, car il me présenta un flacon de sel pour le lui faire respirer, et lui dit d'un ton fort ému : « Vous m'affligez, jeune fille, de trembler ainsi devant moi ; remettez-vous, vous n'êtes pas devant un ennemi, je vous l'assure. » Et comme s'il eût voulu la dédommager de l'émotion qu'il lui avait causée, il lui dit qu'elle pouvait compter sur une pension de 1,200 fr. sur sa cassette. Cinq semaines après, Elisa perdit l'espérance de voir se réaliser la promesse de Charles X : il n'était plus roi !!!...

termes les plus affectueux, et, sept jours après, lorsque nous revîmes cette auguste princesse au bal (1), elle daigna s'arrêter pour parler à ma fille qui se trouvait, comme beaucoup d'autres dames, sur le passage de Son Altesse au moment où elle faisait le tour de la salle. Si l'amour-propre satisfait suffisait pour assurer le bonheur, celui d'Elisa l'eût été pour jamais ; mais de même que l'on voit le beau temps succéder à l'orage, on voit aussi les larmes succéder à la joie, et nous en fûmes un triste exemple. On avait profité du temps que nous étions au bal pour s'introduire à la maison, et l'on nous avait emporté deux sacs, dont l'un contenait l'année de pension et les gratifications qu'Elisa avait reçues tout récemment, et l'autre où se trouvait une somme de 2,000 fr., argent qu'elle desti-

parce qu'elle avait peur qu'on les lui perdît. Le monsieur, enchanté de pouvoir publier des vers adressés aux augustes personnages dont je viens de parler, promit à Elisa, si elle voulait les lui confier, qu'il en aurait le plus grand soin ; qu'il les lui rapporterait lui-même ainsi que les épreuves, et Elisa, sans lui demander son nom, les lui confia ; mais le monsieur n'est pas revenu, et n'a point renvoyé les vers......

(1) Ce sont les réflexions qu'Elisa fit à ce bal, qui était le premier qu'elle voyait, qui lui ont suggéré l'idée du premier chapitre de son *roman* de *Quatre Amours*. Ce bal se donnait dans la belle salle de la Bourse, au milieu de laquelle se trouve placé le cadran de l'horloge dont on avait eu soin d'arrêter les *aiguilles*.

nait à l'achat d'une petite maison dont nous étions déjà en pourparler. On nous avait aussi emporté l'argent qui servait à notre dépense. Je ne sais si la personne qui avait fait le vol avait eu la crainte d'être surprise ou si elle n'en voulait qu'aux espèces, mais rien autre chose n'avait été dérangé dans l'appartement, où l'on s'était introduit sans faire aucune fracture, ce qui nous prouva qu'on s'était servi de fausses clefs, et nous fûmes d'autant plus portées à le croire, que nous ne laissions jamais les nôtres à personne. La foudre tombée aux pieds d'Elisa ne l'aurait pas plus attérée qu'elle ne le fut lorsqu'elle s'aperçut du vol qui lui avait été fait. Quand elle fut un peu revenue de la stupeur où cette horrible découverte l'avait jetée, son premier mouvement fut de me prier d'aller avec elle chez le commissaire pour y faire notre déclaration et y désigner celui qu'elle soupçonnait être l'auteur du vol; mais, frémissant bientôt à l'idée d'une accusation, elle me dit en pleurant à sanglots :

« Restons, maman, restons; si j'accusais un innocent, car soupçons ne sont pas certitudes, je sens que je ne me le pardonnerais jamais; et dussé-je même avoir la preuve que c'est le malheureux que je soupçonne, j'aime mieux qu'il plie sous le poids de ses remords que de plier sous le poids des fers et du déshonneur. Pleurons donc notre perte en silence, plutôt que de livrer quelqu'un à l'infamie. Soyons fortes, ne nous laissons pas abattre, car la misère est là qui nous écraserait... La cruelle, elle me guettait au sortir du bal... et moi qui croyais ne plus la revoir... Ah! il me semble l'entendre me crier : « Quitte ta parure de bal, jeune fille, couvre-toi de haillons, le plaisir et les honneurs ne sont plus faits pour toi, souffre, voilà ton lot!... » Oh! mais je la combattrai, je lui ferai lâcher prise, je la forcerai à fuir, car j'espère, par mon travail, réparer la perte que j'ai faite!... »

Et elle demandait des inspirations à ses larmes!... Pauvre enfant! qu'il lui fallait de courage pour se résigner ainsi aux décrets du sort, et de force pour ne pas succomber sous le poids de la lourde charge de malheurs qu'elle portait, et pourtant elle était bien lourde cette charge, et, pour la rendre plus pesante encore, nous devions les costumes que nous n'avions pu nous dispenser d'avoir pour le bal, et nous nous trouvions dans la morte saison des écolières.

Une somme de 400 fr. qu'Elisa avait prêtée

à M. Danguy était tout ce qui nous restait, ainsi que notre mobilier. Je crois réellement que le ciel eut pitié de nous, car la duchesse de Berri, en partant, fit remettre à Elisa une somme de 150 fr. Le maire de la ville de Nantes lui écrivit, après le départ de Madame, de faire porter dix exemplaires de ses Poésies au secrétariat de la mairie, et avait joint à son billet le bon pour en recevoir le montant. Une dame anglaise lui paya un volume 5 guinées, et monseigneur l'évêque, que nous avions rencontré au palais de la princesse et qui avait paru s'intéresser beaucoup à Elisa, la força d'accepter plusieurs pièces d'or pour un volume que nous lui portâmes pour sa nièce, en lui disant qu'elle devait le regarder comme un père, et qu'il la priait, si elle se trouvait jamais dans l'embarras, de s'adresser à lui. Elisa n'osa parler.

La perte qu'Elisa avait faite lui avait laissé une grande tristesse; dès cet instant elle désira de quitter Nantes; elle le désirait avec d'autant plus de raison que, depuis quelques mois, elle avait eu le malheur d'inspirer une violente passion à son vieil instituteur, M. Danguy, et qu'elle sentait que l'absence pouvait seule mettre un terme au supplice que cet amour lui faisait en durer; car la pauvre enfant ne pouvait s'habituer à entendre celui qui, toute sa vie, l'avait bercée de contes et de principes de grammaire française et latine, lui parler d'amour, et malheureusement cette passion, en entrant dans le cœur de ce brave homme, en avait banni la raison; il aimait Elisa d'amour, et prétendait qu'elle devait l'aimer de même; que c'était le moindre prix dont elle devait payer les soins qu'il avait donnés à son éducation; qu'elle lui devait sa célébrité, puisque, sans instruction, elle n'aurait pu être poète; qu'il était juste qu'il lui dût son bonheur... Et mille autres extravagances de ce genre... Son amour lui rendait tout possible; aucune considération, comme on va le voir, n'en devait empêcher l'accomplissement. Un jour que, fatiguée des efforts qu'il faisait depuis deux heures pour la faire consentir à devenir sa femme, elle lui dit qu'elle ne se déciderait jamais à épouser un homme qui avait quarante-huit ans de plus qu'elle. Il lui répondit que de même que l'amour égalisait tous les rangs, il égalisait tous les âges; que l'on n'était jamais vieux quand on aimait (1), etc. Et, voyant que son argument était sans effet sur

(1) C'est cette réponse que M. Danguy fit à Elisa qui lui a servi

elle, il sortit en la menaçant de provoquer en duel un jeune homme qui, le croyant son tuteur, s'était adressé à lui pour faire des propositions de mariage à Elisa, et qu'il regardait comme le seul obstacle à son bonheur.

On doit sentir que la récidive de pareilles scènes ne devait pas peu contribuer à augmenter le désir qu'Elisa avait de quitter Nantes. Ce désir devint incessant.

Nous étions allées voir une de ses écolières qui était malade ; c'était une enfant de dix ans : je m'assis près de la mère qui travaillait à de la tapisserie, et Elisa s'assit près du lit de la petite et s'occupa à lui faire une robe à sa poupée. Un monsieur, qui vint en visite, dit à la dame :

« Vous qui connaissez beaucoup de monde, madame, vous devriez bien procurer à ma femme une bonne maîtresse de français pour ses filles.

— Ma foi, monsieur, lui dit cette dame tout en travaillant, je ne saurais vous en procurer une meilleure que mademoiselle Mercœur.

— Oh! celle-là, ma femme ne la prendrait pas; d'ailleurs si elle y consentait, moi je m'y opposerais.

de modèle pour la déclaration d'amour qu'elle a fait faire par *Aly* à *Zoraïde*, dans le troisième acte de sa tragédie de *Boabdil*.

— Eh! pourquoi, s'il vous plaît, vous y opposeriez-vous? lui dit-elle. Elle vit bien qu'il ne se doutait pas qu'Elisa était celle qu'elle lui proposait.

— C'est qu'il ne serait pas décent qu'une mère donnât une demoiselle poète pour maîtresse à ses filles ; il est des préjugés, voyez-vous, qu'il faut savoir respecter. Si c'étaient des garçons, je ne dis pas, encore j'y regarderais à plus de quatre fois ; mais des filles..... »

Elisa froissait la robe à poupée dans ses mains ; la sueur me ruisselait du front ; la dame était au supplice.

« Je crois, monsieur, lui dit-elle, en poussant avec humeur le métier sur lequel elle travaillait, élever ma fille avec autant de décence que vous élevez les vôtres, et je crois aussi savoir respecter les préjugés tout autant que vous le faites, cependant je vous avoue que je ne crois pas les fronder en donnant mademoiselle Mercœur pour maîtresse à Célina. Je n'ai qu'une fille, mais si j'en avais plusieurs, je puis vous assurer que je ne leur choisirais pas une autre institutrice, tant je suis convaincue que mademoiselle Mercœur possède tout ce que l'on peut exiger dans les personnes qui exercent une telle profession. »

Le monsieur qui tenait à prouver ce qu'il avait avancé, dit en me montrant :

« Voyons, rapportons-nous-en au jugement de la maman de cette charmante demoiselle, dont les beaux yeux noirs sont constamment baissés sur son travail (il désignait Elisa), je suis sûr qu'elle sera de mon avis. »

Je fus empêchée de lui répondre par le mari de la dame qui entra dans ce moment, et s'écria en voyant Elisa qui habillait la poupée, car elle venait de finir la robe :

« Parlez-moi de cela, voilà la maîtresse qui joue avec l'écolière. — Vous jouez donc encore à la poupée, mademoiselle Mercœur ?

— Quoi ! mademoiselle est mademoiselle Mercœur, dit le monsieur tout confus. »

Il voulut balbutier quelques excuses ; mais, sans l'écouter, Elisa embrassa la petite et nous sortîmes.

« Puisqu'il nous faut vivre du produit de mes leçons, me dit-elle dès que nous fûmes dehors, cherchons des lieux où les mères pourront sans indécence me donner pour maîtresse à leurs filles ; quittons Nantes, allons à Paris : tu sais bien que j'y dois recevoir une pension ; là du moins on n'y méprise pas les poètes ; on ne les regarde pas comme des réprouvés..... Ah ! n'était-ce donc pas assez pour moi d'avoir à supporter l'amour insensé de M. Danguy, et d'être réduite à dévorer en silence le chagrin que me cause la perte de mon argent ! Mais non, ma dose de malheurs n'était pas assez forte, il a fallu y ajouter.... Il n'y manque plus rien maintenant !... »

La dame chez laquelle s'était passée la scène que j'ai racontée vint nous voir le lendemain ; elle fut extrêmement affligée de trouver Elisa au lit avec une forte fièvre. La jeune fille qui avait si courageusement résisté aux coups de l'adversité avait succombé sous ceux du dédain.

Elle fut quinze jours sans pouvoir sortir du lit, la fièvre ne la quitta pas tout ce temps. Ce fut dans l'agitation de cette longue et pénible fièvre qu'elle composa sa pièce de *la Gloire*. Je l'écrivais sous sa dictée. Je ne saurais rendre tout ce que m'ont fait souffrir les réflexions et les applications continuelles qu'elle se faisait lorsqu'elle passait en revue les infortunes des martyrs de la gloire et les outrages dont on se plut de tout temps à les accabler; mais lorsqu'elle en vint aux dégoûts dont on avait abreuvé la vie du Tasse, aux honneurs trop tardifs qu'on lui prodigua, réparation sans effet pour ce malheureux, je crus que, comme cet illustre et infortuné poète, sa raison allait s'aliéner, quand je l'entendis s'écrier :

« Ah ! moi aussi, je ne serai bientôt plus qu'une malheureuse réprouvée, puisque la nature ne peut rien faire pour nous sans que les hommes ne nous en punissent !... »

Ce cri que je ne puis peindre, puisque le *son* est sans couleur, que je ne puis décrire, quoiqu'il retentisse encore dans mon cœur, me fit lever précipitamment les yeux sur elle. Les veines de son front étaient gonflées et de larges gouttes de larmes et de sueur tombaient sur ses joues déjà sillonnées par l'injustice et le malheur. Cet état de crise avait été si violent qu'il avait épuisé ses forces, l'accablement qui lui succéda la plongea dans un profond sommeil ; ce sommeil, qui dura plusieurs heures, lui procura un grand soulagement ; elle n'avait presque plus de fièvre lorsqu'elle se réveilla ; elle cessa tout-à-fait lorsque sa pièce fut achevée. Il lui fallut peu de temps pour se rétablir, et elle reprit ses occupations ordinaires.

Le temps, qui est un grand maître, démontra bientôt à Elisa que les chagrins dont le sort semble quelquefois prendre plaisir à nous accabler ne sont bien souvent que des épreuves par lesquelles Dieu se plaît à nous faire passer pour arriver à un état meilleur, et que les siens n'avaient pas été sans utilité pour elle, puisque le désespoir et l'indignation qu'ils lui avaient causés lui avaient inspiré sa pièce de *la Gloire*, qui apporta un si prompt changement dans sa destinée, ou du moins qui l'accéléra comme on le verra.

Dès qu'elle avait pu se lever, elle avait fait quatre copies de sa *Gloire* et les avait adressées à MM. de Chateaubriand, de Martignac, Alban de Villeneuve et à un des médecins de Charles X, le baron Alibert [1], et l'avait fait ensuite insérer dans *le Lycée armoricain*, où elle parut le 1er d'août 1828. Quatorze jours après sa publi-

[1] Lorsqu'Elisa composa sa pièce de *la Gloire*, il n'y avait pas long-temps que le baron *Alibert* lui avait envoyé par une dame de Nantes (madame Duberne), un exemplaire magnifiquement relié de son édition illustrée de sa *Physiologie des Passions*, où se trouvait le billet suivant, et ce fut en reconnaissance de ce beau présent, qu'Elisa lui adressa une copie de sa *Gloire*.

« Mademoiselle,

« Vous m'avez envoyé des poésies charmantes. Vos vers sont lus
« et admirés par tout ce qui m'entoure. En témoignage de ma
« gratitude, j'ose vous offrir un livre ennuyeux, daignez l'ac-
« cueillir avec indulgence et recevoir tous mes complimens.

« ALIBERT. »

cation ; elle reçut par le même courrier une réponse de M. de Chateaubriand, qui partait, lui disait-il, pour le pays dont elle faisait si bien parler les *ruines* (1), et une réponse de S. Exc. le ministre de l'intérieur, M. de Martignac, qui est celle que j'ai fait *fac-similer*, et qui se trouve, comme je l'ai dit, immédiatement après la pièce de *la Gloire*. On verra qu'elle était accompagnée d'un envoi de gravures du *Musée français*, par Filhol. Ce présent du ministre et cette si flatteuse prédiction qu'il daignait lui faire : *La Gloire, que vous avez si noblement chantée, ne sera point ingrate*, lui firent penser que Son Excellence était peut-être disposée à se charger de la reconnaissance de cette capricieuse. Elle pensait à la pension que le ministre avait promise pour elle à M. le vicomte Alban de Villeneuve, et elle lui écrivit ce qui suit :

Mademoiselle Elisa Mercœur à S. Exc. le Ministre de l'Intérieur.

« Monseigneur,

« Je n'osais pas compter sur le suffrage de
« Votre Excellence, j'étais encore plus loin de

(1) M. de Chateaubriand partait alors pour Rome, dont il avait été nommé ambassadeur.

« m'attendre au présent dont votre main a cen-
« tuplé le prix. Une louange de vous, Monsei-
« gneur, vaut mieux à elle seule que les accla-
« mations de la foule entière :

>   Mon espoir infidèle a repris sa chimère,
>   D'un vœu timide encor je poursuis le bonheur.
>   Comme l'adieu rêvé de ma longue misère,
>   Un noble écho m'apporte un mot consolateur.

« Et c'est vous, Monseigneur, qui l'avez pro-
« noncé, c'est vous qui avez daigné me dire :
« *Votre Gloire ne sera pas ingrate.* J'ai besoin de
« vous croire ; mais j'ai fait si peu pour mériter
« sa reconnaissance

>   A vous qu'elle a souvent cherché dans sa souffrance,
>   A vous qu'elle a trouvé pour calmer ses regrets,
>   Elle a dû faire au moins l'intime confidence
>   De quelques-uns de ses secrets.

« Puisse-t-elle vous avoir dit qu'un meilleur
« sort m'attend. Soyez indiscret, Monseigneur,
« si c'est là ce qu'elle vous a confié. En le sa-
« chant, j'aurai plus de courage ; il semble qu'on
« atteint plus vite au bien qu'on espère

>   Hélas ! à peine assise au festin de la vie,
>   A l'absynte aucun miel n'a mêlé sa douceur,
>   Et l'heure en rejoignant l'heure qu'elle a suivie,
>   Toujours de ma couronne emporte quelques fleurs ;
>   Mais, avant qu'elle soit entièrement fanée,
>   Pourrai-je voir un ciel plus clair ?

Aurai-je une moisson dans cette froide année
Que je commence par l'hiver?

« Elle serait moins tardive sous le ciel de Paris;
« je sens que ce n'est guère que là qu'elle peut
« mûrir. Mais on reste où la misère attache, et
« moi je ne puis quitter Nantes. Partir est main-
« tenant tout ce que je rêve. Oh! si un mot de
« Votre Excellence m'appelait vers l'endroit où
« la moisson peut jaunir, la reconnaissance de
« *la Gloire* serait moins douteuse, et peut-être
« daigneriez-vous croire à celle que je vouerais
« au bienfait qui aurait changé la vie de l'in-
« fortunée qui se dit, etc., etc. »

Comme Elisa mettait son chapeau pour aller porter sa lettre à la poste, nous nous trouvions alors au 22 d'août, elle reçut de Paris un journal qu'elle ne connaissait pas encore, c'était *le Voleur*. Il contenait un article charmant sur sa pièce de *la Gloire*, où soixante et quelques vers y étaient cités comme pour venir à l'appui de ce qu'on y disait de son talent. Cet article se terminait ainsi :

« On est frappé d'étonnement quand on songe
« qu'une poésie si élevée, si vigoureuse, une
« versification si mélodieuse et si savante, se
« trouvent sous la plume d'une demoiselle de

« dix-huit ans, élevée loin de la capitale et hors
« du cercle et du mouvement littéraire; c'est
« plus que jamais le cas de s'écrier : *Nascitur*
« *poeta !* »

Cet article était signé E. D***. Elisa pensa que
M. de Chateaubriand en partant pour son ambassade avait sans doute prié quelqu'un de
faire connaître dans les journaux la pièce que
sa jeune compatriote lui avait envoyée; mais,
plus tard, elle apprit que cette pensée était
venue au docteur Alibert; qu'il l'avait communiquée à M. Soumet, de l'Académie Française;
que M. Soumet, toujours empressé de seconder le docteur lorsqu'il s'agissait d'être utile ou
agréable, s'était chargé de faire faire un article
par une plume exercée et s'était adressé à celle
si habile de son ami M. Emile Deschamps. Cet
article était si flatteur pour Elisa, qu'elle le regarda comme un heureux présage de sa tentative auprès de S. Exc. le ministre de l'intérieur;
et, le cœur plein de cette espérance, elle porta
gaîment à la poste la lettre qu'elle se disposait
à y aller mettre lorsqu'on lui avait remis le
journal *le Voleur*.

Je ne sais si, comme l'a dit Elisa dans son
Double Moi, p. 244 du second volume, l'espé-

rance est un doux oreiller où s'appuie le cœur du malheureux pour s'y délasser de ses maux, et si le sien s'y appuya les deux mois qu'elle passa dans l'attente d'une réponse; mais elle espérait encore lorsqu'elle reçut cet avis de Son Exc. le ministre de l'intérieur, qu'à partir du 1ᵉʳ janvier prochain, elle recevrait une pension de 300 fr. sur les fonds de son département; qu'une lettre d'avis lui serait adressée à l'époque du paiement; et, pour qu'elle trouvât le temps moins long d'ici là, Son Excellence avait eu l'obligeance d'ajouter un mandat de 200 fr.

« Veux-tu m'en croire, me dit Elisa après s'être livrée à toute la joie que lui causait la venue d'un bonheur si ardemment désiré, ne parlons à personne de la faveur que vient de m'accorder le ministre; partons pour Paris, avant que cette nouvelle soit sue ici; car si nous attendions pour nous en aller que le paiement de ma pension s'effectuât, les Nantais, qui ignorent les raisons qui me font désirer de quitter Nantes, diraient que la fortune me rend ingrate envers ceux qui m'ont applaudie avec tant d'empressement, et je t'avoue que ce reproche de leur part, quoique non mérité, m'affligerait beaucoup; pour n'y pas donner lieu, partons donc, puisqu'il faudrait toujours en venir là, et soyons à Paris qu'on nous croie encore à Nantes. Tu ne dois pas craindre d'y être plus malheureuse qu'ici, puisque mes pensions nous y suivront, et que tu sais bien qu'en y arrivant, j'ai l'avantage d'y être assurée d'un éditeur (1). » Et dix jours après, nous arrivions à Paris. Notre premier soin, après y avoir pris quelques jours de repos, fut de rendre visite au comte Donatien de Sesmaisons, à l'amiral Algan et au docteur Alibert; et, cela fait, Elisa écrivit à S. Exc. le ministre de l'intérieur pour le prier de lui accorder une audience qu'il lui indiqua pour le surlendemain. Comme nous nous disposions à

(1) « Mademoiselle,

« J'ai lu dans quelques feuilles diverses pièces de vers qui doi-
« vent entrer dans un poëme nouveau que vous vous proposez de
« publier. Si vous vouliez détacher quelques fleurs de cette belle
« couronne et me les adresser, j'en parerais l'almanach des Muses
« de l'année prochaine. Avez-vous, Mademoiselle, fait choix d'un
« libraire à Nantes, ou préféreriez-vous qu'on imprimât vos œu-
« vres nouvelles à Paris?

« Si vous le voulez, je me chargerai d'imprimer à mes frais votre
« nouveau recueil.

« Veuillez, Mademoiselle, m'honorer d'une réponse.

« J'ai l'honneur d'être, Mademoiselle, votre très humble servi-
« teur,
« AUDIN. »

Paris, 6 septembre 1828.

nous y rendre, on nous annonça un monsieur que nous avions rencontré deux jours auparavant chez le docteur Alibert; c'était M. Crapelet, l'imprimeur du roi, qui venait remercier Elisa d'un volume de ses Poésies que, suivant le conseil du docteur, elle lui avait adressé la veille, et qui lui proposa, si elle était dans l'intention de faire paraître une seconde édition, de la lui imprimer; qu'il se ferait un plaisir de lui avancer l'argent dont elle pourrait avoir besoin. Cette proposition avait trop de quoi flatter Elisa pour qu'elle n'en profitât pas ; aussi l'accepta-t-elle sans balancer, ce qui l'empêcha de profiter de celle que lui avait faite M. Audin, l'éditeur dont j'ai parlé ci-dessus. M. Crapelet ayant pris congé de nous pour ne pas nous faire manquer l'heure de l'audience, nous partîmes pour nous y rendre. L'accueil qu'Elisa reçut du ministre surpassa toutes ses espérances, car quand il apprit qu'elle ne devait plus retourner à Nantes, il lui dit qu'il porterait à 1,200 fr. la pension de 300 qu'il lui avait envoyée; qu'il regrettait de ne pouvoir la porter à un taux plus élevé, mais qu'il faisait tout ce qui lui était possible de faire dans ce moment; qu'il se trouvait heureux de pouvoir par là lui prouver tout l'intérêt qu'elle lui inspirait, et à M. de Villeneuve tout le cas qu'il faisait de sa recommandation (1). Et lorsqu'il sut qu'elle devait publier une seconde édition de ses Poésies, il la pria de l'inscrire pour cinquante exemplaires; et, comme nous prenions congé de lui, il lui donna un bon de 500 fr. pour parer, lui dit-il, aux dépenses que la société, en l'appelant à *elle*, l'obligerait de faire, car elle devait s'attendre, dès que son arrivée dans la capitale serait connue, à recevoir des invitations de tous côtés (2), et il nous fit conduire à la caisse. Treize jours après, Elisa reçut une lettre de M. de Villeneuve, qui en contenait une que M. de Martignac lui avait écrite à son sujet. Il lui disait qu'il avait vu sa jeune protégée, et ce qu'il avait eu le bonheur de faire pour elle.

(1) Avant de quitter Nantes, Elisa avait écrit à M. de Villeneuve qu'elle lui serait bien reconnaissante s'il voulait avoir l'obligeance de lui envoyer une lettre de recommandation pour M. de Martignac, parce qu'elle pensait bien que nous ne tarderions pas à aller habiter Paris...

(2) Elisa ne tarda pas à s'apercevoir que M. de Martignac avait eu raison de lui dire que lorsque son arrivée dans la capitale serait connue, qu'elle recevrait des invitations de tous les côtés, car elle en reçut un nombre infini, et l'accueil que lui fit la société la faisait s'applaudir de jour en jour d'avoir pris la résolution de venir à Paris.

Une si heureuse réussite ne pouvait manquer de donner du courage à Elisa : elle venait de trouver dans M. de Martignac, comme le lui avait prédit M. de Villeneuve, *un protecteur zélé*. (Voir la note de la page 141 des *Mémoires*.) Touchée de toutes les bontés dont venait de la combler cet excellent homme, Elisa se demandait comment elle ferait pour lui prouver sa reconnaissance, et elle composa sa *France littéraire*, qu'elle lui dédia et qu'elle ajouta à sa seconde édition. Lorsque l'impression de cette édition fut achevée, M. Crapelet se hâta d'en faire brocher un exemplaire pour qu'elle pût le présenter au ministre avant la mise en vente de l'ouvrage (1), et nous le lui portâmes.

« Tout ce qu'on lit de vous, mademoiselle, lui dit M. de Martignac en lui tendant la main (il venait de lire *la France littéraire*), donne le désir d'en lire davantage. Si l'assurance que je

(1) La veille de la mise en vente de la seconde édition des Poésies d'Elisa, M. Crapelet donna un grand dîner dont il nous avait invitées. Elisa eut la satisfaction de voir son volume circuler dans les mains des convives; elle fut extrêmement flattée de cette aimable attention de M. Crapelet. Après la mort de cette pauvre petite, M. Crapelet ayant fait une vente au rabais de tous les livres qu'il avait, les volumes qui lui restaient de l'édition qu'il avait imprimée des Poésies d'Elisa en faisant partie, il m'envoya, après la vente, 140 fr.

vous donne de ne laisser échapper aucune des occasions qui se présenteront de pouvoir vous être utile peut vous engager à travailler, mettez-vous à l'ouvrage, faites-nous admirer votre beau génie; et je crois que vous n'en avez pas de moyen plus certain que celui de mettre à exécution la résolution que vous avez prise, m'avez-vous dit, de faire une tragédie ; puisqu'une telle entreprise vous couvrirait à jamais de gloire; ainsi mettez-vous donc à l'œuvre, mademoiselle ; faites votre pièce, et reposez-vous sur moi du soin de la faire représenter; vous aurez le tour de faveur, je vous en réponds, car soyez bien persuadée que vous n'avez point de refus à craindre tant que je serai ministre; et si vous avez assez de confiance en moi pour me communiquer vos actes à mesure que vous les terminerez, je les lirai à tête reposée, et je vous soulignerai les passages que *la censure* pourrait vous disputer, afin qu'aucun obstacle n'entrave la représentation de votre tragédie, pour laquelle je vous promets un nombreux et brillant auditoire; ainsi travaillez donc sans qu'aucune crainte ne vous arrête, et ne songez qu'au succès qui vous attend. » Et, comme s'il eût voulu lui prouver qu'il était réellement disposé à profiter des occasions de lui être utile, il lui donna un bon de 500 fr. qu'il la pria d'accepter comme un témoignage de sa gratitude pour les charmans vers qu'elle lui avait dédiés. Il la pria de ne pas oublier de lui envoyer les cinquante exemplaires pour lesquels il avait souscrit, et lui dit qu'il pensait bien que son ami l'intendant général de la maison du roi ne tarderait pas à suivre son exemple. Et, quelques jours après, M. de la Bouillerie écrivit à Elisa qu'il venait de faire souscrire pour les bibliothèques particulières du roi à cinquante exemplaires du Recueil de ses Poésies. Nouvelle qui la combla de joie et que vint encore augmenter son succès.

Si, comme la *peine*, la *joie* a besoin d'alimens pour se soutenir, celle d'Elisa n'aurait pas dû faiblir ; mais comme il n'en est point sur la durée de laquelle on puisse compter, la sienne croula ainsi que sa raison devant le travers de l'*époque*, le *suicide*. Torrent qui, lorsqu'il déborde, entraîne tant d'*avenirs* dans sa course vagabonde, et qui recevait alors une telle publicité par les journaux, qu'il était impossible d'être abordé par qui que ce fût sans qu'on vous en entretînt.

Fanatisée par la publicité que les journaux donnaient aux suicides qui désolaient chaque jour quelques nouvelles familles, et que, dans son fanatisme, Elisa regardait comme devant immortaliser les noms de ceux qui se suicidaient; elle, qui d'abord s'était laissée aller à l'indignation que lui causait cette orgueilleuse et ridicule manie de se donner la mort, finit par trouver, tant l'idée de l'immortalité a de puissance sur une jeune imagination, que l'on n'était pas bien coupable de sacrifier quelques jours d'existence à l'avantage de faire vivre à jamais le nom que l'on portait, et se promit, car la pauvre enfant était loin de croire que son talent dût l'immortaliser jamais, de s'ôter la vie dès qu'elle verrait jour à pouvoir le faire sans que je pusse y apporter obstacle, et profita, pour mettre son dessein à exécution, d'un jour où j'étais sortie pour quelques affaires qu'elle savait devoir me retenir trois ou quatre heures dehors. Mais Dieu ne permit pas que le sacrifice de cette jeune insensée s'accomplît; car, forcée par une pluie abondante de chercher un abri sous une porte cochère, je pris le parti, dès que la pluie qui avait duré fort long-temps eût cessé de tomber, de revenir sur mes pas, bien décidée à remettre mes affaires à une autre autre fois, et j'eus le bonheur d'arriver assez à temps à la maison pour arracher Elisa à l'abîme qui allait devenir son tombeau, et qui, malgré mon retour, le serait inévitablement devenu, sans la précaution qu'elle avait eue de me faire emporter une clef pour que je pusse rentrer dans le cas où elle viendrait à s'endormir. Sans cette précaution, dix minutes plus tard je n'avais plus d'enfant..... Elisa serait morte asphyxiée!!!

Trop inhabile pour décrire les souffrances que fit entrer dans mon cœur l'aspect du danger de ma fille, et tout ce qu'eut de déchirant la scène que mon désespoir et son repentir provoquèrent à son réveil, je me bornerai seulement à faire connaître qu'en ressaisissant la vie prête à s'échapper de son sein, qu'Elisa recouvra sa raison, et que, pour ne plus la perdre, car elle venait de faire la triste expérience que qui s'expose au danger le trouve, elle renonça pour jamais à la lecture des journaux (1), et se promit, si jamais elle devenait mère, et que le ciel lui donnât des filles, de ne pas leur en laisser lire plus que de romans (2). J'ajouterai que s'il n'est point de

(1) Écrits sans talent, les journaux eussent été sans danger pour Elisa.
(2) Elisa faisait des romans et n'en lisait pas.

faute que le remords ne puisse expier, que celle
de ma coupable, quoique bien innocente enfant, a dû trouver grâce entière devant Dieu,
lorsque son âme repentante s'est inclinée devant
sa miséricorde infinie!!!

L'état d'asphyxie presque complet dans lequel j'avais trouvé Elisa lui laissa pendant huit
jours un tel engourdissement, que je ne fus occupée, pendant tout ce temps, qu'à lui fric-
tionner, avec des liqueurs fortes, les membres,
les tempes et la région du cœur, afin de la tirer
du sommeil léthargique dans lequel elle restait
plongée des journées entières sans qu'il fût possible de la réveiller..... Pauvre enfant! je parvins, par mes soins, à la faire vivre lorsqu'elle
voulait mourir,... et je n'ai pu l'empêcher de
mourir lorsqu'elle désirait vivre!!!...

Lorsque l'effet produit par le charbon fut entièrement dissipé, Elisa reprit ses travaux; elle
travailla si activement qu'en six mois sa tragédie fut achevée; nous en portâmes le dernier
acte à M. de Martignac dans le courant de juillet.
Il lui dit que dès qu'il serait moins occupé, qu'il
demanderait une lecture pour elle au comité
du Théâtre-Français, et qu'il porterait sa pension à deux mille francs, afin que, dégagée de
toute inquiétude de l'avenir, elle pût donner

tout l'essor à son génie... Quinze jours après, M. de Martignac n'était plus ministre... Elisa éprouva un grand chagrin de la retraite de son noble protecteur. Quoiqu'elle perdît dès lors tout espoir de voir représenter sa tragédie, cela ne l'empêcha pas cependant de mettre tous ses soins à la corriger. Enfin, une lueur d'espérance vint briller à ses yeux; mais elle se dissipa bientôt. Elle avait sollicité et obtenu une lecture au Théâtre-Français; sa pièce, qu'elle lut elle-même, fut acceptée à l'unanimité par les acteurs, et refusée par M. Taylor (1). Là s'évanouirent tous les songes de gloire d'Elisa... Elle continua de travailler et travailla beaucoup, la nécessité l'y forçait; mais elle travailla sans plaisir... Elle travailla bien, parce qu'elle avait du génie... Son *Louis XI* seul, sur lequel elle fonda des espérances, apporta quelque adoucissement à son chagrin, mais sans le guérir : il était devenu incurable... Elle tomba malade; les médecins me déclarèrent que si je ne la menais passer toute la belle saison à la campagne, qu'elle était perdue; il n'y avait point à hésiter. Effrayée des frais dans lesquels ce déplacement obligé allait nous entraîner, madame Récamier, toujours préoccupée de la fâcheuse

(1) Voir sa lecture après sa tragédie.

position d'Elisa, lui conseilla d'adresser, avant
notre départ, une demande à M. Guizot, qu'elle
la lui ferait remettre par M. et madame Lenor-
mand. Elisa la fit en vers ; elle se trouve dans
ce volume. M. Guizot ne fut point insensible au
cri poussé par le cœur de ma bonne fille : « Sauvez-moi pour ma mère ! » Il lui envoya 200 fr.,
et nous partîmes. L'air de la campagne sembla
la ranimer un peu ; mais je crois qu'elle dut le
mieux qu'elle éprouva aux preuves d'intérêt
qu'elle reçut du Roi et de la Reine (ils lui en-
voyèrent deux fois de l'argent), de madame
Récamier et de Victor Hugo (1). Privée du coup
d'œil des charmants points de vue de l'endroit
que nous habitions, puisqu'elle avait la vue
basse, elle s'occupa dans ses promenades, sa
pensée ne pouvant rester inactive, à faire des
plans. Elle en fit un d'une comédie en un acte

(1) Lorsque Victor Hugo apprit la maladie d'Elisa et la gêne
où cette maladie nous jetait, puisqu'elle ne pouvait travailler,
il dit à la duchesse d'Abrantès qui lui en parlait : « Mais je puis
être utile à mademoiselle Mercœur, madame. Lorsque j'ai résilié
ma pension, M. d'Argout m'écrivit qu'il la tiendrait à ma disposition lorsqu'il me plairait de la reprendre, ainsi que ses arré-
rages ; je vais écrire à M. Thiers qu'il donne le tout à cette pauvre
jeune fille, je me trouverais bienheureux si je pouvais, par ce
moyen, la ramener à la vie. » Mais la pension avait été donnée,
et M. Thiers, en considération de ce noble et touchant intérêt
de Victor Hugo pour Elisa, ajouta 200 fr. à un secours de 300 fr.
qu'il venait d'accorder pour elle à madame Récamier.

sur Marguerite de Valois ; elle en fit un aussi d'un mélodrame et d'un roman sur *Giles de Rez*, maréchal de France, surnommé *la Barbe-Bleue*. Mais rien ne pouvait éloigner sa tragédie de son souvenir.

Désirant rentrer à Paris absoute de ses fautes, Elisa dit au curé du village qui venait la voir plusieurs fois par jour :

« Voudrez-vous, bon vieillard (il avait quatre-vingts ans), entendre demain l'aveu des fautes d'une pauvre jeune fille qui se trouvera heureuse, si elle meurt, d'emporter au ciel votre sainte bénédiction, et si elle vit de porter dans le monde ce doux fardeau de grâces ? » Puis, s'apercevant de l'effort que je faisais pour repousser mes larmes... « Du courage, ma bonne mère, me dit-elle en me serrant fortement la main, du courage, n'affaiblis pas le mien par tes larmes, j'en ai tant besoin pour supporter l'idée du désespoir que te causera notre séparation... » L'honnête curé pleurait à sanglots. Dès qu'il lui eut administré les secours de notre divine religion, je la ramenai à Paris : le souvenir de sa tragédie l'y suivit. Un monsieur, à qui elle en parlait quelques jours après notre arrivée, lui proposa, si elle le voulait, de s'employer pour la faire représenter à la Porte-Saint-Martin.

« Non, dit-elle, il est trop tard, la moindre émotion me tuerait, et ma pauvre mère a besoin de moi, car qui prendrait soin de ses vieux jours si elle venait à... Oh ! changeons de conversation, je vous en supplie, dit-elle, celle-ci m'agite beaucoup trop. » Et elle pencha sur mon épaule sa tête brûlante de fièvre.

« Mais, mademoiselle, songez donc que votre succès vous rendrait la santé ; songez au bonheur d'être couronnée !

— Le Tasse ne le fut qu'après sa mort, dit-elle avec un sentiment profond de douleur ; si j'ai même destin et que maman me survive, elle m'apportera la couronne. N'est-il pas vrai, ma bonne mère, me dit-elle en s'efforçant de sourire, que tu me l'apporteras, tu me le promets, n'est-ce pas ? » Et elle m'embrassa.

Depuis lors Elisa ne cessa de me parler de sa tragédie et du mauvais procédé de M. Taylor à son égard. Un jour qu'elle m'en avait entretenue pendant deux heures, sans qu'il m'eût été possible, quelque effort que je fisse, de détourner un seul instant son attention de ce sujet, elle me dit :

« Si Dieu m'appelle à lui, ma pauvre maman, on fera mille contes sur ma mort ; les uns diront que je suis morte de misère, les autres d'amouri!... Dis à ceux qui t'en parleront, que le refus de M. Taylor de faire jouer ma tragédie, a seul fait mourir ta pauvre enfant !!!...

Ce fut la dernière fois qu'elle m'en parla, et, vingt-quatre heures après, 7 janvier 1835, treizième mois de sa maladie, nombre qui lui causait tant d'effroi et qui a été si fatal à mon bonheur, (1), elle mourut, regrettée et estimée de tous ceux qui l'avaient connue, laissant pour héritage et pour consolation à sa vieille mère une mémoire sans tache et les preuves du beau génie qui l'animait !!!

Je ne parlerai point de ma douleur, que le temps n'a pu calmer, et sous le poids accablant de laquelle Dieu ne m'a, je crois, condamnée à vivre que parce qu'il me restait une tâche sacrée à remplir; mais je dirai que, si quelque chose a pu y apporter quelque adoucissement, que ce sont les regrets unanimes, qu'a excités la fin prématurée de ma bonne Elisa et les larmes pieuses qui, comme une douce rosée, ont dû pénétrer jusqu'à son cœur, qu'ont répandues sur sa tombe l'illustre écrivain à l'ombre duquel la

(1) Elisa croyait à la fatalité du nombre treize et à celle du vendredi. Deux heures avant sa mort, cette idée s'étant présentée à elle, elle fixa sur mes yeux ses yeux pleins de larmes, et me dit avec une angoisse déchirante : « Oh ! maman, c'est le treizième mois de ma maladie... » Elle fut enterrée le vendredi !!!

pauvre enfant avait placé son berceau (M. de Chateaubriand) et madame Récamier, qui, jusqu'à ses derniers moments, veilla sur elle avec une si tendre sollicitude (1).

Dépositaire des dernières volontés de ma fille, j'ai dû mettre tous mes soins à les exécuter. Une d'elles... Oh! que celle-là m'a causé de mal. Elisa... mon enfant, tu me croyais donc bien forte lorsque tu m'en chargeas... Mais tu le savais, toi, que tes volontés et tes désirs seraient pour moi des lois que j'observerais avec un respect religieux...

Elisa, toujours reconnaissante de l'accueil

(1) D'autres larmes non moins pieuses furent aussi répandues sur la tombe de ma fille; elles coulèrent des yeux de la douce muse Waldor, qui, la première, eut la pensée, pour que les restes d'Elisa Mercœur ne fussent pas confondus dans la foule, de faire annoncer une souscription pour leur élever un monument dont elle m'a religieusement remis le produit (*) et de ceux du vertueux et célèbre philosophe Ballanche, dont le discours, dix-sept mois plus tard, lors de la translation de la dépouille mortelle de ma pauvre enfant au Père-Lachaise, fit verser tant de larmes aux personnes que cette pieuse et triste cérémonie avait rassemblées dans ce lieu, et qui emportèrent dans leur cœur chacune des paroles de regrets que ce digne homme avait laissées tomber sur le cercueil de ma bonne et vertueuse fille (**).

(*) A l'exemple de madame Waldor, madame Desbordes-Valmore fit annoncer à Lyon, où elle était alors, une souscription pour le tombeau d'Elisa, dont elle m'a aussi, elle, envoyé religieusement le produit.

(**) Le discours de M. Ballanche se trouve dans les mélanges du deuxième volume.

qu'elle avait reçu de ses compatriotes lors de son début, m'avait fortement recommandé d'adresser, après sa mort, au maire de la ville de Nantes, pour être déposé dans les archives de cette ville, un volume de ses poésies, au premier feuillet duquel elle m'avait fait promettre de coudre moi-même une mèche de ses cheveux. Elle m'avait recommandé aussi de faire hommage, en son nom, à l'Académie française, d'une copie de sa tragédie : je l'ai fait présenter, comme elle le désirait, par l'un de ses honorables membres, M. Népomucène Lemercier.

Une seule de ses volontés, la plus sainte de toutes, me reste encore à remplir pour que ma tâche soit achevée....... la publication de ses Œuvres !!!

Le temps qui s'est écoulé depuis que cette publication a été annoncée a dû faire croire que j'y avais renoncé, et indisposer par là mes souscripteurs contre moi ; mais qu'ils apprennent que tel est le pouvoir que du fond de sa tombe Elisa n'a cessé d'exercer sur moi depuis qu'elle y est descendue, que ni le temps, ni les maladies, ni les difficultés sans nombre qu'il m'a fallu surmonter pour rassembler et classer les matériaux épars qu'elle m'a laissés, ce qui m'a coûté des peines infinies, n'ont pu un seul instant détourner mes regards du but qu'elle m'a désigné en mourant; but que j'aurais atteint depuis long-temps si je n'avais été victime de la mauvaise foi de ceux pour qui le malheur des autres est une bonne fortune, et qui ont exploité le mien à leur profit, et si je n'avais eu à remplir des engagemens antérieurs à ceux pris pour la publication; engagemens contractés avant et pendant la longue et coûteuse maladie de ma fille (1), et dont il

(1) Parmi les dettes contractées avant la maladie de ma fille, une d'elles se trouvait pour une partie du mobilier que nous avait fourni un tapissier lors de notre arrivée à Paris. Il serait à souhaiter que je n'eusse rencontré que des créanciers semblables. Je fus obligée de lui écrire plusieurs fois, d'apporter les billets qu'il avait d'Elisa pour qu'il s'y décidât; et lorsque je lui demandai pourquoi il avait tardé si long-temps à venir, il me répondit que j'avais assez de mon chagrin sans qu'il s'empressât de venir l'augmenter par sa présence. « Mais cependant, monsieur, lui dis-je, je vous dois de l'argent, et s'il m'avait été impossible de vous le payer, il aurait bien fallu que vous vinssiez pour reprendre des meubles pour la valeur de la dette.... — Moi, en reprendre, me dit-il d'un air tout consterné; mais vous avez donc bien mauvaise opinion de moi, pour croire que j'aurais été capable de vous dépouiller de meubles qui ont appartenu à votre chère enfant! Lorsque vous pourrez me les payer sans que cela vous gêne, j'en prendrai l'argent; mais s'il en était autrement, rappelez-vous qu'ils vous appartiennent; je me trouverais trop malheureux d'avoir à me reprocher de vous avoir privée d'objets qui doivent être de saintes reliques pour votre cœur. » J'eus toutes les peines du monde à l'obliger à prendre l'argent que je lui devais. « Donnez aux plus pressés, me disait-il, j'attendrai. » Je

m'eût été impossible de m'acquitter, quelque
grands que fussent mes sacrifices, si les deux
médecins qui l'ont soignée n'avaient refusé de
mettre un prix aux soins affectueux qu'ils lui ont
prodigués (1), et si la cour, pleine d'une douce
pitié pour mon malheur, ne s'était empressée
de venir à mon secours ainsi que M. Guizot (2),
M. de Montalivet (3) et une jeune artiste dont
tout Paris a admiré le beau talent sur le piano,
mademoiselle Mazel, qui, aidée des artistes les

ne pus jamais l'empêcher de déchirer et de brûler un billet
qu'Elisa lui avait donné pour couvrir les intérêts. J'ai le bonheur
de l'avoir pour souscripteur; mais j'ai eu la douleur de me voir
enlever, par un propriétaire, les meubles que ce digne homme (*)
voulait si délicatement me laisser !!!

(1) MM. les docteurs Dainac et Casimir Broussais.
(2) M. Guizot me fit remettre par madame Récamier, à la mort
d'Elisa, une somme de 300 fr., afin de m'aider dans les frais des
funérailles, et, deux jours avant le décès de cette pauvre petite,
il lui avait envoyé 200 fr. par cette digne dame, en lui faisant dire
qu'elle ne se chagrinât pas, qu'elle ne songeât qu'à se rétablir;
qu'il prenait l'engagement d'ajouter chaque année à sa pension
une somme semblable. C'est sur la demande de madame Récamier que M. Guizot m'a accordé une pension et la souscription
de l'instruction publique.
(3) Lorsque M. de Montalivet vint à mon secours, il s'empressa, sur ma demande, de faire l'acquisition d'un beau meuble
gothique que je possédais, et me répondit, à la demande de souscription que je lui avais adressée, que la liste civile n'était pas dans
l'usage de souscrire à des ouvrages qui n'étaient pas encore publiés; mais qu'il me priait de lui faire savoir lorsque les Œuvres

(*) M. Deville, tapissier-décorateur, rue Taitbout, 12.

plus distingués de la capitale, m'a donné deux concerts, qui m'auraient été très productifs si, parmi les placeurs de billets comme parmi les faiseurs de souscriptions, il ne s'était trouvé des gens qui en ont gardé le prix (1).

Enfin Dieu permet que ma tâche s'achève et que je livre au public les preuves du génie de ma fille; puisse-t-il ne pas punir sa mémoire d'un retard qu'il n'a pas dépendu de moi d'em-

de ma fille paraîtraient, qu'il ferait tout ce qui dépendrait de lui pour m'être utile et pour me prouver tout le cas qu'il faisait du talent d'une jeune muse dont il regrettait, avec tout les amis des lettres, la fin prématurée!!! Lors du premier avénement de M. de Montalivet au ministère de l'intérieur, ma fille et moi lui fûmes présentées par M. Varsaveau, député de Nantes. Dans le courant de la conversation, M. de Montalivet dit à Elisa : « On dit, mademoiselle, que M. de Martignac a été bien bon pour vous. — Oui, monsieur le comte, il a été pour moi comme un père. — Je me trouverais bien heureux, dit-il en se retournant vers un jeune homme qui se trouvait placé derrière lui, si moi aussi je pouvais être utile à mademoiselle. » A peine étions-nous de retour à la maison que l'on remit à Elisa un mandat de 300 fr. de la part du comte de Montalivet.

(1) J'ai pensé être précipitée du haut en bas d'un escalier par une personne qui avait fait une souscription pour moi et dont elle ne m'avait pas remis le montant, attendant pour le faire, disait-elle, que la somme fût plus forte, et qui, pour l'augmenter, m'avait demandé des billets de concerts dont elle a aussi gardé le produit. Une amie de cette personne, qui avait probablement besoin d'argent, et qui, pour s'en procurer, avait fait aussi une souscription en mon nom, dont elle avait retiré 300 fr., ayant appris que j'en avais été avertie, pour m'empêcher d'y croire, m'écrivit les plus grossières injures.

pêcher, et qui n'aurait point eu lieu, comme il le voit, si toutes les sommes recueillies en mon nom m'avaient été fidèlement remises (1)! Mais si de tels empêchements ne lui semblaient pas suffisants pour lui faire excuser ce retard bien long sans doute, s'il devait rendre nulle l'espérance que ma pauvre enfant a emportée au tombeau, et qui a semblé adoucir ses derniers moments, que son héritage mettrait les vieux jours de sa mère à l'abri du besoin; si ses OEuvres restaient sans succès, que sa tombe aussitôt s'entr'ouvre pour me recevoir, afin que je puisse, par ma présence, consoler sa jeune ombre; mais que je n'y descende pas sans que mon cœur ait fait retentir son cri de reconnaissance jusqu'aux personnes qui, par leurs nobles bienfaits ou leurs pieuses et douces exhortations, m'ont donné des preuves si touchantes de l'intérêt que leur inspire mon malheur, et qui, par leurs regrets et leurs larmes, ont honoré la mémoire de ma bonne et vertueuse fille!!!

Ve Mercœur.

(1) Au nombre des sommes recueillies en mon nom, et dont j'ai été frutrée, une d'elles se montait à 4,000 fr., produit d'un volume vendu à mon profit, et dont je n'ai pas reçu un seul denier.

A ÉLISA MERCŒUR.

A ÉLISA MERCŒUR.

> J'ai passé comme la fleur, j'ai séché comme l'herbe des champs.
> <div align="right">Chateaubriand (<i>Atala</i>).</div>
>
> ...... Voyez, elle était jeune, aimée,
> Elle avait une voix qui survit à la mort.
> Marceline Desbordes-Valmore.

En regardant briller la couronne de rêves,
Qui de ta pure vie agitait le flambeau,
Triste, on reconnaissait sur ton front pâle et beau
Une fleur enlevée à de lointaines grèves ;
On n'aimait plus le monde où languissaient tes jours,
Tes jours chantans, nourris d'une rosée avare,
Où l'aurore est si froide et le soleil si rare !
Où sur ta frêle étoile on s'alarmait toujours.

Lorsqu'au bord des torrens Dieu sema ton enfance,
Il ne t'y laissa point sans joie et sans défense :

Tes longs yeux découvraient, dans le désert des nuits,
Quelque astre sympathique à tes jeunes ennuis ;
Tu te chantais au ciel, à ta mère bénie,
Qui t'appelait son jour, sa naissante harmonie !
Et le ciel et ta mère et les flots et les monts,
A tes cris : *Aimez-moi !* répondaient : *Nous t'aimons.*
Mais, Peri passagère et vouée à la flamme,
La cité lumineuse éblouissait ton âme,
Et, risquant ta faiblesse à d'arides chemins,
Pour enhardir ton vol, on te battait des mains ;
Croyant qu'il est partout des brises embaumées,
Tu vins heurter ton cœur à des portes fermées ;
Tu dis long-temps : « C'est moi ! je passe... il faut m'ouvrir ! »
La réponse fut lente, et tu viens d'en mourir.
L'harmonieux tourment tremblait dans ta parole,
Mercœur ! Ton premier chant couvait un cri d'adieu :
Ce cri poussé, perdu dans un écho frivole,
Etait grave pourtant : il s'adressait à Dieu !
Que lui demandais-tu ? de l'air libre et des ailes ;
Tu les as ! Nous vois-tu traîner nos pieds sous elles ?
Porter pierre sur pierre à ton doux monument,
Pour charmer ta jeune ombre en son isolement ?
Pour dire au temps : « Voyez, elle était jeune, aimée ;
Elle avait une voix qui survit à la mort ;
Une âme dont la forme est vite consumée ;
Un espoir qui s'allume et s'éteint sans remord :
Un soupir, s'il vous plaît, à la poëte fille ;
Une brise au gazon qui la couvre déjà ;
Une fleur sur son nom qui se cache et qui brille ;
Un regret au roseau que le vent détacha ;
Une larme à sa mère... elle vit après elle !
Sans pleurer son enfant ne vous éloignez pas :
Ces cyprès verseront, dans leur culte fidèle,
Un chant à votre oreille et de l'ombre à vos pas ;
Un soupir ! un soupir ! l'horloge s'est trompée,

A ÉLISA MERCOEUR.

Elle a sonné la mort pour l'heure de l'hymen ;
Vierge enfant, quand sa trame au hasard fut coupée,
Elle montait la vie et lui tendait la main. »

Moi, naguère vouée aux troubles des voyages,
Posant à peine un pied sur de mouvans rivages,
Y cueillant à la hâte un fruit rare, une fleur,
Pour prendre un peu d'haleine au relais du malheur,
J'écoutai, quand sa voix, à mon cœur parvenue,
M'apprit le nom charmant d'une sœur inconnue :
Sa voix fraîche et nouvelle, en perçant l'avenir,
Sa voix qui n'avait pas encor de souvenir,
Chantait l'hymne de vie et de gloire trempée,
Où sa tombe précoce était enveloppée.
J'écoutai sur ma route où vibrait cette voix,
Comme un oiseau qui joue et qui pleure à la fois,
Dans les flots de la foule insoucieuse et vaine ;
J'embrassai du regard la muse armoricaine,
Et je n'entrevis pas sa crédule candeur,
Sans plaindre de ses yeux l'ardente profondeur.
On épuisait alors cette vivante lyre ;
Sa misère voilée on la lui faisait lire ;
Car le monde veut tout quand il daigne écouter,
Et quand il a dit : *Chante*, il faut toujours chanter !

Par d'innocens flatteurs, innocemment déçue,
L'âme se consumait, victime inaperçue ;
Et quand l'oiseau malade à son toit remontait,
Sa tête sous son aile et sans graine... il chantait !
Il chantait d'autres sons pour attendrir la foule,
Cette foule qui cause et qui rit et qui roule ;
En vain les sons mêlés de courage et d'effroi
Disaient toujours : « Je souffre et j'attends, sauvez-moi ! »
Je me pris à l'aimer d'une tendresse amère ;

J'assistai, prophétique, aux larmes de sa mère;
Puis avec le transport d'une interne frayeur,
J'emportai mes enfans plus serrés à mon cœur.

Ce qui résonne en nous de tendresse profonde,
Hélas! n'a pas long-temps son écho dans ce monde;
Mais puisque vers le ciel nous regardons toujours,
C'est qu'un bonheur s'y cache et qu'il manque à nos jours
   Et quand nos souvenirs gémissent,
Il est, dans un frisson sur nous prompt à couler,
   Comme des ailes qui frémissent,
   Toujours prêtes à s'envoler!

Dis : n'est-ce pas ainsi, fille mélodieuse,
Que s'élançait ton cœur pour entraîner tes pas,
Lorsque ton vol s'ouvrit, plein d'une foi pieuse,
Appelant l'avenir... qui ne répondit pas?
Car voici ma prière envoyée à ta tombe.
Oh! sur le bord de l'urne où s'amassent nos fleurs,
Viendras-tu pas poser ton âme de colombe,
Pour compter les amis qui t'ont donné des pleurs?
Qu'importe que la voix soit vulgaire ou sublime :
La douleur n'a qu'un cri qui sort du même abîme;
Et le Christ en mourant n'entendit sur sa croix,
Que ceux qui lui criaient : « Mon Dieu! j'aime et je crois!

   Mme MARCELINE DESBORDES-VALMORE.

M. DE CHATEAUBRIAND.

A
M. DE CHATEAUBRIAND.

> S'illustre-t-on jamais quand on n'ose monter ?
> . . . .
> Comme un son fugitif de quelque note amie,
> Accueille doucement un accent de ma voix.
> ELISA MERCŒUR.

Foyer secret du cœur, invisible pensée,
Au douteux avenir livre mes premiers chants.
Que ta voix est tremblante! Ose donc, insensée :
L'oreille qui s'incline entendra tes accens.
Mais l'aurore au midi ne saurait être égale;
Le ciel n'est embrasé qu'à l'exil du printemps :
Mon âme, de tes feux comble cet intervalle;
Vieillis-moi, s'il se peut, et dérobe le temps.
Quoi! pas un de mes jours n'a laissé de mémoire?
Quoi! mon nom reste encor dans l'ombre enseveli?

Ah ! pour moi chaque instant qui s'écoule sans gloire
Est un siècle fané par la main de l'Oubli !
Mais toi, chantre sublime, à la voix immortelle,
Demain, si tu l'entends, la mienne qui t'appelle
Aura des sons plus purs que ses chants d'aujourd'hui.
  Ainsi l'on voit le faible lierre
  Mourir lorsqu'il est sans appui :
Si le chêne lui prête un rameau tutélaire,
Il s'attache, il s'élance, il s'élève avec lui.

Voyez de ce roseau trembler la faible cime,
Au moindre souffle il penche et frémit sur l'abîme.
Ah ! bravons l'aquilon qui le vient agiter !
S'illustre-t-on jamais quand on n'ose monter ?
Le cèdre s'est caché sous le voile de l'herbe,
Avant qu'arbre géant il grandît à nos yeux ;
  Il monte encor, son front superbe
  S'étend, et s'approche des cieux !

Passagers d'un moment, sans effroi du naufrage
Gaîment de notre asile abandonnons le seuil.
Eh ! qu'importe, après tout, que, pendant un orage,
Notre vaisseau brisé nous jette sur l'écueil !
Sur les flots moins émus si notre voile flotte,
Passons, mêlons un hymne aux chansons du pilote.

  A toi-même, dans ton matin,
Le Bonheur qui fuyait oublia de sourire ;

Subjugué maintenant par les sons de ta lyre,
Ce Bonheur tant rêvé s'attache à ton destin.
Par un instinct inné qui dispose de l'âme,
Ta voix, qui s'unissait aux longs soupirs des mers,
Surprenant dans ton cœur des pensers pleins de flamme,
Dans les temps d'infortune a trouvé des concerts.
Tu rejetas le fruit qui meurt lorsqu'on le cueille ;
La gloire pour ton front laissait croître un laurier ;
Marchant sans regarder le gazon du sentier,
Tu méprisas la fleur qui sous le pied s'effeuille.
Par toi, la Vérité, comme un divin flambeau,
S'échappa de la nuit du silence et du doute ;
Et, pour lever les yeux vers la céleste voûte,
L'Ignorance vaincue arracha son bandeau.
Ton luth aux nobles sons par un vent du caprice
Lorsque tu le touchais ne fut point agité ;
Sa corde, que jamais n'effleura l'injustice,
Eut même dans l'exil des chants de liberté.

Mais il est des momens où la harpe repose,
Où l'inspiration sommeille au fond du cœur,
Où les gouttes du ciel qui baignaient une rose
En séchant par degrés n'humectent plus la fleur.
    Dans ces instans de rêverie,
Où ton luth sans accords est muet sous tes doigs,
Comme un son fugitif de quelque note amie,
Accueille doucement un accent de ma voix.
Caresse le présent au nom de l'espérance,

Songe au peu de saisons que j'ai pu voir encor,
Et combien peu ma bouche a puisé d'existence
Dans le vase rempli dont je presse le bord.
Tends une main propice à celui qui chancelle ;
J'ai besoin, faible enfant, qu'on veille à mon berceau ;
Et l'aigle peut, du moins, à l'ombre de son aile,
 Protéger le timide oiseau.

Paris le 14 juillet,
1827

Si la célébrité, Mademoiselle, est quelque chose de désirable, on peut la promettre sans crainte de se tromper à l'auteur de ces vers charmants !
« mais il est des moments où la harpe se pose
« où l'inspiration sommeille au fond du
cœur

Puissiez-vous seulement, mademoiselle, ne ressentir jamais cet oubli, contre lequel s'éclairent votre talent et votre jeunesse.

Je vous remercie, mademoiselle,
de votre confiance et de vos éloges.
Je ne mérite pas les dernières ;
je tâcherai de ne pas tromper la
première ; mais je suis un mauvais
appui. Le chêne est bien vieux
et il s'est si mal défendu des
tempêtes, qu'il ne peut offrir
d'abri à personne.

à grief de nouveau, je vous prie, Mademoiselle, mes remerciements et les respectueux hommages que j'ai l'honneur de vous offrir.

Chateaubriand

POÉSIES DIVERSES.

POÉSIES DIVERSES.

DORS, MON AMI.

> Je me suis éveillée et des chagrins sans nombre
> En pesant sur mon cœur sont venus le flétrir.
> ÉLISA MERCŒUR.

Dors, mon ami ; que les plus heureux songes
    Te bercent pendant ton sommeil :
    Peut-être que ces doux mensonges
    N'en seront plus à ton réveil.
Si les fils de la Nuit, empruntant mon image,
    Te font l'aveu de mon amour,
Ce n'est point une erreur, sous ce même feuillage,

De moi tu l'entendras un jour.
Caresse du bonheur l'illusion chérie,
  De ton esprit chasse l'effroi;
Ah! dors tranquillement; dors, ta fidèle amie
  Veille attentive auprès de toi.
  L'oiseau sur la branche flexible
  Soupire ses chants amoureux;
Sa compagne l'écoute, elle est jeune et sensible :
  Oh! mon ami, quand serons-nous heureux!
  Mais de nous s'approche un nuage :
Il va pleuvoir, je tremble malgré moi;
  Tout nous menace de l'orage :
  Mon jeune ami, réveille-toi.

(Octobre 1825.)

ÉLÉGIE.

ÉLÉGIE.

> Las ! à ce qui n'est plus, quelle erreur de prétendre !
> Tout m'accable aujourd'hui, tout m'apporte un regret :
> Vainement je crois voir, envain je crois entendre ;
> C'est la nuit, le silence, et pour moi tout se tait !
> Elisa Mercœur.

Qu'ai-je entendu? dans mon âme oppressée
La cloche funéraire a soudain retenti.
 Toi qui règnes dans ma pensée,
 Tu n'es donc plus, fidèle ami.
 C'en est fait, un affreux délire
 Trouble tous mes sens éperdus :
 Ma voix, qui faiblement soupire,
 S'exhale en regrets superflus.
 Lorsqu'une fleur est désséchée
Par le soleil brûlant qui vient de l'entr'ouvrir,
 Pâle, sur sa tige penchée,
 On la voit tomber et mourir.
 Moi, je me fanerai comme elle,

Et mes yeux ne s'ouvriront plus :
Alors, dans la nuit éternelle,
Nos deux cœurs seront confondus.
Ah! quand ils l'étaient sur la terre,
Nous croyions rencontrer le bonheur dans l'amour;
C'était une chimère
Qui n'a pu nous tromper qu'un jour.
J'ai tout perdu; de ma bouche brûlante
S'échappe un soupir douloureux :
Mais, seule avec ses pleurs, ta malheureuse amante
Ose encore former des vœux.
Je rêve.... La cloche m'éveille,
Et c'est pour gémir sur mon sort.
Dans le plus doux repos mon jeune ami sommeille ;
Moi seule j'ai senti la mort.
Quand tu fus arraché des bras de ton amie,
Quand ton âme vola vers l'immortel séjour,
Je sentis s'affaiblir le flambeau de ma vie;
Il répandait à peine un triste jour.
Bientôt, de profondes ténèbres
Succéderont à sa lueur :
La mort couvre mes yeux de ses voiles funèbres,
Son froid glace mon cœur ;
Ma voix s'éteint, je cède, je succombe :
Je suis heureuse de mourir,
Puisqu'aujourd'hui la même tombe
Va pour jamais nous réunir.

(Octobre 1825.)

NE LE DIS PAS.

NE LE DIS PAS.

> Qu'un secret fait de mal quand on n'ose l'apprendre !
> Elisa Mercœur.

Tiens, d'un secret je veux t'instruire ;
Mais j'ai peur de l'Écho, je parlerai tout bas,
    L'indiscret pourrait le redire ;
Il faut, petit ami, qu'il ne m'entende pas.

Écoute : Du rosier la feuille fugitive
    Tombe et s'envole en murmurant :
La feuille fait du bruit, je serai moins craintive ;
Le bruit m'a rassurée, et je tremble pourtant.
Qu'un secret fait de mal quand on n'ose l'apprendre !

Il semble qu'un lien l'attache sur le cœur.
Vois; mon regard te parle, il est plein de douceur :
Dis-moi donc, mon ami, ne peux-tu le comprendre?
    Il était prêt à se trahir,
Le secret que devait t'expliquer mon silence.
  Il s'échappait : timide en ta présence,
Ma bouche se referme et n'ose plus s'ouvrir.
  Bien tendrement la tienne a dit : je t'aime !
Lorsque ce mot si doux fut prononcé par toi ;
Méchant, c'est mon secret que ta bouche elle-même,
Comme un écho du cœur, t'a révélé pour moi.
  Tu le connais; et peut-être parjure,
    Un jour, hélas ! tu le décéleras :
      Petit ami, je t'en conjure,
      Si tu le sais, ne le dis pas.

      (Décembre 1825.)

LE
RÉVEIL D'UNE VIERGE.

LE
RÉVEIL D'UNE VIERGE.

> Rien ne t'interrompra, monotone silence,
> Que le chant de l'oiseau, qui faiblement s'élance
> Comme un accent d'amour;
> Ou le bruit passager de la feuille agitée,
> Ou le son languissant de la cloche, attristée
> A chaque heure du jour.
> ELISA MERCŒUR.

La cloche matinale et résonne et t'appelle,
Vierge; ne rêve plus un prestige effacé.
   Éveille-toi, l'airain de la chapelle,
Plaintive Nataly, déjà s'est balancé.

C'est l'heure où chaque jour, soulevant ta paupière,
   S'ouvrent tes yeux, cet asile des pleurs;
Quand au pied des autels, près de tes jeunes sœurs,
   Ta douce voix soupire une prière;

Sur le marbre silencieux
Incline-toi, vierge timide ;
Dans un calme sacré, fais méditer les cieux
A ton âme pure et candide.
Oh ! ne rappelle pas un souvenir trompeur,
En déchirant le voile des mensonges :
Qu'échappée au séjour des songes,
Ton âme soit un ange au sein du Créateur !
Le monde te parut de loin comme un orage,
Tu l'évitas, comme un craintif agneau ;
Et de l'oubli sur sa funeste image
Le cloître qui t'enferme a posé le bandeau.

La cloche matinale et résonne et t'appelle,
Vierge ; ne rêve plus un prestige effacé.
Éveille-toi, l'airain de la chapelle,
Plaintive Nataly, déjà s'est balancé.

(Décembre 1825.)

LE CHANT
DU BARDE ÉCOSSAIS.

LE CHANT
DU BARDE ÉCOSSAIS.

> Vous tomberez, palais aux bases chancelantes :
> Le temps vous couvrira de son voile de deuil ;
> Mais les fils de Fingal, en flammes jaillissantes,
> Dissiperont la nuit de leur cercueil.
> ELISA MERCŒUR.
>
> Sous les efforts du temps si le héros succombe,
> Le Barde par ses chants le ravit à la tombe.

Le torrent qui grondait est resté suspendu ;
    La neige blanchit la bruyère,
  Et du rocher, lentement descendu,
Un fantôme s'égare au vallon solitaire.

La brise de minuit balance les rameaux
    Du vieux chêne au tremblant feuillage ;
Tout est silencieux ; et l'ombre d'un héros
    Paraît au sein de son nuage.

LE CHANT DU BARDE ÉCOSSAIS.

Les Bardes ont chanté les exploits du vieux temps :
Sous leurs doigts ont frémi les harpes fantastiques ;
  A leurs accords mélancoliques
Les esprits ont mêlé de lugubres accens.

Qui vient de s'égarer sur tes cordes légères?
Harpe, depuis long-temps tu ne résonnais plus :
Qui te rend tous les sons que je croyais perdus ?
Serait-ce le toucher des ombres de mes pères ?

Où sont-ils les beaux jours où mes chants belliqueux
Doublaient la noble ardeur des guerriers invincibles,
Descendant au tombeau pleins de gloire et terribles,
Fiers d'immortaliser le nom de leurs aïeux !

 Il est fini leur exil sur la terre ;
Leurs corps n'enferment plus leurs esprits radieux :
C'était une vapeur et subtile et légère,
Que le vent de la mort chassa jusques aux cieux.

 Las ! il n'est plus l'effroi des Scandinaves ;
Le noir sapin succombe au souffle des hivers :
  Ils sont tombés les chefs des braves,
Et sous la mousse épaisse ils dorment aux déserts.

Lorsque vous reviendrez des collines sauvages,
Chasseurs, ne foulez pas cet humide gazon ;

LE CHANT DU BARDE ÉCOSSAIS.

Quelquefois, au milieu de transparens nuages
Les ombres des guerriers planent dans ce vallon.

Ils n'iront plus s'asseoir aux fêtes étrangères,
    Dans ces lieux où leurs nobles cœurs
S'enivraient du souris des belles qui, naguères,
Enchantaient le repos de nos triomphateurs.

Ils ont fui pour jamais; et la beauté plaintive
Cache au milieu des pleurs son timide regard :
C'est la fille du ciel, à la lueur craintive,
    Que dérobe un épais brouillard.

Le fantôme d'un chef, à l'armure pesante,
    Au loin se traîne avec effort;
Il avance, il s'arrête, et, d'une main sanglante,
Il montre avec fierté sa blessure de mort.

Quelle est cette vapeur qui traverse la plaine?
C'est l'ombre d'une vierge; et son sein palpitant
    Soulève encor son léger vêtement :
Il semble captiver une suave haleine.

Le nuage a perdu son élégant contour :
    Il s'éloigne, il fuit, il s'efface,
    Comme un faible monceau de glace
    Disparaît aux regards du jour.

Vous tomberez, palais aux bases chancelantes :
Le temps vous couvrira de son voile de deuil;
Mais les fils de Fingal, en flammes jaillissantes,
   Dissiperont la nuit de leur cercueil.

Oui, les guerriers que le trépas dévore
Laissent un souvenir qu'entourent des regrets,
    Et les héros vivent encore
   Dans les chants du Barde écossais.

(Février 1826.)

LE JEUNE MENDIANT.

LE JEUNE MENDIANT.

> A ce monde bruyant qui paraît vous sourire,
> Dérobez un regard pour le jeter sur moi.
> . . . .
> Ne fermez pas votre âme à la voix qui supplie :
> Pour le pauvre le ciel a réclamé des soins.
> ÉLISA MERCŒUR.

Je souffre, le besoin me contraint à le dire ;
Le malheur me retient sous sa méchante loi.
A ce monde bruyant, qui paraît vous sourire,
Dérobez un regard pour le jeter sur moi.

L'eau pure du Léman vient baigner ma patrie ;
Là, comme vous, jadis j'eus aussi mon bonheur.
Je suis pauvre à présent, je pleure, je mendie :
Près du beau lac Léman n'est resté que mon cœur.

LE JEUNE MENDIANT.

Je serais sans désir, si vous viviez encore,
Bons parens, que vers lui rappela le Seigneur!
Mais je suis repoussé par la main que j'implore,
Et je n'obtiens jamais un mot consolateur.

Du pain, hélas! voilà ce qu'il faut à ma vie,
Je ne sais point créer d'inutiles besoins;
Ne fermez pas votre âme à la voix qui supplie :
Pour le pauvre le Ciel a réclamé des soins.

Vous n'osez m'approcher!... L'habit de la misère
De celui qu'il recouvre est-il le déshonneur?
Quand votre œil dédaigneux (ou du moins je l'espère
S'attache au vêtement, Dieu regarde le cœur.

Il lit au fond du mien ce qu'il a de souffrance,
Ah! puisse-t-il au vôtre inspirer la pitié;
Donnez! bien peu suffit à ma frêle existence;
Donnez! j'ai faim! j'attends!... aurai-je en vain prié

(Février 1826.)

LE DÉCLIN DU JOUR.

ÉLÉGIE.

LE DÉCLIN DU JOUR.

ÉLÉGIE.

> Le trépas, ai-je dit? Non, pour l'être sensible,
> Qui voit sans nul remords ce moment destructeur,
> C'est le déclin du jour, c'est un sommeil paisible,
> C'est le calme des nuits, c'est le repos du cœur.
> ELISA MERCŒUR.

A tes regrets, ami, pourquoi mêler des pleurs?
Tes pleurs en s'échappant retombent sur mon âme;
De tes yeux pleins d'amour ils éteignent la flamme:
Oh! qu'ils ne voilent plus tes regards enchanteurs!
Vois: le jour qui finit, de son dernier sourire
Colore faiblement les arbres du vallon:
    Qu'elle est douce, lorsqu'il expire,
L'incertaine lueur de ce pâle rayon!

Il meurt, l'ombre déjà rembrunit le feuillage,
Et le souffle du soir agite le ruisseau,
Dont le flot fugitif a balancé l'image
De ces fleurs que peignit le doux reflet de l'eau.
Mais le ruisseau demain rafraîchira les roses,
Elles retrouveront son mobile miroir ;
Et moi, comme les fleurs qui s'effeuillent écloses,
La Mort va me cacher sous les ailes du Soir.
J'ai froid, et je voudrais m'attacher à la vie ;
De ce cœur, pour t'aimer, ranimer la chaleur.
Tel, après ses adieux, un tremblant voyageur
Jette un dernier regard vers la douce patrie.
Quoi ! des larmes ?... toujours ?... en vois-tu dans mes yeu
Je suis bien faible, ami, j'ai pourtant du courage :
On en devrait verser quand on meurt à mon âge ;
Moi, je ne pleure pas en regardant les cieux.

    Plaintif ruisseau, qui faiblement arroses
Ce gazon embaumé de suaves odeurs,
Près de tes bords cachés sous des touffes de fleurs
Qu'on doit bien sommeiller à l'ombre de ces roses !
    Lorsque pour toi s'éveillera le jour,
    Je dormirai seule dans le bocage ;
En attristant l'écho de tes soupirs d'amour,
Viens ici quelquefois rêver à mon image.
    Là, quand tes yeux me chercheront en vain,
Mon âme à tes soupirs descendra sur la terre ;
Tu la respireras ; et cette âme légère,
S'égarant dans ton souffle, ira brûler ton sein.

Bientôt le mien, dont le feu s'évapore,
  Sera glacé par l'hiver du trépas :
Si demain, au vallon, tu m'appelles encore,
A tes accens, ami, je ne répondrai pas.
Le trépas, ai-je dit ! Non, pour l'être sensible
Qui voit sans nul remords ce moment destructeur,
C'est le déclin du jour, c'est un sommeil paisible,
C'est le calme des nuits, c'est le repos du cœur.
  Lorsque celui de ta plaintive amie,
  Froid et silencieux, ne palpitera plus,
Caresse quelquefois, dans ta mélancolie,
Le souvenir des jours qui sont déjà perdus.
  En s'envolant, ma dernière pensée
Rêve un calme avenir, et la fille du Temps,
La Mort, auprès de moi déjà s'est avancée :
  Elle me nomme.... Je l'entends....
Quoi ! tu vas entraîner, dans ta course cruelle,
Les songes de l'espoir, l'amour, le souvenir.
Ah ! si l'on n'aime plus quand ta voix nous appelle,
Laisse-moi vivre encor, je ne veux pas mourir.

  (Mars 1826.)

L'AVENIR.
ODE.

L'AVENIR.

ODE.

> Au livre du destin s'il essayait de lire,
> L'homme verrait à peine une heure pour sourire,
> Un siècle pour pleurer.
> Elisa Mercœur.
>
> ..... Le temps fuit et nous traîne avec soi :
> Le moment où je parle est déjà loin de moi.
> Boileau (Épitres).

Jadis, comme une fleur j'ai regardé la vie :
Qu'elle était pure alors ! Elle était embellie
    D'un reflet du bonheur.
Mais la fleur se flétrit, elle tombe, et la flamme
De ce timide espoir qui brillait dans mon âme
    Perd son éclat trompeur.

Seule, et loin de l'objet que j'idolâtre encore,
Le mal du souvenir lentement me dévore :
    Si je pouvais mourir !
Oui, pour mon cœur brisé, qui par degrés succombe,
Des trésors de la terre il n'est plus qu'une tombe :
    Qu'elle tarde à s'ouvrir !

Quand descendra sur moi l'ombre de la vallée,
Qu'on verse, en me nommant, sur ma tombe isolée,
    Quelques larmes du cœur.
Mais ces larmes, hélas ! qui viendra les répandre?
Et, plaintif, tristement imprimer sur ma cendre
    Le pas de la douleur ?

S'il disait, à genoux sur la pierre glacée :
« Déjà telle qu'un rêve elle s'est effacée ;
    « Elle dort maintenant.
« Pour comprendre mon âme et plaindre ma misère,
« Un ange projeta son ombre sur la terre :
    « Ce ne fut qu'un moment ! »

Peut-être, en l'effleurant de son aile azurée,
L'ange recueillerait sur sa bouche adorée
    Ses vœux et ses regrets.
Mais pourra-t-il pleurer s'il joue avec la vie?
Le riche n'entend pas le pauvre qui mendie
    Sur le seuil du palais !

Rien ne t'interrompra, monotone silence,
Que le chant de l'oiseau, qui faiblement s'élance
    Comme un accent d'amour ;
Ou le bruit passager de la feuille agitée,
Ou le son languissant de la cloche attristée
    A chaque heure du jour.

Pourquoi donc s'égarer dans ces pensers funèbres ?
Nébuleux avenir, ah ! qu'au sein des ténèbres
    Tu sois caché toujours.
Du ruisseau de la vie, ou limpide ou bourbeuse,
Je veux laisser passer l'onde capricieuse,
    Sans regarder son cours.

Ce voile dont le ciel couvre ta destinée,
Ce voile qu'en fuyant soulève chaque année,
    Pourquoi le déchirer ?
Au livre du destin s'il essayait de lire,
L'homme verrait à peine une heure pour sourire,
    Un siècle pour pleurer.

L'avenir, ce réveil des songes de l'enfance,
Vient effeuiller trop tôt les fleurs dont l'espérance
    Pare notre matin.
Incertain, tour à tour il attriste, il console :
C'est l'instant qui succède à l'instant qui s'envole,
    Ou c'est un lendemain.

Heureux qui, jouissant d'une fraîche existence,
Plein d'amour, de candeur, de calme et d'innocence,
  Attend son avenir.
Alors, au lendemain, une jeune pensée,
Vers un monde enchanteur bien souvent élancée,
  Attache un souvenir.

Le cœur est un miroir où se peint notre vie :
Chaque objet s'en éloigne, et le miroir oublie
  Ce qu'il a retracé.
Bientôt cet avenir, ce destin qu'on ignore,
Déchirant le bandeau qui nous le cache encore,
  Ne sera qu'un passé.

Si tu veux que, semblable au torrent qui s'écoule,
Ou comme un horizon, à tes yeux se déroule
  Ton sort mystérieux,
Mortel, que tes regards s'arrachent à la terre,
Que d'un soleil divin un pur rayon t'éclaire :
  Cherche-le dans les cieux !

Mais, avant de le voir, interroge ton âme.
Silence.... Écoute-la ! peut-être elle réclame
  Un juste repentir.
Eh bien ! voile tes yeux : si le matin de l'âge
Est encor dans ton cœur comme une douce image,
  Contemple l'avenir.

Là, fermant pour jamais sa paupière lassée,
Le chrétien en mourant dirige une pensée,
  Qui monte dans les airs ;
Et d'élan et d'amour, tendre et sacré mélange,
Déjà sa voix s'unit comme la voix d'un ange
  Aux célestes concerts.

Là, s'exhale épuré l'encens de la prière ;
Là, tout s'évanouit ; et l'orgueil de la terre
  Meurt comme un faible son.
Les héros, dans ce monde, où pour eux la Victoire
Arrosa de ses mains les palmes de la gloire,
  Que laissent-ils ?.... Un nom.

Mais des hardis palais qu'éleva leur génie,
Que le temps dévora, tel qu'un vaste incendie,
  Réponds, qu'est-il resté ?
Quelques débris cachés sous des feuilles de lierre,
Dont les siècles futurs jetteront la poussière
  Au regard attristé.

Tout s'enfuit entraîné dans l'abîme de l'âge :
Tel, un léger rameau balancé par l'orage
  Tombe à la fin du jour :
A ce terme ignoré qui finit l'existence,
Chacun, par le hasard, le doute et l'espérance,
  Est conduit à son tour.

A celui qui gémit sur l'objet qu'il adore
Comme un dernier espoir l'avenir reste encore ;
  Il se dit : « Elle est là !
« La mort, c'est le matin d'une céleste vie :
« Au tranquille séjour qu'habite mon amie
  Son amant revivra. »

Mais toi, dont l'art charmant décéla comme on aime,
Qui, dépeignant l'Amour, te retraças toi-même,
  Doux chantre du plaisir,
Dis, quel fut ton destin ? L'exil et la misère !....
Seul avec des regrets sur la rive étrangère
  Il te fallut mourir.

Au moins, dans ton exil, si loin de l'Italie,
Tu possédais ta lyre, et sa corde amollie
  S'humectait de tes pleurs :
Oui, sur ton luth monté par la Mélancolie
Tu soupiras long-temps, en pensant à Julie,
  Ta flamme et tes malheurs.

La Mort vint te briser, douce lyre d'Ovide :
Alors son nom vola, comme un aigle rapide,
  A la postérité !
Ah ! suivons, s'il se peut, les belles d'Aonie ;
Qu'importe un jour de pleurs ! L'avenir du génie
  Est l'immortalité !

   (Mai 1826.)

UNE NUIT.

ÉLÉGIE.

UNE NUIT.

ÉLÉGIE.

> Le malheureux éprouve un besoin de silence :
> Il faut qu'en liberté puisse battre son cœur :
> Le jour, il se contraint, la nuit, plus calme, il pense !
> La pensée est du moins un reste de bonheur.
> ELISA MERCŒUR.

A l'heure du silence, heure pure et sacrée
Où la vierge des nuits, mollement égarée,
Dans la plaine d'azur promène son rayon ;
A l'heure où vient rêver la Contemplation,
A l'heure enchanteresse où la Mélancolie,
Cette fille du Calme et du Recueillement,
Glissant comme un parfum dans une âme attendrie,
De tristesse et d'espoir la berce doucement,

Le paisible nocher s'approchait du rivage,
Des roses s'exhalaient une mourante odeur,
Et les arbres émus balançaient leur feuillage
Sur le flot qu'entr'ouvrait la rame du pêcheur.

    Long-temps encor, lune charmante,
    Étincelle au pâle horizon ;
    Du mystère timide amante,
    Jette dans l'onde transparente
    Le blanc reflet de ton rayon.

    Qu'égaré sur l'humide plaine,
    Tranquille, agité tour à tour,
    Un souffle propice ramène
    Cette voile qu'effleure à peine
    La dernière haleine du jour.

    Les flots ont embrassé la rive :
    A la fenêtre du manoir
    La vierge inquiète, craintive,
    Vient, et s'assied toute pensive,
    Pour goûter la fraîcheur du soir.

    Elle se penche, sur sa lyre
    Egare sa tremblante main,
    Jusqu'à l'heure où la nuit expire,
    Où du tendre oiseau qui soupire
    Les chants annoncent le matin.

Comme la brise qui résonne
En caressant le bord des mers,
Comme le rameau qui frissonne,
A l'écho sa voix abandonne
Des sons plaintifs frappant les airs.

« Les rêves de mon âme ont passé comme une ombre
« Qui s'enfuit quand la main s'étend pour la saisir ;
« Je me suis éveillée, et des chagrins sans nombre
« En pesant sur mon cœur sont venus le flétrir.

« Las ! à ce qui n'est plus, quelle erreur de prétendre !
« Tout m'accable aujourd'hui, tout m'apporte un regret :
« Vainement je crois voir, en vain je crois entendre ;
« C'est la nuit, le silence ; et pour moi tout se tait.

« Mais au monde, en cédant à ma peine fatale,
« Je puis, je puis cacher ce que souffre mon cœur,
« Et les soupirs brûlans fuyant par intervalle
« De mon sein oppressé par un poids de douleur.

« Heureux, lorsque du jour la flamme est éclipsée,
« Évitant du sommeil les mensongers plaisirs,
« Qui peut, en égarant sa mobile pensée,
« La poser tour à tour sur mille souvenirs.

« Alors, en écoutant la molle Rêverie,
« Celui qui vient remplir la méditation

« Repasse, en rappelant les heures de sa vie,
« Ses peines, son bonheur et chaque émotion.

« Le malheureux éprouve un besoin de silence;
« Il faut qu'en liberté puisse battre son cœur :
« Le jour il se contraint, la nuit, plus calme, il pense!
« La pensée est du moins un reste de bonheur.

« Que de fois, en pensant, le mal qui me déchire
« Me laisse respirer et s'éloigne de moi!...
« C'est toi!.. Je t'ai revu!.. Tes yeux vont me sourire...
« Je suis heureuse enfin lorsque je songe à toi!

« Mais toi, mon doux ami, dont mon âme abîmée
« Se plaît à me parler comme de son trésor,
« Je t'en prie, ah! dis-moi, long-temps, long-temps encor,
« Te rappelleras-tu combien tu m'as aimée?

« Si tu ne m'aimais plus, il me faudrait mourir!
« Non! que jamais l'oubli n'efface mon image;
« Ne m'ôte pas l'espoir quand lui seul me soulage,
« Mon ami! j'ai besoin d'un bien long souvenir.

« Ah! puissé-je bientôt, contre ton sein pressée,
« Ne plus m'en rapporter à d'incertains hasards,
« Sentir ma main brûlante à ta main enlacée,
« Et retrouver mon cœur dans un de tes regards! »

(Septembre 1826.)

STANCES.

STANCES.

La mort, c'est le matin d'une céleste vie.
ELISA MERCŒUR.

Ne jamais redouter le temps qui nous entraîne,
Attendre sans effroi son rappel vers les cieux,
Chaque jour détacher un anneau de sa chaîne,
Mourir sans exhaler des regrets pour adieux.

Supporter sans chagrin l'oubli de la richesse,
Deviner au regard ce qu'éprouve le cœur;
Sans cesse prodiguer la plainte à la tristesse,
Et présenter joyeux un sourire au bonheur.

A l'indigent ami tendre la main d'un frère,
Alléger ses malheurs en lui parlant des cieux;

Et, fidèle, toujours soulageant sa misère,
De consolans pavots couvrir ses tristes yeux.

Si d'un tourment cruel l'aiguillon nous déchire,
Si le monde menteur réclame encor nos pas,
A ce caméléon affecter de sourire,
Pour lui cacher un mal qu'il ne calmerait pas.

Aimer pour enchanter les peines de sa vie ;
Muet à tout soupçon, loin de soi l'exiler,
Retrouver dans ses fils sa jeunesse flétrie ;
Et comme un doux parfum, sur le soir s'exhaler.

Ainsi l'heure toujours en succédant à l'heure,
Lui devrait révéler quelques nouveaux bienfaits ;
Jusqu'au jour où, s'ouvrant la céleste demeure,
L'âme au sein de son Dieu se repose à jamais.

(Octobre 1826.)

LA FEUILLE FLÉTRIE.

LA FEUILLE FLÉTRIE.

> Un printemps, un été, furent toute ta vie.
>
> ELISA MERCŒUR.

Pourquoi tomber déjà, feuille jaune et flétrie?
J'aimais ton doux aspect dans ce triste vallon.
Un printemps, un été, furent toute ta vie;
Et tu vas sommeiller sur le pâle gazon.

Pauvre feuille! il n'est plus le temps où ta verdure
Ombrageait le rameau dépouillé maintenant.
Si fraîche au mois de mai! faut-il que la froidure
Te laisse à peine encore un incertain moment!

L'hiver, saison des nuits, s'avance et décolore
Ce qui servait d'asile aux habitans des cieux ;
Tu meurs, un vent du soir vient t'embrasser encore,
Mais ses baisers glacés pour toi sont des adieux.

(Décembre 1826.)

LE CIMETIÈRE.

ÉLÉGIE.

LE CIMETIÈRE.

ÉLÉGIE.

> Pure fille des cieux, Elisa, fleur d'un jour,
> Par les anges portée au céleste séjour,
> On entendra ma voix vibrante sur ta lyre....
> Vers ta tombe on suivra de ta mère les pas ;
> Et cette tombe enfin au monde pourra dire :
> « On ne m'oubliait pas ! »
>
> Madame MÉLANIE WALDOR (1).

Là, sous l'ombre du saule une tombe est cachée ;
Mes avides regards bien souvent l'ont cherchée.
Lorsque l'étoile brille au firmament du soir,
Sur le marbre muet je viens prier, m'asseoir ;
Mes pleurs que tout le jour captive ma paupière,
Mêlés à la rosée, humectent la poussière.

(1) Ce fut madame Waldor qui ouvrit la première souscription pour le tombeau d'Elisa Mercœur.

Que le temps vient jeter sur ce voile éternel,
Seul vêtement qui reste à ce qui fut mortel.
Ce voile, que souvent l'affreuse main du crime
Lève, quand, demandant s'il couvre une victime,
Dans un horrible espoir, en vain l'œil égaré,
Cherche ce que la mort a déjà dévoré....
Ne m'offre plus, mon cœur, cette funèbre image;
Ma bouche doit avoir un plus calme langage.
L'écho semble effrayé quand le torrent s'enfuit,
Il a de doux accens lorsqu'un ruisseau frémit.
L'homme, dans sa douleur, tonne, crie et délire;
Mais la femme est paisible, elle pleure ou soupire.

Là, celui qui rêvait mille songes d'orgueil
Ne les écoute plus en foulant un cercueil;
Là, plus d'illusions, de prestiges, de gloire,
Sur ce qu'il a souffert s'arrête sa mémoire;
Et dans un sein brûlé du seul feu des soupirs,
Son âme rajeunit tous ses vieux souvenirs.
Vous qui vous inclinez devant un mausolée,
Qui foulez sans la voir l'herbe de la vallée;
Vous dont les vains regrets imitant la douleur
S'exhalent pour tromper, quand la glace est au cœur;
Se cachant pour jamais sous cette herbe foulée,
Tranquillement ici dort une ombre isolée.
Cette humble croix l'indique, et vous passez, hélas!
Un riche monument ne la renferme pas!...
Ah! celui qui n'est plus, quand un ami le pleure,

Ne peut avoir besoin d'une vaine demeure ;
Dort-on plus doucement sous un arbre orgueilleux ?
Un souvenir, des pleurs, voilà ses derniers vœux ;
Et son ombre à la vie échappant consolée,
Dans le cœur qui l'aima trouve son mausolée.
Et vous qui dans ces lieux ne cherchez que des fleurs,
Effeuillez ces tributs d'immortelles douleurs,
Dans votre illusion, douce et flatteuse amie,
Longuement savourez le bonheur et la vie ;
Gardez-vous de penser ; riez, riez encor,
L'infortune bientôt vous nommera la mort.
Jetez un voile heureux sur vos fraîches années,
Marquez vos légers pas sur ces roses fanées,
Bien long-temps, s'il se peut, chantez, rêvez l'amour ;
Laissez tonner l'orage à la chute du jour ;
Bercez d'un vague espoir votre jeune existence,
Trop de momens encor restent pour la souffrance.
Mais, soudain, quels accens dans le séjour du deuil ?....
Ce sont des chants d'adieu consacrant un cercueil.
Toi, que dans cet instant on vient rendre à la terre,
Peut-être enviais-tu la paix du cimetière ?....
Ah ! tout est froid déjà ; ton cœur jadis brûlant
N'a pas même un soupir, un léger battement.
Peut-être aussi la mort, achevant ton délire,
Sur ta bouche entr'ouverte a glacé le sourire ?
Peut-être espérais-tu de longs jours de bonheur ?
Le bonheur est-il donc où le cherche l'erreur ?
Quand l'âme fuit la terre, en rejetant son ombre,

C'est une étoile unie à des flambeaux sans nombre.
Mais dans la nuit du monde, en voilant sa clarté,
C'est un pâle rayon perçant l'obscurité ;
La nuit bientôt s'écoule, et d'un réveil tranquille
L'homme jouit enfin dans ce dernier asile.

(Janvier 1827.)

UN AN DE PLUS.

UN AN DE PLUS.

> Triste rose, au désert j'exhale mon odeur.
> Ernest Mancoron.

Quoi ! tout un an de plus écoulé sans bonheur !
L'hiver est mon printemps, la nuit est mon aurore ;
Aucun rayon d'espoir sur moi ne brille encore :
Triste rose, au désert j'exhale mon odeur !
Ceux que j'aurais aimés ne m'ont point accueillie,
Leur main jamais vers moi ne se tendit, hélas !
Et l'oubli, de son voile enveloppant ma vie,
Semble dire à leur cœur : ne le soulevez pas.

Ah ! puissent mes succès, réveillant leur mémoire,
Pour ma vengeance, un jour, leur apporter mon nom ;
Et puissé-je, oubliant ce funeste abandon,
Leur dire : un an de plus écoulé pour la gloire !

(Janvier 1827.)

LE SONGE,

ou

LES THERMOPYLES.

LE SONGE,

ou

LES THERMOPYLES.

> Marchez ! qui vous retient ? Quand expire le brave,
> Il tombe... mais s'élève à l'immortalité.
> ELISA MERCŒUR.
>
> Oui, d'un sommeil de fer la Grèce enfin s'éveille.
> HYACINTHE GASTON (*la Résurrection de la Grèce*, dithyrambe).

SILENCE, enfans des Grecs, à tous vos chants de mort !
Vous ne traînerez plus la chaîne des esclaves ;
Sur la rive sanglante et pour le front des braves
Les palmes des guerriers reverdiront encor.

Mais vous qu'enorgueillit un éclair de victoire,
Vous tomberez, courbés par un souffle vengeur,

Quand le noble martyr emportera, vainqueur,
Tout une éternité de gloire.

Réveillez-vous, fils de Léonidas :
Un moment de revers n'éteint pas le courage ;
Allez braver encor le destin des combats ;
La liberté, voilà votre héritage :
Des pleurs ne la rachètent pas.

Du sang des ennemis rougissez votre lance ;
Tous ceux dont vous foulez les ossemens épars
Vous ont laissé pour glaives leur vengeance,
Leur souvenir pour étendards.

Le fardeau du malheur vainement vous opprime ;
Marchez ! le sort plus juste a marqué la victime,
Livrez-vous au désir qui s'éveille en vos cœurs.
Déjà, vous ombrageant de son aile divine,
Un ange protecteur sur vous plane et s'incline ;
Et les échos de Salamine
Vont bientôt répéter vos chants triomphateurs.

Écoutez : A cette heure où le sommeil réclame
Nos membres fatigués qu'enchantent ses douceurs,
Où nos sens engourdis laissent vieillir notre âme,
Où la pensée est libre en ses vagues erreurs,

LE SONGE.

    La mienne colorait un songe
    D'un reflet de la vérité ;
Mais rêver vos succès n'était pas un mensonge ;
Et vous me répondrez de la réalité.

Les flots avec lenteur venaient frapper la plage,
Dans les champs de l'éther brillait un seul rayon,
Et déjà, se courbant au lointain horizon,
Les ombres s'inclinaient sur l'antique rivage.
Là, chancelante Grèce, en tes jours solennels
La gloire, des tyrans l'implacable ennemie,
En pleurant les malheurs de sa noble patrie,
A creusé le tombeau de trois cents immortels.
Mais que viens-tu chercher dans le désert immense,
Où veille maintenant le triste oiseau des nuits ?
Il crie, et, de sa voix effrayant le silence,
Paraît fier de régner sur ces muets débris.
Le silence ! toujours.... seul je pressais la terre
Qui depuis si long-temps pèse sur leur cercueil.
Tout reposait, hélas ! et le flot solitaire
Paisible s'approchait pour dormir sur l'écueil.
Là, vainement l'oubli voulait jeter un voile
Sur un long souvenir qu'il croyait effacé ;
L'Hellénie à mes yeux était comme une étoile
Promenant sa lueur dans la nuit du passé.

Quel est ce bruit léger qui près de moi résonne ?
    Serait-ce une haleine des mers ?

I.

Ou la brise du soir qui soupire et frissonne
    En jetant un son dans les airs ?
Non, ce n'est pas le bruit de ces vagues tranquilles,
Ce n'est pas un long souffle égaré sur mes pas ;
Chante un hymne vainqueur, lyre aux cordes mobiles,
    C'est le héros des Thermopyles,
    C'est l'ombre de Léonidas !

O toi dont ces rochers ont gardé la mémoire,
Viens-tu de tes enfans dompter les oppresseurs ?
    Viens-tu reconquérir leur gloire ?
    Viens-tu gémir sur leurs malheurs ?...
Et lui, le front brillant d'une sainte espérance,
Montrait de ses lauriers les rameaux triomphans ;
Puis, de son doigt levé m'imposant le silence,
    Me fit entendre ces accens :

    « Pourquoi des pleurs, vieille patrie ?
« Est-ce donc un tribut aux peines du moment ?
« Pour un jour de repos, quand son réveil t'attend,
« As-tu droit d'accuser la victoire endormie ?

« Guerriers, opposez-vous au destin irrité
« Qui vous courbe un instant sous le joug de l'esclave ;
« Marchez ! qui vous retient ? Quand expire le brave,
« Il tombe.... mais s'élève à l'immortalité.
« Eh quoi, sans l'effacer vous souffririez l'outrage,
« Hellènes ! vous tremblez. Qui vous glace aujourd'hui ?

« Le feu dévorant du courage,
« Comme un éclair pendant l'orage,
« Déjà s'est-il évanoui ?
« Le Grec méconnaît-il le bonheur d'être libre ?
« Libre ! ce mot est tout : combien il a d'appas !
« Comme un céleste écho mélodieux il vibre,
   « Et vous ne l'entendriez pas !

« Qu'il vous souvienne encor que jadis, à Platée,
« Mardonius aux Grecs opposant ses efforts,
   « Son audace arrêtée,
« L'envoya sans triomphe au rivage des morts.

« Sous un sceptre de fer abaissant l'infidèle,
« Le trépas va frapper, qu'écoutez-vous ?... Des cris ?...
« D'un éphémère orgueil le monument chancelle,
« Il croule !... Ce n'est plus qu'un monceau de débris.

   « Précipitez du faîte de son trône
« Celui qu'un bras vengeur bientôt saura punir :
« Saisissez vos drapeaux ; à ma voix qui l'ordonne,
« A l'honneur qui le veut, hâtez-vous d'obéir.

« Vos nobles compagnons dans les cieux vous attendent ;
« Une place près d'eux reste encore à remplir ;
« Ah ! prenez-la, songez que vos fils vous demandent
« La liberté, la gloire, et votre souvenir.

« Quand au feu qui languit s'unit une autre flamme,
« C'est bientôt d'un bûcher la pétillante ardeur ;
        « Ainsi, pour brûler votre cœur,
« L'âme de vos aïeux va s'unir à votre âme.

« Que ce feu qui jaillit échappé du tombeau
« Vers les champs de l'honneur vous guide, vous entraîne
« Grèce, relève-toi ! de ta pesante chaîne
        « Se brise le dernier anneau.

« Je vais donc retrouver mon antique patrie :
« Je la vois s'élançant, intrépide aux combats ;
« Loin d'elle un lâche effroi, lorsqu'elle se confie
        « Aux accens de Léonidas.

« L'esclavage n'est plus : sa gloire qui s'achève
« Embellit de lauriers son front victorieux ;
« Au temple de la paix elle suspend le glaive ;
« Et ses vœux, son encens, vont monter vers les cieux. »

Il dit ; et dans les flots de l'océan des mondes
Il se perd élevé sur un char vaporeux :
Il dit ; et maintenant c'est du bruit seul des ondes
Que gémit au désert l'écho silencieux.

Noble Léonidas, que le tyran succombe ;
Qu'il meure : contre lui viens diriger leurs bras,

Et que les Grecs vengés montrent qu'ils ne t'ont pas
Réveillé vainement du sommeil de la tombe !

Oui, que, dignes encor du nom de tes enfans,
N'écoutant plus la voix de leurs craintes stériles,
Ils frappent!... Et bientôt, revenus triomphans,
Que du sang des bourreaux leurs glaives dégouttans
 « Se déposent aux Thermopyles.

(Janvier 1827.)

LA PENSÉE.

LA PENSÉE.

> Sublime, et s'élevant de mystère en mystère,
> La pensée est aux cieux, quand l'homme est sur la terre.
> ELISA MERCŒUR.
>
> L'harmonie est sa voix, la nature est son âme.
> LE BROW.

AMANTE des Regrets, sœur de la Rêverie,
Viens, j'ai besoin de pleurs ; cette lyre adoucie
Mollement redira des chants dictés par toi.
Tendre Mélancolie, ah ! viens, et conduis-moi
Près de l'onde mobile, au timide murmure,
Quand le printemps lui prête un voile de verdure,
Et que son flot, bruni de l'ombrage des fleurs,
Se parfume en fuyant de leurs fraîches odeurs.
Cherchant la volupté qui naît au sein des larmes,
Ici l'homme pensif rêve et trouve des charmes.
Le poète, qui cède à son émotion,

Délicieusement guide un brûlant crayon ;
Là, sa lyre prélude à sa noble harmonie,
Là, des illusions s'éveille la magic :
Sa vie est suspendue, et dans le sein des bois
L'Enthousiasme parle. Attentive à sa voix,
Sublime, et s'élevant de mystère en mystère,
La pensée est aux cieux, quand l'homme est sur la terre.
Bien loin de mes regards tous ces riants tableaux !
Que de moins doux objets s'offrent à mes pinceaux !
J'aime, lorsque la nuit du jour redit l'absence,
Tour à tour écouter le bruit et le silence.
Un nuage a caché le bleu pâle des cieux :
Appelant le sommeil à sons lents et pieux,
La cloche qui se plaint au lointain presbytère
Jette la dixième heure à l'écho solitaire.
Viens, Méditation, viens donc, voici l'instant ;
Mon âme te désire, et t'appelle, et t'attend.

La nocturne rosée apportant la froidure,
A des rameaux en fleurs rafraîchi la verdure.
Le nuage s'éloigne, un paisible rayon
Brille timidement en glissant au vallon.
Le saule qui s'incline et fait trembler son ombre,
Sur le gazon mouillé, tour à tour clair et sombre,
Agité faiblement, et s'émeut, et gémit,
Et l'inspiration descend à ce doux bruit,
Ah ! puissent tous les sons de l'hymne qui commence
Monter vers le séjour où s'enfuit l'espérance.

A la voix de son Dieu, sortant d'un long sommeil,
Pour la première fois la terre à son réveil;
A la fin s'échappant du sein des nuits profondes,
Dans la route des cieux voyait briller les mondes.
Mais de l'homme au matin de la Création,
Le cœur ne s'entr'ouvrant à nulle émotion,
Froid et sans battement ne sentait point la flamme
De ce rayon sacré, ce pur soleil de l'âme,
De la pensée enfin. Calme comme la mort,
L'homme déjà créé n'existait pas encor.
Contemplant sans aimer la céleste harmonie,
Vainement à ses yeux tout riait à la vie.
La tige en vain penchait sous le doux poids des fleurs,
Tout était sans parfum, sans éclat, sans couleurs.
Mais celui qui, régnant dans la haute patrie,
Environné des jets de sa gloire infinie,
Les embrasant du feu de ses puissans regards,
De l'ombre fit jaillir tous les mondes épars;
Dieu voulut achever son imparfaite image;
Il voulut à son âme enseigner ce langage
Que l'ange peut entendre, et qu'aux divins concerts
Le séraphin soupire en chantant l'univers.
Sa main, pour enflammer cette argile mortelle,
D'un céleste flambeau détache une étincelle :
L'étincelle s'échappe et vient brûler son cœur.
Quel effet naît soudain de ce feu créateur !
La nuit est dissipée, il n'est plus de distance
Qui l'éloigne de Dieu : l'homme s'éveille !... Il pense !...

Penser fut admirer : combien avec transport,
Brillante des baisers de l'astre aux reflets d'or,
Il contemple, charmé, la terre épanouie,
Qui semble éclore enfin au souffle de la vie.
Il marche : à chaque pas de sublimes beautés
Réclament ses regards doucement enchantés.
A sa pensée, alors, et hardie et profonde,
Tout vient de révéler qu'il est le roi du monde.
Les exilant aux pieds d'un roi plus grand encor,
L'aile de la prière, en son magique essor
De sa voix répétant les divines louanges,
Unit les chants nouveaux à l'hymne saint des anges.
Heureux dont la pensée, ainsi qu'aux plus beaux jours,
Est au temps des malheurs pure et libre toujours.
Mais lorsque le remords, comme un voile funeste,
S'étend sur la clarté de ce flambeau céleste,
Malheureux qui, plongé dans un calme trompeur,
Croit imposer silence aux reproches du cœur.
Semblable aux traits brûlans que recouvre un nuage,
Dans le fond de son âme il enferme l'orage.
Il semble encor presser la coupe des plaisirs,
Mais sa pensée est là ; de cruels souvenirs
Veillent pour l'y poursuivre ; et l'accablant sans cesse,
Dans son sein est la mort, sur sa bouche est l'ivresse.

En s'éveillant jadis, quand mon vague désir
Sous des roses cachait un riant avenir,
Crédule et me berçant de songes d'espérance,

LA PENSÉE.

Un moment du bonheur je respirai l'essence;
Sur sa perte bientôt une larme coula,
L'infidèle bonheur loin de moi s'exila;
Mais il fuyait en vain, je le rêvais encore.
Tel, lorsque nuançant la toile qu'il colore,
En fixant les doux traits que l'amour a connus,
Le pinceau fait revivre un objet qui n'est plus;
Telle, pour rappeler sa légère présence,
Ma pensée en parlait : il n'était plus d'absence,
Quand le pressentiment vint me faire pâlir;
Je n'osai plus rêver, et j'appris à souffrir.
A l'heure où le jour cède à l'ombre qui s'incline,
Lorsque je descendais la penchante colline;
Ma main, pour écarter comme un poids de douleur,
Involontairement se posait sur mon cœur.
Il me semblait entendre une voix inconnue
Murmurer quelques sons; je m'arrêtais émue;
Et ce n'était, hélas ! que le passager bruit
De la feuille qui tombe ou du vent qui gémit.
Je m'asseyais alors, et j'écoutais, pensive,
Le triste et doux soupir de la brise plaintive.
Mais pourquoi donc ainsi m'arrêté-je souvent ?
Pourquoi, tout effrayée, écouté-je en tremblant ?
Eh bien ! c'est qu'une vague et funeste pensée
Passe, accablant fardeau, sur mon âme affaissée;
Et qu'attristant mon cœur, la voix de l'avenir
De la fuite des jours tout bas vient m'avertir.
O lyre ! en exhalant l'adieu de l'harmonie,

Si tu peux résonner sous l'aile du génie,
Souriant au trépas, sans éprouver d'effroi,
Je dirai, quand sa main viendra peser sur moi :
« La mort versant l'oubli des peines qu'elle achève,
« Est le dernier repos !... C'est un sommeil sans rêve. »

(Janvier 1827.)

L'AMOUR.

L'AMOUR.

> C'est toi qui sur l'homme prononces ;
> Couronné de fleurs ou de ronces,
> Il est esclave de ta loi.
>
> Elisa Mercœur.

Riant ou pénible mensonge,
De la raison fatal sommeil ;
L'amour n'est bien souvent qu'un songe,
Dont la vieillesse est le réveil.

(Janvier 1827.)

L'OMBRE.

ÉLÉGIE.

 L'OMBRE.

ÉLÉGIE.

> Pour l'égarer encor sur les pas d'un mortel,
> Ici tu redescends !... Ta demeure est au ciel.
>
> ELISA MERCŒUR.

Déjà l'obscurité, cette sœur du mystère,
De son aile jalouse enveloppe la terre.
Au loin, déjà s'égare à pas silencieux
Une forme indécise, une vierge des cieux.
On dirait qu'elle rêve et dans soi se recueille ;
Elle semble écouter le doux bruit de la feuille :
Son bras, qu'elle soulève et plie avec lenteur,
Paraît chercher encore où palpita son cœur.

Vierge céleste, hélas! ton sein n'a plus d'haleine!...
Que tu sembles aimer la nuit qui te ramène!
Quoi! n'oses-tu fixer que son pâle soleil?
N'oses-tu revenir qu'à l'heure du sommeil?
Qui donc viens-tu chercher? Réponds. Ah! je devine...
C'est assez ; j'ai compris, ombre pure et divine ;
Pour t'égarer encor sur les pas d'un mortel,
Ici tu redescends!... Ta demeure est au ciel.

Etres aériens, souvent dans l'autre sphère
Vous entendez sans doute un écho de la terre ;
Et cet écho lointain, au suprême séjour
Est un doux souvenir de votre exil d'un jour.
Habitante du ciel, sous ta forme légère,
Le regard du rêveur, pensif et solitaire,
Quand le soir te rappelle, aime à suivre tes pas.
Ah! s'il t'aima jadis, reste, ne le fuis pas ;
A toi s'il pense encor, s'il est plein de tes charmes,
Si dans son œil baissé tu rencontres des larmes,
Reste!... Mais dans son cœur si tu portes l'effroi,
Ombre, imago incertaine, éloigne, éloigne-toi!!!

(Janvier 1827.)

LE CLAIR DE LUNE.

ÉLÉGIE.

LE CLAIR DE LUNE.

ÉLÉGIE.

> Viens avec ta lueur verser l'oubli du jour,
> Toi, qui sembles jaillir du flambeau de l'amour.
> ELISA MERCŒUR.

A toi que vient chercher l'œil de la rêverie,
Doux et charmant soleil de la mélancolie,
Salut. Tel qu'une vierge au sourire enchanté,
Qui s'embellit encor de sa timidité,
Quand tu montres aux cieux ton rayon solitaire
J'aime à le voir au loin prolongé sur la terre !
Viens avec ta lueur verser l'oubli du jour,
Toi, qui sembles jaillir du flambeau de l'amour ;

Ecarte de ton front ce passager nuage ;
Viens, la brise s'endort sur l'humide feuillage.
Vois ces astres jetés dans un ciel calme et pur,
Immortels diamans, ils nuancent l'azur.
Dans un champ de saphirs, quand t'avançant timide,
De ta molle clarté que le silence guide,
Des nuits le dôme obscur s'éclaire et s'embellit,
Tu parais effacer l'étoile qui pâlit.
Au paisible rayon que cherche ma paupière,
On dirait qu'un secret d'amour et de mystère
Le plongeant transporté dans un trouble rêveur,
Comme apportant l'espoir se relève à mon cœur.
Loin de moi le sommeil et sa vaine magie ;
Ta céleste lueur enchante l'insomnie :
Blanche reine du soir, que de brûlans soupirs
Doivent monter vers toi sur l'aile des zéphyrs !
Long-temps, vierge du ciel, que la nuit se prolonge ;
T'admirer est plus doux que se bercer d'un songe !
Combien j'aime à te voir briller au bleu séjour,
Que tu plais à mes yeux, et que je crains le jour !
Charme de mon regard, tu pâlis : ah ! demeure !
Ou fuis plus lentement, et reviens avant l'heure.

(Février 1827.)

TOUT EST PASSÉ.

STANCES.

TOUT EST PASSÉ.

STANCES.

> Pour emporter nos jours, que le temps marche vite !
> . . . .
> Combien tu m'effrayais, calme de ma vieillesse ;
> Combien je redoutais d'exister sans amour !
> Mais une âme de feu ne peut aimer sans cesse :
> Le soleil n'est aux cieux que la moitié du jour.
> . . . .
> Qu'importent quelques jours ? ne faut-il pas mourir ?
> Elisa Mercœur.
>
> Ce qui n'est plus pour l'homme a-t-il jamais été ?
> La Martine.

Revenu de l'effroi que lui causa l'orage,
Le nautonier sourit sur le fleuve calmé :
Tel mon cœur, jouissant du repos du vieil âge,
Maintenant est surpris, même d'avoir aimé.

J'ai pourtant autrefois dévoré l'existence,
Sans pouvoir soupçonner le passé, l'avenir;
Ce n'était qu'un présent embelli d'espérance :
Rien ne m'avertissait qu'il était près de fuir.

Pour emporter nos jours, que le temps marche vite !
Qu'il est lent, quand il vient amener le bonheur !
On dit qu'un souvenir console de sa fuite :
Le souvenir toujours existe-t-il au cœur ?

Le temps l'emporte aussi : l'infidèle mémoire
A l'oubli rarement arrache le passé;
Et mes songes d'amour, ceux que rêvait la gloire,
Ne sont plus qu'un lointain déjà presque effacé.

Que j'aimais, au réveil de la terre embellie,
Voir les roses s'ouvrir sur des rameaux naissans !
Et quand je ne trouvais qu'une feuille jaunie,
Pour oublier l'hiver je songeais au printemps.

Que de fois, attentive aux plaintes de ma lyre,
Doucement la beauté me sourit, écouta;
Et que de fois, rempli d'un passager délire,
Son cœur, pour m'enivrer, sur le mien palpita !

A mon âme brûlante une âme fut unie ;
Je crus lire mon sort dans un touchant regard :

TOUT EST PASSÉ.

Mais bientôt cette voix qui me semblait la vie
Mêla de longs adieux à mon chant de départ.

Tout un an s'écoula : siècle entier pour l'absence !
Je revins.... Sur sa tombe au retour je priai :
Je pleurai les momens qu'enchantait sa présence ;
Long-temps plein d'elle encor, je souffris... j'oubliai !

Combien tu m'effrayais, calme de ma vieillesse ;
Combien je redoutais d'exister sans amour !
Mais une âme de feu ne peut aimer sans cesse :
Le soleil n'est aux cieux que la moitié du jour.

Pourquoi donc le pleurer, ce délire éphémère ?
Silence aux vains regrets qui flétrissent le cœur !
Alors qu'il va finir ses rêves sur la terre,
Le paisible vieillard n'a-t-il pas son bonheur ?

Le remords ne vient plus condamner ce qu'il pense,
Son regard n'entrevoit qu'un moment d'avenir ;
Mais qu'importe à son âme une longue espérance ?
Qu'importent quelques jours ? ne faut-il pas mourir ?

Tour à tour le destin, orageux et tranquille,
Conduisit ici-bas son esquif balancé ;
Et le suprême instant, pour le vieillard débile,
Est le dernier oubli, lorsque tout est passé.

(Février 1827.)

ADIEUX A L'EXISTENCE.

ODE.

ADIEUX A L'EXISTENCE.

ODE.

> Qui laisse un nom peut-il mourir ?
> . . . .
> Ah ! qui pourrait pleurer son rêve,
> Quand le poids que la mort soulève
> Laisse enfin respirer le cœur.
> ELISA MERCŒUR.

Plus de songes, vie éphémère !
Bien loin de moi tous les hasards ;
Voici l'instant où ma paupière,
De l'œil désormais sans lumière,
N'enfermera plus les regards.

Voici l'instant où le délire
Laisse muet le cœur lassé,

Où la bouche perd le sourire ;
Et si le sein encor soupire,
C'est à l'image du passé.

Voici l'heure où le diadème
Du front des rois est détaché ;
C'est l'instant vengeur et suprême,
L'instant où, libre enfin lui-même,
L'esclave aux fers est arraché.

C'est le moment où l'espérance
Montre les cieux à sa lueur.
Déjà tu fuis, pâle existence,
Ton vol interrompt la souffrance
Comme il achève le bonheur.

C'est l'heure où la lyre sommeille,
Où l'inspiration s'endort ;
Où le cœur qui pense et qui veille,
Quand nul son ne frappe l'oreille,
Frémit sous l'aile de la mort.

C'est l'heure où le trépas nous cueille,
Et glace la voix du désir ;
Où la fleur tombe feuille à feuille ;
Où notre âme, qui se recueille,
Fait ses adieux au souvenir.

Où la mienne désabusée
Sur soi-même jette un regard :
La coupe en un jour épuisée,
Sur mes lèvres, déjà brisée,
Epanche un reste de nectar.

De fleurs, hélas ! trop tôt fanées,
J'ai vu priver mon court exil....
Des heures mêmes fortunées,
En suivant le cours des années,
Jamais un instant revint-il ?

Un jour s'éclipse dès l'aurore,
Un autre s'achève à demi ;
Sortant de la nuit que j'ignore,
Un autre lui succède encore,
Flétri par un vent ennemi.

Maintenant le voile se lève
Et chasse l'ombre de l'erreur :
Ah ! qui pourrait pleurer son rêve,
Quand le poids que la mort soulève
Laisse enfin respirer le cœur.

Gronde encore, impuissant orage,
Tous mes songes sont envolés !

Océan, éveille ta rage,
Je suis calme sur le rivage
Auprès de tes flots refoulés !

(Mars 1827.)

AU LÉTHÉ.

AU LÉTHÉ.

> . . . .
> Chaque siècle qui tombe et que ton onde entraine
> N'est qu'un éclair nouveau que voit l'éternité.
> ELISA MERCŒUR.

Lorsqu'en mon sein gonflé par un dernier soupir
Le flambeau de la vie aura perdu sa flamme,
Dans ton cours oublieux n'abîme point mon âme,
Léthé, que sur tes flots surnage un souvenir.

Qu'un reflet de la terre et m'entoure et me suive,
Qu'un vent, comme un adieu de ses passagers biens,
Conduise, en inclinant les roses de ta rive,
Ma nacelle sans rame aux champs Élysiens.

AU LÉTHÉ.

Fleuve toujours voilé d'un frais et doux ombrage,
Il n'est donc point d'hiver sur tes bords éternels?
Quoi ! jamais agité ? Quoi ! pas un seul orage ?
Et ce calme convient à l'esprit des mortels ?

Ah ! dans tes flots on perd les pensers de la vie ;
Dans les champs du repos, du bonheur sans désir,
De ses émotions l'âme n'est point suivie ;
Là, c'est un long présent qui n'a point d'avenir.

L'âme, en fuyant la terre en rejette la chaîne ;
Heureuse, elle se plaît dans l'immobilité ;
Chaque siècle qui tombe et que ton onde entraîne
N'est qu'un éclair nouveau que voit l'éternité.

Là, jamais ne s'échappe une heure fugitive
Que le sable jadis marquait à petit bruit ;
L'homme ne penche plus une oreille craintive
Pour écouter le temps qui le frappe et s'enfuit.

Là, n'est jamais aux cieux le semblant d'un orage,
C'est toujours sous leur voûte une aurore, un printemps
Aux timides zéphyrs effleurant ton rivage,
Les fleurs livrent toujours leurs parfums enivrans.

Sans cesse de la lyre un son divin s'exhale,
Se prolongeant dans l'air qui doucement frémit.

AU LÉTHÉ.

La flûte du pasteur jette sa note égale,
Et l'éternel écho mollement la redit.

Ah ! coule en vain pour moi, fleuve calme et funeste;
Laisse-moi sur tes bords un aspect d'ici-bas,
Et l'amour et la gloire ; et que, parfum céleste,
Ils embaument tes flots, mais ne s'y plongent pas.

Mon regard fatigué d'une trop douce image,
Sous un ciel orageux aime un soleil voilé ;
Il aime, dans la nuit, quand un obscur nuage
S'épaissit un moment sous le dôme étoilé.

Le cœur prête souvent un charme à la souffrance :
Le printemps est plus doux après un long hiver....
Mais ne voir aujourd'hui que ce qu'on vit hier ?
Mais n'avoir plus besoin d'écouter l'espérance ?...

Lorsqu'en mon sein gonflé par un dernier soupir
Le flambeau de la vie aura perdu sa flamme,
Dans ton cours oublieux n'abîme point mon âme,
Léthé, que sur tes flots surnage un souvenir.

(Mars 1827.)

INCERTITUDE.

INCERTITUDE.

> Sans songer chaque jour à celui qui doit suivre,
> Livrons-nous au présent qu'il faut seul écouter :
> S'éteindre sans penser qu'on va cesser de vivre :
> C'est peut-être exister ?
> ELISA MERCOEUR.

Sous le ciel où Virgile a moissonné des roses,
Au souffle du zéphyr, nacelle, emporte-moi !
Sur le sol d'Italie il est des fleurs écloses,
  Douce mer, courbe-toi !

Qu'un son tremblant encore obtenu de ma lyre
Guide comme l'aimant le nocher attentif,
Qu'il comprenne, s'il peut, ce luth et mon délire,
  Penché sur son esquif.

Pour lui rendre à son tour les chants de sa patrie,
Ces chants qui sont une âme, un langage divin,
Aplanis, douce mer, sous ma barque chérie,
  Ton limpide chemin.

Qu'en festons des rameaux couronnent ton rivage ;
Comme un enfant chéri pose-moi sur le bord :
Mon cœur ressemble au ciel lorsqu'il est sans nuage,
    Il n'a pas un remord.

S'il est des pas du temps une empreinte laissée,
Si d'un vieux souvenir seul on entend la voix,
Je veux, en méditant, reculer ma pensée
    Vers les ans d'autrefois.

Ramène-moi plutôt sous mon toit solitaire,
Cesse de m'entraîner vers un climat nouveau,
Rends-moi le doux asile où la main d'une mère
    A placé mon berceau.

Amour! si tu n'es point une trompeuse image,
Si tu nous viens des cieux, environne mon cœur;
S'il chancelle un instant, veille sur mon courage,
    Et parle de bonheur.

De ma bouche approchant la coupe de la gloire,
Parfume son nectar pour qu'il semble plus doux ;
Qu'importera la mort si ma longue mémoire
    Dompte le temps jaloux.

Amour! Dieux, qu'ai-je dit? Non, tu n'es sur la terre
Qu'un songe des mortels jamais réalisé,
Laissant bientôt flétri par ta vaine chimère
    Le cœur désabusé.

Laisse, laisse le mien ! De ton léger sourire
Le charme décevant m'entraînerait vers toi,
Sirène qui séduis, et dont la main déchire,
    Amour, ah ! laisse-moi !

Amitié, viens m'offrir le reflet de mon âme,
Des ans, ton doux attrait, l'amour est l'ennemi ;
Heureux ! lorsque le cœur qu'un pur rayon enflamme
    Dort sur un sein ami.

D'un bien trop tôt perdu si le regret m'assiège,
Que ton aile en riant l'écarte de mes jours,
Et même quand l'hiver m'aura jeté sa neige,
    Reste, reste toujours.

Viens, tranquille amitié, t'emparer de ma vie ;
Parle encor du matin lorsque viendra le soir ;
Et prête en la berçant, à ma mélancolie,
    Le charme de l'espoir.

Près des bords ombragés d'une fraîche fontaine,
Au printemps, conduis-moi pour respirer les fleurs.
Que les fleurs s'effeuillant sous notre double haleine
    Confondent leurs odeurs.

Si j'interromps un mot, que ta bouche l'achève....
Si j'écoutais alors une vague frayeur,
Si mon bras retombait, que le tien le soulève,
    L'appuyant sur ton cœur.

Comprends un seul regard, interprète un silence :
Si mon œil est mouillé que le tien ait des pleurs,
Et jusqu'au jour suprême enchaîne l'existence
    De tes liens de fleurs.

Mêle ta douce plainte aux plaintes de Zéphyre,
Harpe qui sous ma main n'as point encor de voix.
Je prélude, il est temps que ta corde soupire
    Mollement sous mes doigts.

Mais, hélas ! s'éloignant, et sans daigner attendre,
Le monde n'osera se pencher vers tes chants ;
Le vulgaire avilit ce qu'il ne peut comprendre :
    Silence à tes accens.

Que ferait au bonheur ma gloire solitaire ?
J'obtiendrais un souris.... qu'offrirait le dédain ;
Et, demandant quelqu'un qui m'aimât sur la terre,
    Je chercherais en vain.

En vain, toujours en vain, funeste incertitude,
Qu'avec toi dans mes vœux souvent je m'égarai !
Ote-moi le fardeau de mon inquiétude,
    Laisse-moi, j'attendrai !

Sans songer chaque jour à celui qui doit suivre,
Livrons-nous au présent qu'il faut seul écouter,
S'éteindre sans penser qu'on va cesser de vivre,
    C'est peut-être exister ?

    (Avril 1827.)

LE SUBLIME.

ODE.

LE SUBLIME.

ODE.

> Il chante, et ne craint pas le rire d'un Zoïle.
> L'aigle échappe au venin que jette le reptile :
> Rien n'empoisonne l'air que l'on respire aux cieux.
> Elisa Mercœur.
>
> Le berceau du génie est le berceau d'Alcide ;
> Il s'éveille assiégé de serpens odieux ;
> Il s'élance, il triomphe, il prend un dieu pour guide
> Et le destin soumis l'appelle au rang des dieux.
> Charles Nodier.

Toi qui, t'enveloppant des ombres de la terre,
N'as suivi qu'un sentier frayé par le vulgaire,
Le temps jamais pour toi s'arrêta-t-il d'un pas ?
Laisses-tu dans le monde une immortelle trace ?
Non ! ta légère empreinte.... une haleine l'efface,
    Et rien ne reste où tu passas.

Dans les âges futurs toi qui vivrais, peut-être,
Laisseras-tu la tombe enfermer tout ton être?
N'oseras-tu penser? Faut-il qu'un joug de fer,
Appesanti sur toi, rétrécisse ton âme?
Vois cet éclair brillant, son invincible flamme,
    Libre, jaillit au sein de l'air.

En imprimant tes pas loin des routes tracées,
Dans un immense espace égare tes pensées;
Le laurier croît encore, et ton siècle t'attend.
Combats contre l'oubli, que ta gloire le brave;
Un seul mot quelquefois rend l'avenir esclave,
    Mais un mot sublime et brûlant.

Invente! immortalise un moment d'existence;
Effeuille les pavots que jette l'ignorance;
Des regards de ton âme embrasse l'univers.
Vole au sommet sacré t'abreuver d'harmonie :
Chacun de ces instans ravis à ton génie
    Est tout un âge que tu perds.

Quoi! la vie est si courte, et de ses jours, qu'il pleure,
L'homme au gouffre des ans n'ose arracher une heure!
Son cœur d'un long espoir n'a-t-il donc plus besoin?
Ah! condamne le temps à replier ses ailes;
Que le burin, traçant les pages immortelles,
    Y grave pour toi : « Rien plus loin! »

Mais ne va pas, suivant un guide qui t'égare,
Pour un céleste essor prendre le vol d'Icare,
Et laisser un vain nom retomber ici-bas.
D'une lyre hardie obtiens un chant sublime,
Que d'Orphée, écoutant ce chant qui le ranime,
    L'ombre s'éveille sur tes pas.

D'un seul mot, t'ai-je dit, la rapide puissance
Charme, captive, entraîne, et quelquefois dispense
Aux amans de la gloire une immortalité.
C'est l'éclair s'échappant du caillou qui s'enflamme ;
Enfin, c'est le sublime, ou c'est un son de l'âme
    Que le génie a répété.

En cédant à l'effort d'un magique délire,
Le sublime jamais ne peignit un sourire :
Il faut à ses crayons de plus mâles beautés.
Au bruit inspirateur de la voix des orages,
Pour le poète ému par ses accords sauvages,
    L'effroi même a des voluptés.

Il s'élève plus près de la haute demeure,
Aux accens de son luth qu'un vent du ciel effleure
Il aime à reculer vers les siècles lointains.
La rose pâlirait en couronnant sa tête,
La flûte du berger sous ses doigts est muette,
    Mais la harpe a des sons divins.

Il chante, et ne craint pas le rire d'un Zoïle.
L'aigle échappe au venin que jette le reptile :
Rien n'empoisonne l'air que l'on respire aux cieux.
De sa lyre, en mourant, un soupir le console,
Et ce chant du trépas comme une âme s'envole
    Au séjour que cherchaient ses yeux.

Ainsi la mort obtient sous sa main égarée
Des sons nobles et purs d'une harpe sacrée :
De l'oiseau de Léda l'harmonie est l'adieu,
Et le voile mortel qui recouvrait Alcide
Se consume, brûlé par la flamme rapide,
    Quand du bûcher s'élance un dieu.

Dédaignant la faveur, cette idole éphémère
Pour laquelle un moment fume un encens vulgaire,
Il prélude loin d'elle à ses libres accens ;
Il dégage ses mains des chaînes de la terre :
Autrefois le malheur, en pesant sur Homère,
    Etouffa-t-il ses nobles chants ?

Mais par mille pinceaux la nature est tracée.
Ah ! les temps sont à Dieu, le monde à la pensée !
Quand les yeux de Milton n'avaient plus de regards,
Au fond du souvenir moissonnant des images,
Il pensait, il chantait, en éclairant les âges
    D'un rayon de l'astre des arts.

Rends au luth détendu sa musique céleste :
De ta courte journée une heure au moins te reste;
Une heure! c'est assez pour vaincre l'avenir;
C'est au brillant séjour que ton hymne s'élance :
Le poète au tombeau retrouve l'existence ;
    Qui laisse un nom peut-il mourir?

Vous qui deviez parer le chantre de Clorinde,
Lauriers aoniens, douces palmes du Pinde,
L'amant de Léonor n'a donc pu vous cueillir!
Le Tasse à ses destins un jour trop tôt succombe ;
Mais vos nobles rameaux, déposés sur sa tombe,
    Fleurissent pour son souvenir.

L'oubli, c'est le néant; la gloire est l'autre vie ;
L'éternité sans borne appartient au génie :
Le monde est un écho des purs accens des cieux.
Sur la mer du passé le poète surnage;
Chaque flot qui se brise et le pousse au rivage
    Exhale un son mélodieux.

Ennemi des tyrans, du crime qui s'élève,
Il combat, il triomphe, et sa lyre est son glaive.
Libre comme la voix qu'empruntent les remords,
Cette lyre sans cesse auprès du cœur résonne,
Et l'homme, sous le chaume, ou sous le dais du trône,
    Entend ses suprêmes accords.

Sublime, chant sacré, note pure et magique ;
Son divin, que jadis rendait la harpe antique ;
Accent toujours nouveau compris de l'univers !
Viens t'exhaler encor d'une céleste lyre :
Le poète t'attend, viens, pendant qu'il délire,
    Immortaliser ses concerts.

Qu'il n'existe que lui qu'on oppose à lui-même.
Qu'il se dise, écoutant sonner l'heure suprême :
« Ma mémoire est ma vie, et je ne mourrai pas !
« Mon souffle loin de moi chassa l'humble poussière
« J'ai vécu pour chanter, et je laisse à la terre
    « La place où j'ai marqué mes pas. »

(Avril 1827.)

L'ILLUSION.
ODE.

L'ILLUSION.

ODE.

> L'homme te doit ce qu'il éprouve ;
> Même sous la neige d'hiver
> Son souvenir plonge et retrouve
> Aujourd'hui ce qui fut hier.
> . . . .
> ÉLISA MERCŒUR.
>
> Se croire heureux enfin, c'est le moyen de l'être.

Toi que Dieu mêle à l'existence,
Léger fantôme du bonheur,
Douce fille de l'espérance,
Illusion, prestige, erreur,
De songes célestes suivie,
L'homme te répand sur sa vie,
Ta main agite son berceau :
Cette main toujours le caresse,

L'ILLUSION.

ODE.

> L'homme te doit ce qu'il éprouve ;
> Même sous la neige d'hiver
> Son souvenir plonge et retrouve
> Aujourd'hui ce qui fut hier.
> . . . .
> ELISA MERCŒUR.
>
> Se croire heureux enfin, c'est le moyen de l'être.

Toi que Dieu mêle à l'existence,
Léger fantôme du bonheur,
Douce fille de l'espérance,
Illusion, prestige, erreur,
De songes célestes suivie,
L'homme te répand sur sa vie,
Ta main agite son berceau :
Cette main toujours le caresse,

Et, quand vient la pâle vieillesse,
Tu t'assieds près de son tombeau.

Par toi l'infortuné soulève
Le fardeau posé sur son cœur;
S'il sommeille, l'aile d'un rêve
Lui cache un instant sa douleur.
Lorsque le trépas l'environne,
Son âme en fuyant s'abandonne
A l'espoir d'un jour plus heureux ;
Puisant l'oubli de l'injustice,
Il voit au ciel un Dieu propice
Qui sourit à ses derniers vœux.

Dans ce triste asile du doute
Où le mortel est exilé,
Tu suis pas à pas dans la route
Son esprit tranquille ou troublé.
Souriant ou versant des larmes,
Par toi l'homme trouve des charmes
Dans un regard, dans un soupir;
Le passé près du cœur voltige,
Et, paré de ton doux prestige,
Fait un présent du souvenir.

Ainsi, dans sa courte carrière,
Le mortel est guidé par toi;

Fuyant sur sa barque légère
Paisible, il se livre à ta foi.
Tu le berces de tes images,
Et, s'il gronde quelques orages,
Il écoute à peine leur bruit.
L'onde se ploie; il vogue, il passe,
Et jouit du jour qui s'efface
Sans penser que viendra la nuit.

L'homme te doit ce qu'il éprouve;
Même sous la neige d'hiver
Son souvenir plonge et retrouve
Aujourd'hui ce qui fut hier.
Illusion, ta voix fidèle
Doucement toujours lui rappelle
Et ses pensers et ses amours.
Son cœur encore est plein de flamme,
Et la jeunesse de son âme
Lui semble celle de ses jours.

Heureux! quand, aveugle lui-même,
Voilé du bandeau de l'espoir,
Toujours, soit qu'il chante ou qu'il aime,
Il suit un chemin sans le voir.
Lorsque fuit l'inexpérience,
Comme dans sa paisible enfance
S'il a quelque triste soupir,

Cette souffrance est passagère,
Et de sa blessure légère
Une larme peut le guérir.

Si les doigts cherchent une lyre
Par un instinct mystérieux,
Ton souffle quand elle soupire
L'effleure comme un vent des cieux.
Ta douce erreur, aimable fée,
Si la voix est presque étouffée,
Ranime le son affaibli.
Tu promets des âges sans nombre,
Purs éclairs jaillissant de l'ombre,
Échappés aux mains de l'oubli.

L'amour, cette image céleste,
Cette pure essence du cœur,
Aux humains propice ou funeste,
Te doit ses maux ou son bonheur.
Si quelque regret la dévore,
L'âme sent qu'il existe encore
Une volupté dans nos pleurs.
Toi seule charmes ce délire,
Et sur la flèche qui déchire
Jettes des nuages de fleurs.

Mais souvent d'une voix plaintive
Tu désenchantes nos instans,

L'ILLUSION.

Lorsque l'ivresse fugitive
Nous avertit des pas du temps.
A ton haleine abandonnée,
Notre étoile semble inclinée,
A peine au matin de nos ans.
Ton prisme trompeur décolore
Le rameau qui se couvre encore
Des feuilles fraîches du printemps.

Ainsi, comme un ami fidèle
Qui veille près de son ami,
Tu soutiens alors qu'il chancelle
Le courage, hélas ! endormi.
C'est toi qui sur l'homme prononces ;
Couronné de fleurs ou de ronces,
Il est esclave de ta loi :
Si la voix de la mort l'appelle,
Tu conduis encor sous ton aile
Son âme qui fuit avec toi.

(Avril 1827.)

LA
GLOIRE ET L'INDIGENCE.
ODE.

LA
GLOIRE ET L'INDIGENCE.
ODE.

> Du mortel indigent coupable de génie,
> C'est, hélas ! au tombeau que le crime s'expie ;
> La pierre du cercueil est son premier autel.
> Il existe, on l'insulte : il expire, on le pleure ;
> Il commence de vivre à cette dernière heure....
> Sous la main du trépas il devient immortel.
> Elisa Mercœur.
>
> Le mérite élancé du sein de l'indigence
> Sait prendre vers la gloire un vol plus courageux.
> La Burn.

Je n'ai donc plus que toi, lyre, ma seule amie ;
Des sons, des chants encor, tes hymnes, sont ma vie.
Ta voix, l'écho de l'âme, est une voix du ciel :
J'oublie en t'écoutant le poids de ma misère ;
Je souffre moins alors, et, dans la coupe amère,
Ma bouche croit trouver quelques gouttes de miel,

D'un feu près de s'éteindre, ah! ranimons la flamme!
De mes jours au déclin, que la parque réclame,
Entre ses doigts tremblans va se rompre le fil.
Celui qui chante et cède à son instinct suprême,
Qui n'a vécu jamais qu'au-delà de lui-même,
Doit léguer sa mémoire à ses frères d'exil.

Dieu nous jette au hasard un moment sur la terre,
Et l'existence à l'homme est pesante ou légère;
Ce qui lui semble un âge est à peine un seul jour.
L'un tombe au premier pas, quand un autre s'élève;
Libres ou dans les fers, nous poursuivons un rêve
D'ambition, de gloire, ou d'ivresse, ou d'amour.

Et le mien (que les cieux prolongent ce délire!)
Est d'enchaîner la gloire au magique sourire;
Et je poursuis encor mon songe inachevé.
Mais un vent m'a brisé comme un roseau fragile :
Ainsi le voyageur qui cherchait un asile,
Le soir, sur le chemin, dort sans l'avoir trouvé.

Aussi, pourquoi ce rêve? Ici-bas le poète,
Chaque jour repoussé par la pitié muette,
N'a jamais que de loin contemplé le bonheur;
Et de gloire et d'oubli s'abreuvant tout ensemble,
Sans le trouver cherchant quelqu'un qui lui ressemble
N'a pas un sein ami pour appuyer son cœur.

LA GLOIRE ET L'INDIGENCE.

Ah ! qu'importe l'asile où repose ma tête !
Qu'importe que je rampe, ou je touche le faîte.
De la mort quand l'airain dit l'instant solennel,
Hélas ! soit un peu plus, soit un peu moins d'espace,
On a pour sommeiller toujours assez de place :
Qu'importe où vont dormir les restes d'un mortel !

Sans espoir d'un regret je m'éteindrai peut-être !
On osera gémir quand j'aurai cessé d'être :
Une larme s'accorde à qui laisse de l'or....
J'ai déployé ma voile au souffle de la bise :
Eh ! que faire aujourd'hui quand le prisme se brise?
Maintenant près de moi que regarder encor ?

Voir le monde encenser, renverser un idole ;
Pour prix de ses accens mendier une obole ;
Passer comme dans l'ombre, et sans être entendu ;
Voir lancer l'anathème à tout homme qui pense ;
Et, sur son front empreint du sceau de l'indigence,
Voir un glaive toujours s'agiter suspendu !...

Que ce glaive, s'il faut, m'épargne ou me déchire !
Mais que jamais, captif, je n'attache ma lyre
Au char de la faveur emporté loin de moi.
Quel que soit le destin, je le souffre et le brave !
Avec des chaînes d'or en est-on moins esclave ?
Anathème plutôt à qui n'ose être soi !

LA GLOIRE ET L'INDIGENCE.

J'ai vu les dieux du jour qu'adore le vulgaire,
Traînant comme un fardeau leur puissance éphémère,
Flétris par les soupçons, frères de la grandeur,
Ou lassés de poursuivre un frivole mensonge,
Désenchantés, pleurant au réveil de leur songe,
Demander ce que c'est qu'on appelle bonheur.

Mais qui laisse à ses fils quelque nom sans mémoire
Peut aussi demander ce que c'est que la gloire :
C'est l'oubli du présent, l'attrait du souvenir ;
C'est un aspect des cieux que réfléchit notre âme ;
C'est dans le sein des nuits une magique flamme ;
C'est un regard divin lancé dans l'avenir.

Inutile sans doute aux yeux de l'ignorance,
Laissez-moi cette gloire; elle est mon existence.
Dans ce noble désir de l'immortalité,
La rouille du repos n'a point rongé mes armes ;
Et, soldat attentif au moindre cri d'alarmes,
J'ai frappé l'ennemi, j'ai vaincu.... j'ai chanté !

Du mortel indigent coupable de génie,
C'est, hélas ! au tombeau que le crime s'expie ;
La pierre du cercueil est son premier autel.
Il existe, on l'insulte ; il expire, on le pleure ;
Il commence de vivre à cette dernière heure....
Sous la main du trépas il devient immortel.

(Mai 1827.)

ANNIBAL MOURANT.

ODE.

ANNIBAL MOURANT.

ODE.

> Le sort me foudroya près d'atteindre les cieux.
> . . . .
> Qui s'élève plus haut, tombe avec plus de bruit!
> ELISA MERCŒUR.
>
> Le ciel n'a pas voulu, qu'achevant mon dessein,
> Rome en cendre me vit expirer dans son sein.
> (*Mithridate.*)

Rêve d'un cœur bouillant, idole du courage,
Gloire, dieu de mon âme ! ai-je assez fait pour toi ?
Destin, toi qui veillas sur l'enfant de Carthage,
Ton livre inexplicable est-il fermé pour moi ?
Touché-je ici, grands dieux ! à l'heure où tout s'oublie ?
Ma tâche sur la terre est-elle enfin remplie ?
L'avenir saura-t-il mon passage ici-bas ?
Ce pied qui du pouvoir osa toucher le faîte

Sur le sol de l'exil et se traîne et s'arrête ;
Devait-il donc ainsi marquer son dernier pas ?

Quoi ! celui qui tremblait que pour son char rapide
Il fût trop peu d'espace en ce vaste univers,
Sur ses derniers instans lorsque Rome décide,
Serait enfin meurtri par l'empreinte des fers ?
Annibal courberait le genou comme esclave ?
Non ! je l'emporte encor, rivale que je brave !
J'expire sans défense, et meurs en t'échappant.
Vainqueur du vent fougueux qui l'agita sans cesse,
Pour jeter sur ton front une ombre vengeresse,
S'élève malgré toi mon laurier triomphant !

La mort en vain commande, et son muet abîme
Vainement sous mes pas s'entr'ouvre dévorant ;
A ce monde surpris je laisse un nom sublime,
Au-delà du Cocyte Alexandre m'attend.
Pardonne, ciel vengeur, à cet orgueil suprême ;
Pardonne à ce regard qui tombe sur moi-même.
Déjà, siècles futurs, de vos lointaines voix
J'entends les sons divins consacrer ma mémoire ;
Je meurs environné de mille aspects de gloire,
Des flots de souvenirs m'inondent à la fois !

J'ai voulu, j'ai marché ; réalisant naguères
De mon âme hardie un songe audacieux,

Je m'élançai vainqueur loin des routes vulgaires :
Le sort me foudroya près d'atteindre les cieux.
Seul j'ai rivalisé le héros du Granique,
Et je meurs ; l'avenir, comme un écho magique
Qu'une jalouse voix en vain étoufferait,
Redira le serment d'une immortelle haine,
La rive du Tésin, et Canne, et Trasymène,
Redira.... Mais d'où vient tout à coup qu'il se tait ?

Dieux ! qu'il n'achève pas ! voluptés de Capoue,
Sommeil de mon courage un instant amolli,
Lâche et fatal repos qu'Annibal désavoue,
Qu'on livre ton image aux serres de l'oubli.
Loin de moi ces instans ! qu'ils meurent pour l'histoire,
Les jours où de son fils s'éloignant la victoire,
Mon glaive inoccupé fut pesant pour mon bras !
Où m'endormant bercé par un songe frivole,
Le tonnerre tomba, lancé du Capitole,
Sur celui qui jadis méprisait ses éclats !

Du joug de son effroi que Rome enfin soit libre,
Assez de mes succès l'univers fut rempli ;
Assez j'ai fait pencher l'incertain équilibre,
Sous un bras de géant maintenant affaibli.
Je meurs, dernier flambeau qui brille sur Carthage,
A ses lâches enfans je ferme le passage
Que m'ont frayé la haine, et l'audace, et l'honneur ;
Carthage aux pieds de Rome ose prier tremblante,

Sa liberté chancelle et pâlit expirante,
Ma gloire à mon nom seul demande mon vengeur.

Fille de Tyr; adieu ! sur le brûlant rivage
Où ta main s'appuyait sur le sceptre des mers,
Vont descendre bientôt la honte et l'esclavage ;
Ton souvenir fuira loin de tes murs déserts.
Lâche patrie, adieu ! des nuages de flamme
Vont couvrir tes vaisseaux que l'abîme réclame,
Qu'attend de tes revers l'inévitable écueil.
L'ennemi te foulant sous son char de victoire
N'aura plus rien de toi, plus rien !... que ma mémoire
A jamais échappée à l'avide cercueil.

Le sommet et l'abîme ! étrange destinée !
Sort funeste et bizarre, où m'auras-tu conduit ?
La terre de ma chute est encore étonnée :
Qui s'élève plus haut, tombe avec plus de bruit !
Ah ! que chaque sentier qu'a frayé mon audace
Conserve de mes pas l'ineffaçable trace,
Semblable au sol noirci quand le foudre est éteint.
Au lieu de vains regrets, la mort veut un sourire ;
La gloire est le seul but où le soldat aspire,
Qu'importe ce qu'il souffre à celui qui l'atteint !

Dieux d'Amilcar, enfin je comble ma vengeance :
Je redeviens moi-même en ce sublime instant.

Le trépas s'approchait, Annibal le devance :
Le héros le prévient, quand l'esclave l'attend.
A son noble serment, à sa haine fidèle,
Rome, ton ennemi pour la rendre immortelle,
Ressaisit l'existence au moment de sa mort.
Sa poitrine brûlante enferme un souffle à peine....
La vie et le poison luttent dans chaque veine....
Rome ! Carthage ! adieu ! j'expire.... libre encor !!!

(Juin 1827.)

DEMAIN.

DEMAIN.

Ah! laissons un bandeau pour parure au destin.
ELISA MERCŒUR.

Chaque flot, tour à tour, soit qu'il sommeille ou gronde,
Emporte mon esquif où le conduit le sort;
Et, passager sans nom sur l'océan du monde,
Je m'éloigne incertain de l'écueil ou du port.

J'ai vu s'enfuir le but de qui pensait l'atteindre;
J'ai vu ce qu'au sourire il succède de pleurs;
Combien de purs flambeaux un souffle peut éteindre:
Ce qu'un baiser du vent peut moissonner de fleurs.

Et j'ai dit : S'il s'éloigne, oublions le nuage :
Qu'importe le matin notre destin du soir ;
De la tombe au berceau charmons le court passage ;
Un moment de bonheur vaut un siècle d'espoir.

Pour chanter, pour aimer, pourquoi toujours attendr
Jamais a-t-on vécu deux fois un même jour ?
Et le flot du passé jamais sut-il nous rendre
Un seul de nos momens emportés sans retour ?

Un songe d'avenir trouble la jouissance ;
Ah ! laissons un bandeau pour parure au destin :
Que le malheureux seul existe d'espérance,
S'endorme sur sa chaîne, et se dise : A demain.

      (Septembre 1827.)

RÊVERIE.

RÊVERIE.

> Une heure vaut un siècle alors qu'elle est passée.
> ELISA MERCŒUR.

Qu'importe qu'en un jour on dépense une vie,
Si l'on doit en aimant épuiser tout son cœur,
Et doucement penché sur la coupe remplie,
Si l'on doit y goûter le nectar du bonheur.

Est-il besoin toujours qu'on achève l'année?
Le souffle d'aujourd'hui flétrit la fleur d'hier;
Je ne veux pas de rose inodore et fanée;
C'est assez d'un printemps, je ne veux pas d'hiver.

Une heure vaut un siècle alors qu'elle est passée ;
Mais l'ombre n'est jamais une sœur du matin.
Je veux me reposer avant d'être lassée ;
Je ne veux qu'essayer quelques pas du chemin.

(Janvier 1828.)

LA GLOIRE.

LA GLOIRE.

> Aux yeux du monde aveugle inutile flambeau,
> La gloire de tout temps trouva l'ignominie.
> Comme un spectre caché sous un brillant manteau,
> L'or couvrit les tyrans, et quelque vieux lambeau
> Devint la pourpre du génie.
> Elisa Mercœur.

Du sommeil du passé le souvenir t'éveille,
Rome ! il te rajeunit de trente siècles morts.
Il dit au lendemain tes gloires de la veille,
Dont le Tibre conserve un reflet sur ses bords.

Etoile solitaire à l'immortelle flamme,
L'oubli n'ose opposer son voile à ta clarté;
Vénus des nations, toujours jeune pour l'âme,
C'est au miroir du cœur que se peint ta beauté.

Tes débris sont des pas laissés par ta puissance,
Ton deuil est ta parure aux yeux de l'univers;
Le génie inspiré comprend ton grand silence;
Les ombres de tes fils repeuplent tes déserts.

Géant tombé, qui dors sous le poids de ta gloire,
Le temps que dévora ton avide mémoire
A frappé sur ton front un sceau de majesté.
Qui pourrait comparer sa force à ta faiblesse?
Quel empire aujourd'hui pourrait à ta vieillesse
     Egaler sa virilité?

Ecoute!... Rien.... J'ai cru.... Sur ton muet théâtre
La mort depuis long-temps a tendu le rideau;
Et l'écho ne redit que les accens du pâtre
     Qui rappelle son lent troupeau.

Le palais est sans maître et l'autel sans idole.
Il ne résonne plus sous un char triomphal
Ce pavé qui jadis menait au Capitole,
Et qu'une herbe jalouse a su rendre inégal.
Comme tes murs sacrés s'écroula ta fortune :
Plus d'encens, de victoire et de triomphateur
Dans ces lieux où Sylla jeta de la tribune
     Sa couronne de dictateur.

De ta palme civique et de ton diadème,
Toi, qui t'embellissais dans ta grandeur suprême,

Aigle, si près des cieux dans ton vol arrêté,
Réponds, toi qui le sais, combien coûte la gloire?
    Combien s'achète un mot d'histoire?
Combien as-tu payé ton immortalité?...

Du sang de ses deux fils Brutus paya la sienne.
Le Volsque recueillit l'exilé Marcius.
Le Gaulois pesait l'or.... La roche Tarpéienne
    Fut la tombe de Manlius.

Mais déjà tu souillais la toge consulaire :
Ce n'était plus le temps de ta vertu sévère,
Où des Cincinnatus, fiers de leur pauvreté,
S'inclinaient, orgueilleux, sur la charrue antique,
Pour entr'ouvrir ton sol au laurier poétique,
    Au chêne de la liberté.

Ce n'était plus ce temps.... Sur l'africain rivage
    Déjà l'ombre de Régulus
S'étonne au bruit des pas du proscrit Marius
Demandant un asile aux débris de Carthage.

En mendiant le trône et donnant l'univers,
Jusqu'au dernier degré César monte.... il s'arrête,
Tombe, et de son manteau cache en mourant sa tête.
Aux cris des assassins répond un bruit de fers.
Le sort se fatiguait, et ton bouillant génie
    Désapprenait à triompher,

Lorsque la liberté touchait à l'agonie
    Quand s'entr'ouvraient pour l'étouffer
    Les serres de la tyrannie.

La rive d'Actium a son dernier regard :
    Un triomphe te rend esclave,
    Et sur la tombe de César
    S'élève le trône d'Octave.

Là, de Catinila le sublime rival,
Cicéron, du Forum ce maître sans égal,
Livrait les traits brûlans de sa mâle éloquence
    A l'enthousiaste silence
    Du soldat et du sénateur.
Bientôt dans ce lieu même, où ses lèvres de flamme
Avaient prêté naguère un asile à son âme,
Jusqu'aux pieds teints de sang d'un ingrat oppresseur
Sa tête vint bondir, et sa bouche muette,
    D'un cœur libre noble interprète,
Semblait encor s'ouvrir pour un accent vengeur.

Germanicus, chargé de couronnes de guerre,
Mourut pour expier sa victoire et son nom :
La gloire le suivit.... Dans les mains d'un Néron
    Passa le sceptre d'un Tibère.

Méprisant des héros la simple majesté,
Lorsque son froid regard tombe sur leur souffrance,

Dans sa tranquille obscurité,
L'égoïste raison insulte à leur démence.
Aux yeux du monde aveugle inutile flambeau,
La gloire de tout temps trouva l'ignominie.
Comme un spectre caché sous un brillant manteau,
L'or couvrit les tyrans, et quelque vieux lambeau
    Devint la pourpre du génie.

    Rome! tes enfans outragés
Déposaient, en bravant une vulgaire injure,
    Cette chaîne des préjugés,
Dont chacun des anneaux laisse une meurtrissure.

Et, jaloux de souffrir leurs sublimes tourmens,
Plus grands sous le fardeau de leur noble misère,
Contre cet avenir qu'ils léguaient à leur mère
Tes fils d'un jour d'orage échangeaient les momens.
Tes pleurs, versés pour eux, te rendirent plus belle :
Qu'à leur pur souvenir ton regret soit fidèle!
Comme ton Panthéon, temple de tous les dieux,
Le cœur a son autel pour chacune des ombres
    Dormant au sein de tes décombres,
    Dans leur cercueil silencieux.

Et toi qui, réchauffant au foyer de la gloire
Tes membres engourdis par le froid de tes fers,
Vas, dans la liberté, vengeant tes maux soufferts,
De son fatal exil rappeler la victoire,

N'as-tu pas vu (jadis si long-temps infécond),
    Plein des flots d'une sève amère,
    Un rameau du cyprès d'Homère
Mêler son noir feuillage au laurier de Byron?

Homère!... il apparut presque au matin du monde :
L'univers s'enferma dans son âme profonde.
En livrant son esquif aux tempêtes du sort,
Du culte poétique, hélas! prêtre et victime,
Lui seul se comprenait dans sa douleur sublime,
    Et pour vivre attendait la mort.

Mendiant, fugitif, sous les cieux d'Ionie
Tu prodiguas l'outrage à son malheur sacré.
L'infortune ici-bas est la sœur du génie :
Sa main de plomb s'étend sur un front inspiré.
Mais elle pèse en vain sur sa tête indigente :
Il chante, souffre, meurt, et son ombre géante
Reçoit de l'avenir des siècles pour instans.
Le passé dans son gouffre abîme en vain les âges :
Sur une mer de gloire, aux ondes sans rivages,
Homère est là, debout, en monarque du temps.

De sa grande raison laissant briller la flamme,
Socrate sur tes dieux lève les yeux de l'âme ;
Et lui seul ose voir la suprême clarté.
Bientôt, calme à leur bruit quand se heurtent ses chaînes,

Quand le poison bouillonne et dévore ses veines,
Il meurt, en méditant son immortalité.

A ce qui vient des cieux l'ignorance et l'envie
    Ont-elles jamais pardonné?
Le Tasse et Camoëns n'ont-ils pas bu la vie
    Comme un nectar empoisonné?
Ce monde, qui semblait rougir de les comprendre,
A pourtant eu des pleurs pour en mouiller leur cendre;
Mais c'est sur leur tombeau que l'on s'est prosterné.

    Toi qui, vers de jeunes rivages
Guidant de l'Espagnol les incertains vaisseaux,
Des astres du midi sur de nouvelles plages
    As vu briller les feux nouveaux,
Colomb, de pas hardis tu sus empreindre l'onde :
Cette esclave, à ta voix, sous toi s'incline encor,
Et la coupable Espagne, en recevant un monde,
    Te donne un cachot pour trésor.

Galilée arrachait son vieux sceptre à la terre;
    Son front pâle et sexagénaire
S'est incliné, captif, sous un joug imposteur.
L'infortuné, qu'atteint un arrêt despotique,
S'accuse en frémissant de démence et d'erreur;
Et rendant le vulgaire à sa nuit fanatique,
Echappe au fer des lois, au glaive inquisiteur.

Oui ! partout où la gloire a placé son idole,
Où la voix du passé redit quelque grand nom,
Soit sous les murs sacrés du divin Capitole,
    Dans l'enceinte du Parthénon,
Dans les temples chrétiens, au culte solitaire,
Partout les fers, l'exil, l'outrage et la misère....
    Mais l'heure vient : des maux du sort
Celui qu'on insultait, vengé par sa mémoire,
En esclave affranchi se revêt de sa gloire
    Dans la liberté de la mort !

(Août 1828.)

J'ai lu avec beaucoup d'intérêt, Mademoiselle, l'ouvrage que vous avez bien voulu me faire remettre et je vous adresse à la fois mes remerciements et mes compliments bien sincères. La gloire que vous avez si noblement chantée est trop souvent ingrate ; mais vous êtes arrangée de manière à en jouir longtemps et vous devez espérer de désarmer l'envie, parceque votre jeunesse obtiendra grâce pour votre talent.

Je ne puis faire avec vous un échange de beaux vers, mais je vous envoie la collection des musée français par Filhol et je vous prie de l'accepter comme un témoignage de l'intérêt bienveillant que j'y prends à vos succès.

Recevez, Mademoiselle, l'hommage de mon respectueux dévouement.

Le Ministre de l'Intérieur

août 1828.
Mlle Elisa Mercœur à Nantes

CHILDE-HAROLD.

IMITATION DE LORD BYRON.

CHILDE-HAROLD.

IMITATION DE LORD BYRON.

> . . . . qu'importe que ma tombe
> Soit près ou loin de mon berceau !
> Elisa Mercœur.

Bondis, ô mon vaisseau, noble coursier des mers !
Le natal horizon dans le lointain s'efface ;
Je n'ai plus, voyageur des mobiles déserts,
Que l'Océan et toi, ma pensée et l'espace :
Bondis, ô mon vaisseau, noble coursier des mers !

Seul écho de ma voix, que le vent me réponde !
Harold avait besoin de ton immensité,
Océan ! mon regard, dans l'orgueil de ton onde,
    Trouve un reflet de liberté.

Honte à cet insensé qui dans l'exil succombe ;
Honte à qui n'a jamais respiré d'air nouveau ;
Je m'éloigne joyeux, qu'importe que ma tombe
    Soit près ou loin de mon berceau !

N'attends pas, sol natal, qu'un regret me dévore ;
Sans pleurs je pars, lassé de tout ce que j'aimais.
De mon hymen d'adieu je te salue encore,
    Soit pour un temps.... soit pour jamais.

Mon cœur ne battra pas de tristesse ou d'alarme ;
Que lui fait du passé l'importun souvenir ?
Quand je ne laisse, hélas ! rien qui vaille une larme,
    Ou qui soit digne d'un soupir.

Pourtant j'ouvris les yeux où l'homme est fier de naître,
Où de la liberté s'élève encor l'autel :
Seule, après moi, mon âme y reviendra peut-être,
    Si l'âme redescend du ciel.

Mais le vent tour à tour obéit et menace ;
Bondis, ô mon vaisseau, noble coursier des mers !
Le natal horizon dans le lointain s'efface ;
Je n'ai plus, voyageur des mobiles déserts,
Que l'Océan et toi, ma pensée et l'espace :
Bondis, ô mon vaisseau, noble coursier des mers !

    (Octobre 1828.)

LA
FRANCE LITTÉRAIRE.

A

M. LE VICOMTE DE MARTIGNAC.

LA
FRANCE LITTÉRAIRE.

A

M. LE VICOMTE DE MARTIGNAC.

> Aussi grands qu'autrefois vous sortez du tombeau,
> Racine, Bossuet, mânes des deux Corneille;
> Et vous, ombres des deux Rousseau!
> ELISA MERCŒUR.

La gloire, que nous croyions morte,
Dormait; elle s'éveille, elle reprend ses droits :
Au combat des partis le vieil honneur l'emporte;
France! ta liberté devient la sœur des lois.
Naguère, en roi captif pleurant son diadème,
Sur des débris d'autel le génie incliné,
Cachait, tombé du trône et frappé d'anathème,
Sous un manteau d'esclave un front découronné.

Un siècle allait mourir : pendant son agonie,
    Contre un sceptre jouant ton sort,
O France! tu n'aimais que la sombre harmonie
Du signal du carnage et des cris de la mort.
    Le cœur froid, le regard sans larmes,
Et pour les étouffer embrassant tes enfans,
Tu n'étais attentive, hélas! qu'au choc des armes,
Ou qu'au bruit répété du tonnerre des camps.

Et nous n'osions alors penser avec notre âme,
Attendant à genoux le trépas ou l'exil :
Les insensés!... l'Etna, lorsqu'il a trop de flamme,
    Dans ses flancs la renferme-t-il?

    Ah! pendant ces jours de démence,
On te vit trop long-temps, ivre de ta puissance,
Sur tes fils qui tombaient rouler un char vainqueur.
Alors qu'ils t'appelaient de leur voix inutile,
Les grands hymnes d'Homère ou les chants de Virgile
Pouvaient-ils sous le bronze aller chercher ton cœur?

    On n'avait pas comblé la tombe;
Elle reçut Chénier, cygne aux divins adieux :
Déjà sur l'échafaud il chante, le fer tombe,
    Et son hymne s'achève aux cieux.

    De ces jours effacez l'histoire;
    Pour eux soyons tous sans mémoire.

L'ombre de leur passé noircirait l'avenir.
Vous dont la noble cendre essuya tant d'outrages,
    Poètes français, rois des âges,
Il reste des autels pour votre souvenir !
Votre culte renaît.... sans trembler ou rougir
Nous pouvons regarder vos sublimes images.

Non, tu n'es pas éteint, poétique flambeau ;
Et qu'importe aujourd'hui ces crimes de la veille !
Aussi grands qu'autrefois vous sortez du tombeau,
Racine, Bossuet, mânes des deux Corneille ;
    Et vous, ombres des deux Rousseau !

Le vieux laurier du Cid, la palme d'Athalie,
L'arbre dont le Thabor crut la sève tarie,
    Comme autrefois beaux et féconds,
Vont, sous un ciel plus clair, de sacrés rejetons
    Orner leur tige rajeunie.

Oui, ma patrie enfin devine sa grandeur ;
Plus belle, sans fléchir sous son fardeau de gloire ;
Elle sait qu'il existe une calme victoire
Qui donne pour butin les siècles au vainqueur.

    Long-temps muette, l'Eloquence,
    Dans sa force et sa liberté,
Entre ses bras d'Hercule étouffe l'ignorance,
Et brise sous ses pieds le joug qu'elle a porté.

L'histoire l'écoute, attentive ;
Et de la vérité volontaire captive,
Ose à son tribunal convoquer tous les temps,
Quand la religion, qui refuse l'encens
    De l'impie ou du fanatique,
Comme un débris divin de sa splendeur antique,
Des concerts de Sion a retrouvé les chants.

    Noble reine de l'Italie,
Rome, jadis d'Athène eut un legs de génie ;
Rome est morte. La France en hérite à son tour ;
Seule à ce legs magique elle a droit de prétendre....
Le feu s'échappe encor de sa tombe de cendre....
    La nuit cesse ; voilà son jour.

Quand le siècle nouveau défie, à force égale,
    Les siècles de l'antiquité,
Son horizon s'épure, et sa couronne exhale
    Un parfum d'immortalité.

ENVOI.

Que la France sur vous reporte ses hommages ;
Vous qui, pilote habile, en découvrant le port,
Sur une mer jadis si féconde en naufrages,
    Conduisez vers de doux rivages
    Le vaisseau qui porte son sort.

Ils reviennent, les arts; votre voix les appelle ;
Pour de plus beaux succès au combat préparé,
Aux vertus, à l'honneur, votre étendard fidèle
    Guide leur bataillon sacré.
De ces nobles bannis, vous qui, brisant la chaine,
    A ces dieux rendez leurs autels,
Puisse un nouveau Virgile, à vous, nouveau Mécène,
    Consacrer des chants éternels !

(Novembre 1828.)

LE
DOME DES INVALIDES.

LE
DOME DES INVALIDES.

> Apparaissant en roi sur cette noble scène,
> Le passé se revêt d'un brillant souvenir;
> Ces vieux guerriers semblent grandir
> Au pied du tombeau de Turenne.
> ÉLISA MERCŒUR.

Oui, j'aime à voir encor ces restes de nos braves.
Que nos regards moqueurs ne les insultent pas,
Si leurs corps mutilés du repos sont esclaves;
    Vainement ces nobles soldats
Des glaives ennemis ont subi les injures;
Sous un voile de gloire ils cachent leurs blessures,
Et rêvent de triomphe au nom des vieux combats.

Leurs cœurs se sont légué ta mémoire chérie,
Toi qui, parant ton front d'un bandeau de laurier,
Envers eux, de sa dette acquittant la patrie,
Dota le sol français d'un Panthéon guerrier.

Long-temps, couverts encor du vêtement de guerre,
Mendiant, on les vit à tes prédécesseurs
Tendre ce qui restait des bras libérateurs
    Qui les avaient sauvés naguère,
Et l'œil avec effroi regardait nos vainqueurs
    Sous les lambeaux de la misère.

Mais tu te ressouviens que, répandu pour toi,
Leur sang avait jadis bouillonné de courage,
Et, t'honorant toi-même en leur rendant hommage,
Tu compris ici-bas la mission d'un Roi,
    Cette page de ton histoire
En vain la main du Temps la voudrait effacer,
    En vain il voudrait abaisser
Ce dôme aussi grand que ta gloire.

Ah! du sol des aïeux immortel ornement,
Il rappelle à tes fils tes victoires rivales ;
    Et de tes pompes triomphales
    Voilà le plus beau monument.

    En attendant leurs funérailles,
    Trop faible prix pour tant d'exploits,

La France leur devait, au sortir des batailles,
Cet asile où l'honneur a consacré leurs droits.

Apparaissant en roi sur cette noble scène,
Le passé se revêt d'un brillant souvenir;
    Ces vieux guerriers semblent grandir
    Au pied du Tombeau de Turenne.

Non, l'honneur ne meurt pas dans ces cœurs généreux
Qui battent de regret du sommeil de leurs armes
Quand l'écho des combats leur porte un cri d'alarmes,
    Quand leurs fils expirent sans eux.
Ici, nous ne pouvons oublier leurs services,
Ils peuvent dans ces lieux défier tout affront;
    Regardez : qu'il est beau leur front
    Sous un bandeau de cicatrices !

Jadis, témoins sacrés qu'entendaient nos regards,
Pour revêtir ces murs de couleurs étrangères,
Les drapeaux ennemis avaient suivi nos pères
    En captifs de nos étendards.

Où sont-ils donc?... Les flots ont englouti leur cendre.
Pouvions-nous dans leur perte hésiter sur le choix,
    Lorsqu'à leurs maîtres d'autrefois
    Le sort menaçait de les rendre?

Le feu les dévora comme un vainqueur jaloux,
Montrant qu'en France aussi peut dormir la victoire
  Mais qu'au moins l'ennemi sur nous
  Ne reconquiert jamais sa gloire.

(Décembre 1828.)

FIN DE LA TROISIÈME ÉDITION.

POÉSIES INÉDITES.

LES 5 ET 6 JUIN 1832.

A SA MAJESTÉ

LOUIS-PHILIPPE Ier, ROI DES FRANÇAIS.

> De ces jours effacez l'histoire :
> Pour eux soyons tous sans mémoire,
> L'ombre de leur passé noircirait l'avenir.
> . . . .
> Un seul mot quelquefois rend l'avenir esclave,
> Mais un mot sublime et brûlant...
> ELISA MERCŒUR.

Non, tu n'es pas la Liberté ;
Toi qu'enfanta la haine et que l'opprobre adore,
De nos Républicains, toi sombre Déité.
Ce bonnet phrygien dont leur main te décore,
Cet emblème imposteur de ta divinité
Pare en vain de ton front la hideuse beauté ;

Toi, qui viens sous son nom pour nous tromper encore,
    Non, tu n'es pas la Liberté !

    Non, tu ne fus pas la déesse
Qui vit naître son culte au bord de l'Eurotas,
Celle pour qui sont morts, aux beaux jours de la Grèce,
    Thémistocle et Léonidas.
    Plus tard, tu ne fus pas l'Idole
Qu'invoquait dans sa gloire, aux pieds du Capitole,
L'éternelle cité des fils de Romulus.
Non, tu n'es pas la vierge austère, et noble et belle,
Dont l'amour fécondant leurs stoïques vertus
    Brûlait d'une flamme immortelle
Le cœur de Paul-Emile et du premier Brutus !

Synonyme du crime, anarchie ou licence,
    C'est en vain que, dans leur démence,
    Tes coupables adorateurs,
Des droits les plus sacrés ardens profanateurs,
    Osent proclamer ta puissance.
Toi, qui d'un Robespierre inspiras les forfaits,
Divinité du sang, ton culte fanatique
N'a plus droit de cité sous le doux ciel français.
Arrière, loin de nous sois bannie à jamais,
    Liberticide République !

Et vous, de la Patrie enfans dégénérés,
Vous, contre la raison et les lois conjurés,

Quoi ! c'est en invoquant les noms les plus sublimes,
Les noms de Liberté, de Patrie et d'Honneur,
Mots divins, mots puissans, compris de tout grand cœur,
C'est au nom des vertus que vous courez aux crimes !
Arrêtez, arrêtez, fougueux Républicains !
Qu'ils tombent ces poignards qui brillent dans vos mains !
Arrêtez, arrêtez ! il en est temps encore !
  Comprimez ce brûlant accès
  De la fièvre qui vous dévore ;
Frémissez de passer de l'erreur aux forfaits,
Malheureux !... Mais en vain la raison vous éclaire.
Eh bien ! déshonorés, vaincus ou triomphans,
Donnez-le, le signal de cette horrible guerre,
  Et sur le sein de votre mère,
Courez vous égorger, parricides enfans !

  O douleur ! la lutte s'engage,
Le défi du combat dans les rangs est porté.
Généreux champions du pouvoir insulté,
  Accourez venger son outrage.
Aux armes, citoyens ! aux armes, Liberté !
  Défends-toi ! relève le gage
  Que la licence t'a jeté.

  Aux armes ! sauvez la Patrie,
Vous, citoyens-soldats, vous, soldats-citoyens !
  Unissez-vous, nobles soutiens

De sa cause sainte et chérie !
De l'honneur et des lois, ô vous les défenseurs,
Venez ! combattez-les ces futurs sénateurs,
Prêchant l'égalité, mais dont chacun espère,
Dans ce sang plébéien que répand leur fureur,
    Tremper sa toge consulaire
    Ou son manteau de dictateur.

    Mais du pays le chef suprême
    Ignore-t-il votre danger ?
    Ou, dégénéré de soi-même,
    Loin d'accourir le partager,
De son poste royal chassé par la tempête,
En se découronnant aurait-il mis sa tête
    Sous l'abri d'un ciel étranger ?
Fuir ! ah ! par ce soupçon gardez-vous d'outrager
    Sa patriotique vaillance !
Fuir?... quand on meurt pour lui !... Regardez qui s'a
Le reconnaissez-vous ? c'est lui !... *Voici le Roi* (1) !
Le Roi, plus digne encor de régner sur la France.
Et ceux qui l'accusaient d'avoir trahi sa foi,
Confrontés avec lui, trop aisés à confondre,
Accusateurs vaincus, n'osent voir sans effroi
    L'accusé qui vient leur répondre.

(1) Mots du Roi prononcés au moment où l'on criait à b:
tête du Roi !

Français, ouvrez vos rangs au monarque-soldat,
Citoyen comme vous, pour défendre l'État ;
    C'est la liberté qui l'amène.
De votre fier courage entourez sa valeur ;
    Réunissez-vous à la peine,
    Pour vous retrouver à l'honneur.

C'en est fait, la raison a vaincu la démence ;
    Le courage de la vertu
A vu, désabusé de sa noire espérance,
Le courage du crime à ses pieds abattu.
Vous qui la remportez, d'une telle victoire
Si l'envie ose encor vous dénier la gloire,
    Rappelez-vous ces *insulteurs* (1)
Qui, dans Rome suivant la marche des vainqueurs,
Mêlaient des cris d'injure à la publique joie,
Et, pour les arrêter, se plaçaient sur la voie
    Où passaient les triomphateurs.

    Vous qui, d'une main parricide,
Aiguisiez de Sylla le stylet homicide,
Pour graver de nouveau les tables de nos lois,
Et du vote de tous vous croyant sûrs d'avance,
Prétendant au pouvoir, vouliez remettre aux voix

(1) Elisa n'a trouvé que le mot *insulteur* qui pût rendre sa pensée.

Le droit de gouverner la France ,
Répondez maintenant, vos vœux sont secondés ;
Les partis ont voté sur le champ du carnage ;
Dépouillez les scrutins, comptez chaque suffrage ,
La France marchait-elle avec vous, répondez?

Et vous qui, déplorant l'erreur de leur courage,
De ces Républicains condamnez les fureurs ;
 Vous du moins, purs adorateurs
De la Divinité qu'insulte leur hommage ,
Croyez-le, quelque espoir qui charme vos esprits ,
Vous attendez en vain son retour dans cet âge.
Ne vous fatiguez pas à chercher les débris
De ses autels brisés, de ses temples détruits.

Aux jours où c'était elle, et non plus la licence
Dont le culte sacré s'étendit sur la France ;
Alors, sans doute alors, comme au temps des Romains,
 Le titre de Républicains
A des héros français honoré la vaillance.
En suivant ses drapeaux, alors nos fiers guerriers
Trouvaient les champs féconds en civiques lauriers.
 Au passage d'un peuple libre
Dans trois mondes frayant mille chemins divers,
D'un bruit de gloire alors éveillant l'univers,
Ils ont courbé les flots de la Meuse et du Tibre ,
Puis du Nil, du Jourdain, vieux fleuves des déserts !

Eh bien ! ces défenseurs de la cause commune,
Qu'un triomphe nouveau couronnait chaque jour,
Ces stoïques humains, éprouvés tour à tour
    Par le malheur et la fortune,
    Ces généreux Républicains,
Dont l'exemple vivant vous séduit, vous attire,
    Se sont inclinés sous l'Empire.
Ah ! si de tels guerriers, si ces Français-Romains,
Ont pu laisser tomber les faisceaux de leurs mains,
    Jeunes gens, c'est qu'il faut se dire :
Que, quelque bras puissant qui conduise son char,
Si jamais dans nos murs revient la République,
Pour la frapper encor de son fer despotique,
Des rangs de nos Brutus doit surgir un César !

Et toi, Monarque élu par le vœu populaire,
Toi, de nos libertés royal dépositaire,
    Ah ! qu'importe dans leur fureur,
    Dans leur fanatique délire,
Si de vils factieux, qu'un Dieu de haine inspire,
Prophètes insensés, du nom d'usurpateur
Osent jeter sur toi l'anathème imposteur !
Au banc des souverains ta place est légitime.
Tu n'as pas dit, vainqueur par la force ou le crime,
A la France, contrainte à ployer devant toi :
Sois mon peuple, je viens t'imposer ma puissance.
Mais lui-même, t'offrant sa libre obéissance,
    Ton peuple t'a dit : Sois mon Roi !

Et tu l'es, et tu veux la France noble et belle,
Appuyant ton pouvoir sur les lois et l'honneur,
Protecteur de ses droits, fier et jaloux pour elle
    De sa force et de sa grandeur.
Tu rougirais de voir la nation captive,
Dans cette obéissance et muette et passive,
D'un cœur qui n'a plus rien pour sentir un affront,
En rivant à ses bras la chaîne féodale,
Se courber devant toi comme une humble vassale,
    Et placer tes pieds sur son front.
Non, tu n'as point rêvé ce gothique esclavage ;
Tu veux la liberté, mais la liberté sage.
Ah ! poursuis, accomplis ta haute mission !
Le succès appartient au zèle qui t'anime.
    Séparés de la nation,
Des partis opposés que rassemble le crime,
    En vain la coupable union
Voudrait tenter encor d'ébranler ta puissance :
    Garant d'une immortelle foi,
Rien ne peut déchirer le pacte d'alliance
Formé par la raison entre ton peuple et toi.

ELISA MERCOEUR.

Mlle ÉLISA MERCOEUR

A SA MAJESTÉ

AMÉLIE, REINE DES FRANÇAIS.

> Heureux à qui le Temps amène
> Un moment à passer près de leur Souveraine !
> . . . .
> Esclave du malheur, est ce à moi, pauvre Muse,
> De franchir le seuil des palais ?
> . . . .
> Et, pour moi, du matin sois la douce rosée
> Qui baigne en l'entr'ouvrant une timide fleur.
> ELISA MERCOEUR.

Toi qui sais joindre au rang suprême
Une touchante majesté,
Reine dont la vertu, dont l'auguste bonté,
Fleuronnent de bienfaits le royal diadème,

Bientôt honorés en ce jour
De la faveur de ta présence,
Les interprètes de la France
Vont t'offrir de ton peuple et les vœux et l'amour.
Heureux à qui le Temps amène
Un moment à passer près de leur Souveraine !
Noble instant !.... Si le sort me l'apportait jamais...
Qu'ai-je dit ! non ! silence à l'espoir qui m'abuse !...
Quels que soient mes désirs, quels que soient mes regrets,
Esclave du malheur, est-ce à moi, pauvre Muse,
De franchir le seuil des palais ?

Mais si je dois rester de tes regards absente,
J'éprouve le besoin de te parler de moi,
Et mon âme confie à ma plume tremblante
L'expression des vœux qu'elle forme pour toi.
En faveur d'un tel jour pardonnant ce message,
Puisses-tu d'un poète accueillir l'humble hommage,
Excuser son audace et daigner excuser
Ce souhait que pour moi j'ose enfin t'adresser.

Toi qu'on dirait un ange exilé sur la terre ;
Toi dont le ciel lui-même a su rendre le cœur
Des plus douces vertus l'auguste sanctuaire,
Ah ! lorsque, par l'effet d'un prestige enchanteur,
Aux yeux de l'orphelin tu parais une mère,
A ceux du malheureux tu sembles une sœur !
Daigne, daigne à ma vie accorder un sourire ;

Mon aurore est, hélas! plus sombre que le soir;
Fleur que bat l'ouragan j'ai besoin d'un zéphyre,
    J'ai besoin d'un rayon d'espoir.
Ah! sois le souffle heureux que j'attends pour éclorre;
    Ce bonheur qui me fuit encore
Viendrait s'il entendait un accent de ta voix;
Un seul de tes regards tombant sur ma misère
Embellirait soudain mon chemin solitaire,
De ma lourde existence allégerait le poids.
Ah! ranime en mon sein l'espérance épuisée,
Fais entendre à mon âme un mot consolateur;
Et, pour moi, du matin sois la douce rosée
Qui baigne en l'entr'ouvrant une timide fleur.

    (1er Janvier 1834.)

Mlle ÉLISA MERCŒUR

A MADAME LA PRINCESSE BAGRATION.

> Daignez être pour moi la salutaire étoile
> Dont la clarté me guide et me conduise au port.
>
> Elisa Mercœur.

Madame,

Aux arrêts du destin s'il est permis de croire,
Ce que votre présence a fait naître en mon cœur,
Est un pressentiment qui m'annonce ma gloire
    Et me présage mon bonheur.

M. Casimir Broussais m'a confirmée dans cette pensée, princesse, en m'apprenant que vous vous occupiez à organiser la soirée dans laquelle vous désirez que je fasse une lecture de ma tragédie. Vous lui avez montré, m'a-t-il dit, la liste des personnes que vous avez l'intention d'inviter, et il y a vu en tête des noms des ministres et de ceux des ambassadeurs, le nom de son altesse monseigneur le duc d'Orléans.

Si quelque chose peut donner l'assurance d'un succès, cette lecture doit certainement être le garant du mien. Persuadée comme je le suis de l'influence qu'elle peut exercer sur le sort de ma pièce, j'attendrai, avant de la soumettre à l'arrêt sans appel de ses juges en dernier ressort, qu'elle soit revêtue de ce brevet de gloire pour la déposer au parquet du tribunal dramatique.

Il y a si long-temps que je souffre, qu'il me semble que le jour du bonheur s'approche pour moi; ah! puissiez-vous, princesse, en faire briller les premiers rayons sur ma vie. Hélas !

Jeune encor par le temps, vieille par la douleur,
En doublant chaque instant de ma sombre existence,
    Pour y placer plus de souffrance
    Chaque jour élargit mon cœur.

A MADAME LA PRINCESSE BAGRATION. 213

Encore, si mes maux, si mes chagrins n'étaient qu'à moi seule, j'aurais peut-être du courage pour les supporter; mais leur poids m'accable quand je pense qu'il pèse aussi sur ma pauvre mère : on manque plutôt de force pour la souffrance des autres que pour la sienne, et je souffre des tourmens de ma mère comme elle souffre de ceux de sa fille !... Du moins, si je pouvais travailler ! Mais comment retrouver une pensée poétique au milieu de tant de pensées douloureuses, de tant d'inquiétudes d'avenir? Comment soulever le poids affaissant de mon sort pour respirer en liberté l'air de l'inspiration ? Non, le temps passe, mon travail pourrait me sauver ainsi que ma mère !... Et le spectre du lendemain, fantôme aux mille formes bizarres, mais toutes effrayantes, est là, devant moi, toujours là ! comme l'implacable geolier de ma pensée prisonnière... Rien encore ! rien !... et cependant...

Tel dans ces tristes jours, honte de notre histoire,
Ces jours où comme un crime on punissait la gloire,
Chénier, lorsqu'à son tour le bourreau l'appela,
Dit, frappant d'une main convulsive et brûlante
Le front qu'il présentait à la hache sanglante :
 J'ai pourtant quelque chose là !

Oui, malgré cette accablante oisiveté, malgré ce silence qui me tue, moi aussi j'ai pourtant quelque chose au cœur et au front.

Oui, ce souffle brûlant, ce souffle inspirateur
Qui, du feu qu'elle enferme agrandissant la flamme,
    Ainsi qu'un rayon créateur,
Semble échappé du ciel pour féconder une âme,
Combien de fois en vain je l'ai senti passer !
Et j'ai dit au malheur : Laisse-moi donc penser !
Inutile prière ! A mes cris insensible,
En épuisant ma force à de nouveaux combats ;
Sourde comme la mort, et comme elle inflexible,
L'infortune me frappe et ne m'écoute pas !

Si, fatiguée des coups que la cruelle m'assène sans relâche, elle pouvait un instant laisser reposer son bras, j'en profiterais, princesse, pour adresser quelques vers au prince royal qui, comme vous le pensez, pourraient peut-être disposer Son Altesse à m'accorder le secours de son auguste présence pour la lecture que je dois faire de ma tragédie. Puisse le cachet que mon cœur y posera ne pas être brisé avec dédain par la main puissante dont j'implorerai l'appui !

    Quand votre influence propice
Combattant mon destin peut vaincre ma rigueur,

Daignez, de mes projets devenant la complice,
Avec moi conspirer ma gloire et mon bonheur !
    Et lorsque je livre ma voile
    Au vent capricieux du sort,
Daignez être pour moi la salutaire étoile
Dont la clarté me guide et me conduise au port.

Mlle ÉLISA MERCOEUR

A SON ALTESSE ROYALE

MONSEIGNEUR LE DUC D'ORLÉANS (1).

> Un coup d'œil de Louis enfantait des Corneilles.

Qu'il est dans l'avenir de secrets qu'on ignore !
Que de fois un instant changea seul un destin !
Que d'êtres, éclairés par un éclat soudain,
   Sont inconnus la veille encore,
   Sont illustres le lendemain !

(1) Elisa présenta elle-même ses vers à monseigneur le duc d'Orléans, et eut tout lieu, par la manière dont il les accueillit, de s'applaudir de la démarche qu'on lui avait conseillé de faire.

Peut-être... si l'espoir où mon cœur s'abandonne
N'est point un fol orgueil, un vain pressentiment,
Elle est prête à finir la nuit qui m'environne.
Oui, le temps peut aussi m'apporter ce moment,
Dont le pouvoir domine une existence entière,
Si, daignant, ô mon prince, accueillir ma prière,

Je ne vis jamais politesse plus respectueuse que celle du prince; courbé jusqu'au niveau du front de la jeune fille qui lui parlait, il resta dans cette posture tout le temps qu'elle mit à lui exposer l'objet de sa demande, qui consistait, comme on l'a vu par ce qui précède, à obtenir qu'il voulût bien assister à la lecture qu'elle devait faire de sa tragédie chez la princesse Bagration, ce qu'il lui promit avec une grâce parfaite. Trop heureux, lui dit-il, s'il pouvait, par sa présence, contribuer au succès de sa pièce, ce dont Elisa ne doutait nullement, car elle pensait qu'en la lisant devant une telle autorité et devant les ministres et les ambassadeurs, que cette lecture ferait nécessairement beaucoup de bruit dans le monde, et que M. Taylor, qui penserait bien que tous les personnages que je viens de citer s'empresseraient d'assister à la représentation, ce qui attirerait la foule, ne s'opposerait plus à ce qu'elle fût représentée[*]. C'était cette pensée aussi qui avait porté la princesse Bagration à proposer cette lecture à Elisa. La pauvre enfant était si heureuse de l'idée que sa tragédie pourrait avoir du succès, qu'elle nageait, si je puis me servir de cette expression, au milieu d'un océan d'espérance de bonheur; elle voyait ses projets d'enfance près de se réaliser; sa tragédie allait me rendre riche, nous allions être heureuses; mais le temps ne tarda

[*] Il y avait dix mois, lors de l'époque dont je parle, qu'Elisa avait lu sa tragédie aux Français, et que M. Taylor, bien qu'elle eût été reçue à l'unanimité, comme on le verra par sa lecture, qui est après sa pièce, s'était opposé à sa représentation.

Vous devenez pour moi cet astre protecteur,
Dont l'éclat sur mes jours répandant la lumière,
Les dénonce à la fois à la gloire, au bonheur.

Peu de printemps unis ont composé mon âge ;
Et, prêtresse vouée au culte des neuf sœurs,
  Déjà mes mains de quelques fleurs
Sur leurs autels sacrés ont déposé l'hommage.
 Mais, de plus beaux succès, de plus nobles efforts,
  Le bienfait de votre présence
Imposerait la dette à ma reconnaissance.
Et fécondant ma lyre en plus brillans accords,
Française, j'oserais à la France chérie
  Consacrer mes hymnes nouveaux.
Heureuse du bonheur de chanter ma patrie,
Acceptez-moi pour barde, ô mon jeune héros!

Mon cœur battant d'espoir dans l'avenir s'élance.
S'il existe entre nous un intervalle immense,

pas à lui démontrer que le réveil des songes de bonheur que l'on poursuit n'est bien souvent qu'une triste réalité.

 La terreur que répandit dans tous les esprits l'arrivée subite du choléra, rendant toute réunion d'apparat impossible, fit échouer les projets de lecture, et anéantit, en un instant, l'espérance de succès dont se berçait ma pauvre enfant. Cette contrariété ne contribua pas peu, je le pense, à lui donner ce choléra, qui lui enlevait tant! J'en fus frappée à mon tour, cela devait être ; mon cœur étant la contre-épreuve de celui de ma fille ; mais je ne tombai malade que lorsqu'Elisa put à peu près se passer de mes soins.

Sur la route du monde où nous marquons nos pas ;
Si les décrets du Ciel séparent ici-bas
Votre brillant destin de mon humble fortune,
Notre culte du moins nous rapproche tous deux,
Tous deux nous adorons une idole commune :
Oui, la gloire reçoit vos souhaits et mes vœux,
Cette idole sublime, à tout grand cœur si chère ;
  Libres esclaves de ses lois,
  Dans son auguste sanctuaire
Les poètes souvent sont rencontrés des Rois.
Ah ! puissions-nous ainsi nous rencontrer parfois,
Apportant tous les deux à l'autel de la gloire ;
Comme une digne offrande et comme un pur encens,
  Vous, l'hommage d'une victoire,
  Et moi, celui de mes accens.

SOUHAITS A LA FRANCE.

Le Temps au Passé qui l'entraîne
Jette encore un anneau détaché de sa chaîne ;
Un An vient de mourir, un autre naît..... Salut
Au premier de ses pas sur la route des âges.
Dans ce jour consacré par l'oubli des outrages,
Où les cœurs de leurs vœux échangent le tribut,
Permets qu'obéissant au transport qui l'inspire,
 Une humble fille de la lyre,
D'une voix plus hardie, ose exprimer les siens,
Formés pour ton bonheur, ta gloire et ta puissance ;
 O mon Pays ! O noble France !
 Accepte mes vœux citoyens.

 Que l'oubli d'une ombre éternelle
Enveloppe ces jours de deuil et de forfaits
Ces jours où des partis la fatale querelle

Baigna ton sol de sang français
Versé par la main fraternelle.

Puissent-ils, résignés à la réalité,
Ces esprits turbulens dont l'ardente espérance
Au-delà du possible avec fureur s'élance,
    Mieux instruits par la vérité,
Cessant de demander au ciel qu'il réalise
    Leur chimère d'égalité,
    Comprendre que la liberté
Du Peuple et du Pouvoir consacrant la franchise,
Pour tracer leurs devoirs et protéger leurs droits,
Juste comme Thémis, et forte comme Hercule,
Le front calme et la main sur le livre des lois,
    Comme dans la chaise curule,
Peut s'asseoir sur le trône à la droite des Rois!

Dans un remords sublime, au pouvoir salutaire,
Qu'au joug de la raison se ployant désormais,
Tes enfans rougissant des coupables excès
    De leur parricide colère,
Eteignent le flambeau de leurs divisions,
Et s'embrassant unis sur le sein de leur mère,
Ecrasent sous leurs pieds l'hydre des factions.

    Quand tu réponds par la victoire
A ceux qui t'accusaient de faiblesse ou de peur,

Quand l'Escaut qu'affranchit ton bras libérateur
Voit l'orgueil du Batave incliné sous ta gloire,
Et ton front décoré d'un laurier protecteur;
Que des bords de l'Oder aux flots de la Tamise,
Cette leçon féconde apprenne à l'Etranger
Que tes fils, quel que soit l'esprit qui les divise,
  Si jamais il t'ose outrager,
Il n'en est pas un seul, lui rejetant l'offense,
  Qui dans la lice ne s'élance
  Pour te défendre et te venger.

(1*er* Janvier 1833.)

LA NEIGE.

CHANT III (1).

La neige à flots légers tombait amoncelée,
A l'heure où l'ombre apprend le court exil du jour;
Et, jetant son reflet dans la blanche vallée,
Le doux soleil du soir brillait au bleu séjour.

Quand, pressant éperdu ta pâle et froide amie,
Sur ses lèvres cherchant un reste de chaleur,
Ton délirant baiser croyait trouver sa vie....
Dis, mon pauvre Olivier, ce qu'éprouvait ton cœur ?

Sur sa bouche fermée il n'était plus d'haleine,
Son sein calme et glacé n'avait pas un soupir;
La brise s'étendait sur ses boucles d'ébène,
Sa vie était, hélas! un dernier souvenir.

Un moment égaré, tu la crus endormie;
Mais son cœur, que ta main interrogeait encor,

(1) Je n'ai pu retrouver les deux autres chants de ce petit poëme, intitulé *Isaure et Olivier*, poëme élégiaque.

Sans palpiter reçut la pression chérie ;
Ce silence, Olivier, te révéla sa mort.

Ton âme renferma ta muette souffrance,
Tu dévoras tes pleurs, et n'osas pas gémir ;
Pouvais-tu donc pleurer sur un moment d'absence,
Lorsque l'éternité devait vous réunir ?

Mais la neige tombait ; et, rapide et légère,
On eût dit qu'enviant l'adieu de tes regards,
Pour étendre sur elle un voile funéraire,
Jalouse, elle amassait ses nuages épars.

Ta main, en écartant cette neige ennemie,
Cherchait encore en vain un battement du cœur ;
Il ne s'agitait plus au sein de ton amie,
Et sur elle planait une douce lueur.

Pour la dernière fois ton regard immobile,
En silence, Olivier, long-temps la contempla ;
Et, te penchant vers elle, accablé mais tranquille,
Dans un calme baiser ton âme s'exhala.

Le jour parut aux cieux : un pieux solitaire
S'inclina près de vous avec sa blanche croix ;
Et le divin pardon, qu'implorait sa prière,
Sur vos restes glacés descendit à sa voix.

ELISA MERCOEUR.

(3 septembre 1825.)

A M. M.....X,

SUR LA MORT DE MON PÈRE.

Du sommeil de la mort tout près de s'endormir,
Ne voyant plus qu'à peine une lueur mourante,
Mon père retenait son âme délirante
    Par les liens du souvenir.

  Décoloré, le jour allait s'éteindre,
Son regard à ce jour adressait ses adieux;
    Et sans larmes, n'osant se plaindre,
    Il semblait découvrir les cieux.

  Son œil voilé retomba sur la terre;
Sa famille, en pleurant, le demandait encor;
  Son sein brûlait, et son âme légère
    Un moment retint son essor.

Son repos éternel, en succédant aux songes,
Déjà lui promettait un tranquille avenir ;
Sur l'aile du passé les frivoles mensonges
    Dans un instant allaient s'enfuir.

  Il s'approchait le déclin de sa vie ;
De ses jours un nuage éclipsa le flambeau ;
  Il s'échappa vers la haute patrie,
L'aurore à son retour ne vit que son tombeau.

O vous dont l'amitié, malgré la mort cruelle,
  Dans votre cœur a su le retenir,
Conservez-la pour moi, cette amitié fidèle ;
Elisa la demande au nom du souvenir !

Elisa Mercoeur.

Nantes, 31 décembre 1825.

A MLLE MARS,

JOUANT A SON PASSAGE A NANTES LE RÔLE DE VALÉRIE.

J'écoute : Valérie., ah ! parle, parle encore !
    Ta douce voix, cet organe du cœur,
Décèle, en modulant chaque son enchanteur,
    Une grâce qui vient d'éclore.
Comme un léger pinceau nuançant tour à tour
L'attente, la gaîté, la candeur, l'espérance,
Tes accens, ton souris, tes regards, ton silence,
Retracent la nature et nous peignent l'amour.
L'imagination au-dessous de tes charmes,
    Trop peu fidèle en t'esquissant,
Seule ne rendrait pas ton flexible talent
Et cette émotion qui fait couler nos larmes.
Emportant avec toi les regrets du plaisir,
    Reine de la scène embellie,

Pourquoi déjà t'éloigner et nous fuir ?
Long-temps encore, ah ! laisse-nous jouir
 De ta présence si chérie ;
 Et que plus tard le souvenir
Caresse les deux moms de *Mars* et *Valérie*.

ELISA MERCOEUR.

Nantes, le 14 juin 1826.

A Mlle DELPHINE GAY

(SURNOMMÉE LA MUSE DE LA PATRIE)

EN LUI ENVOYANT LE SONGE OU LES THERMOPYLES.

> Heureux qui peut comme elle, en cédant au génie,
> Dans sa noble inspiration,
> Faire jaillir le feu de son âme agrandie
> Par sa brûlante émotion !
> ELISA MERCŒUR.

Des souvenirs évoquant la magie,
Modulant des accords sur un luth enchanté :
   Une muse de la patrie,
Pour racheter des Grecs l'antique liberté,
Demandait un peu d'or au nom de l'Hellénie.
   Jusqu'à mon cœur sut parvenir

A MADEMOISELLE DELPHINE GAY.

  Chaque son de sa voix si chère,
Et je crus que tous ceux qu'attendrit sa prière
Peut-être écouteraient mon timide soupir.
Heureux qui peut comme elle, en cédant au génie,
  Dans sa noble inspiration,
Faire jaillir le feu de son âme agrandie
  Par sa brûlante émotion !
Trop jeune, je n'ai point senti de ce délire
  Les traits rapides et puissans :
  Je pensais... Ma naissante lyre
 Ne préluda qu'à de faibles accens.
  Mais si je puis me faire entendre
De celui qui chérit encor la liberté ;
  Si la pitié peut me comprendre,
  En vain je n'aurai pas chanté.

  Vous, des talens aimable amie,
Vous qu'ils ont su parer de leurs dons enchanteurs,
  Vous qui des belles d'Aonie,
  Reçûtes un bandeau de fleurs,
Sans vous, ah ! je le sens, l'espérance m'abuse,
Long-temps, hélas ! mon nom peut rester inconnu ;
Si vous le prononciez, redit par une muse,
  Il serait peut-être entendu.
Que votre voix, unie à celle de ma lyre,
Soit le touchant écho de mes timides chants ;
Et si l'on applaudit à mes jeunes accens,

Pour qu'ils semblent plus doux, alors puissiez-vous dire :
Seulement dix-sept fois elle a vu le printemps !

(Nantes, 19 octobre 1826.)

PAYSAGE.

> L'arbre se livre feuille à feuille
> A l'onde, frais miroir du temps.
> Hélas! au passé qui les cueille,
> Ainsi nous livrons nos instans.
> ELISA MERCŒUR.

De l'écho la voix inégale
Se tait, et le soleil du soir
Fait tomber, sur l'arbre plus pâle,
Un jour aussi doux que l'espoir.

Le lac, sur l'argent de son voile,
Réfléchit un rivage obscur ;
Comme un œil des cieux, chaque étoile
Jette son regard dans l'azur.

Au loin fuit une humble nacelle,
Image paisible du sort ;

Je me dis : Nous passons comme elle ;
Comme elle, trouvons-nous un port?

L'arbre se livre feuille à feuille
A l'onde, frais miroir du temps,
Hélas! au passé qui les cueille,
Ainsi nous livrons nos instans.

L'insecte à l'aile de phosphore,
Nocturne flambeau des buissons,
Brille ; et je dis, quand vient l'aurore,
Comme lui nous nous éclipsons.

Nuit du printemps, quand tout repose,
Par degré lorsque tout s'éteint,
Ta fraîcheur commence la rose
Qu'achève un souffle du matin.

Mais voici l'heure où la puissance,
Loin de moi rêve de palais ;
De pensers, d'ombre et de silence,
Je m'enivre, et m'entoure en paix.

Et l'âme à demi consolée
Des tourmens que j'ai pu souffrir ;
Dans le calme de la vallée,
J'ai de doux songes d'avenir.

Elisa Mercoeur.

(Octobre 1826.)

ANNIBAL A CAPOUE.

> Ah ! redeviens toi-même aux yeux de l'univers,
> . . . .
> Tremble que du mépris, t'apportant le poison,
> L'inflexible avenir ne flétrisse ton nom.
> Elisa Mercœur.

Qu'il repose ou qu'il veille appuyé sur ses armes,
Le soldat, attentif au moindre cri d'alarmes,
De son char le vainqueur est enfin descendu.
Inactif maintenant, son glaive est suspendu,
Et l'enfant bien-aimé, qu'adoptait la victoire,
Sur des débris de fleurs s'endort, lassé de gloire.

Ah ! redeviens toi-même aux yeux de l'univers ;
Ressaisis, s'il se peut, les heures que tu perds ;
Dans un instant, hélas ! le sommeil du courage
A pâli tes lauriers, noble fils de Carthage !

Tremble que du mépris, t'apportant le poison,
L'inflexible avenir ne flétrisse ton nom,
Et n'accuse à jamais de ton calme stérile
Le héros de Trébie, et le vainqueur d'Emile.
De gloire impatient, quand chacun de tes pas
Laissait ineffaçable une empreinte ici-bas,
Tu voulais, tu marchais, et la tremblante Rome
Attendait ses destins des ordres d'un seul homme.
Mais ton bras fatigué déposa son drapeau,
Ta main qui l'entr'ouvrait referma le tombeau.
Ton pied victorieux se soulève, il s'arrête ;
Et, prêt à le toucher, tu redescends du faîte.

Mais, absent de lui-même, en son repos fatal,
Le héros n'était plus que l'ombre d'Annibal,
Ou qu'un feu pâle offrant, reste d'un incendie,
A peine aux yeux encore une flamme engourdie.
Hier, abandonnés au souffle des hasards,
Aujourd'hui loin des camps flottent ses étendards ;
Et dans les doux festins, que son exemple avoue,
Près de lui mollement les vierges de Capoue
Mêlent par intervalle aux soupirs de leurs voix
Quelques notes d'un luth qui s'émeut sous leurs doigts.

    Jeune fille au front qui s'incline,
    Lève tes yeux aux doux regards,
    La main tremblante d'Erycine
    Détache le casque de Mars.

Celui qui ne se plaît qu'au seul bruit de ses armes,
Et qui jamais ému contemple sans pitié
La beauté, son effroi, ses regrets, ou ses larmes,
Indigent de bonheur, n'existe qu'à moitié.

  Dans les festins lorsqu'il repose,
  Heureux le guerrier désarmé !
  Les Grâces de liens de rose
   Enchaînent ce foudre calmé.

Ah ! loin de déposer les palmes de Bellone,
Sur son front teint de sang à l'heure des combats,
L'homme doit enchanter le seul jour que lui donne
L'immuable destin qui le jette ici-bas.

  Nocher, la crainte du naufrage
  De ton âme doit se bannir ;
  Sur les flots qu'agitait l'orage,
   A peine voltige un zéphir.

Abandonnant son char à la course rapide,
Le héros aux dangers dérobe un front vainqueur ;
Essayant un souris, la beauté, moins timide,
Exile cet effroi qui fit battre son cœur.

  Jeune fille au front qui s'incline,
  Lève tes yeux aux doux regards,

La main tremblante d'Erycine
Détache le casque de Mars.

Et Mars les écoutait ces chants du déshonneur !...
. . . .
. . . .
. . . .

Ce fut en 1826 qu'Elisa commença *Annibal à Capoue ;* n
cette époque de la vie de ce grand homme qu'on lui avait conse
de traiter lui déplaisait, et elle n'acheva pas le morceau.

BOUTS RIMÉS [1].

Viens, c'est l'heure et j'attends ; ma légère *nacelle*
Jette au miroir du lac une image *fidèle ;*
Sur les flots, rafraîchis par les baisers du *soir,*
On respire un parfum aussi doux que *l'espoir.*
La feuille du rivage à peine se *balance ;*
Viens, avec tes soupirs, parler dans le *silence.*
As-tu peur d'être vue, alors que c'est la *nuit ?*
Viens, l'écho qui s'endort n'entend plus aucun *bruit ;*
Car tes accens d'amour, de joie, ou de *tristesse,*
Du zéphir et des fleurs semblent une *caresse.*

(1827.)

[1] Ces bouts rimés furent remplis à l'instant même. On lui avait également imposé à Elisa la première lettre de chaque vers.

BISSON.

La palme de martyr qu'emporte l'héroïsme
Est un diadème immortel.
                    ELISA MERCŒUR.

SALUT, enfant des mers, qui d'un parfum de gloire
Embaumes l'air natal et ton vaste cercueil ;
L'orgueilleuse patrie, en revêtant son deuil,
Revendique sa part dans ta noble mémoire.

    Tu l'avais juré ! libre ou mort.
Les fers sont là.... leur poids étouffe l'espérance.
Il s'ouvre l'océan ! son abîme est le port....
Un sublime naufrage est ta seule vengeance
    De l'infidélité du sort.

Si la gloire a son fanatisme,
La victime est un Dieu lorsqu'elle est sur l'autel :
La palme de martyr qu'emporte l'héroïsme
    Est un diadème immortel.

Fils du ciel, un seul jour adopté par la terre,
Laisse-la te blâmer cette raison vulgaire
Dont le regard craindrait de voir plus haut que soi.
L'oubli, ce fils du temps qui dévore son père,
En impuissant rival lutte en vain contre toi.

Qu'il lutte ! il cédera, quand vingt siècles de gloire
Auront, sans la vieillir, consacrant ta mémoire,
Fait un brillant passé de ce long avenir :
Au cœur de la patrie où vivra ton image,
    Toujours jeune, alors d'âge en âge
    Aura grandi ton souvenir.

Le marbre ne tient pas ton ombre prisonnière ;
Qu'importe ! avais-tu donc besoin que ta poussière
Portât d'un monument l'inutile fardeau ?
Ici, ton chant de mort ne s'est pas fait entendre :
Fières de toi, les mers avaient droit à ta cendre,
Et dans leurs flots jaloux te gardaient un tombeau.

Ah ! que ses flots sacrés te portent au rivage
Où régna la puissance, où gémit l'esclavage,

Où l'on appelle en vain la liberté qui dort.
Liberté ! pour son nom point d'écho sur ce bord.
Veuve de son pouvoir, reine découronnée,
L'Hellénie offre au joug une tête inclinée :
Qu'elle ose ! qu'elle tente un immortel effort,
  Que son noble front se soulève !

Pour trône, fallût-il une tombe au vainqueur;
Fallût-il tout son sang pour dérouiller son glaive;
Qu'il coule ! qu'il se mêle au sang de l'oppresseur,
Que son laurier flétri reverdisse et s'élève
  Sur l'antique sol de l'honneur.

Et pour toi !.. point de vœux !... ton nom comme héritage
Est légué, par la gloire, à la postérité.
Point de vœux !... à l'appel de ton mâle courage
Ont répondu l'honneur et l'immortalité.

   (Septembre 1828.)

LE CENTENAIRE.

> Il dégage ses mains des chaînes de la terre.
> ELISA MERCŒUR.

Le poids de tout un siècle a fatigué sa tête ;
Que de jours sont passés (soit de deuil ou de fête)
Depuis que dans son sein est enfermé son cœur !
Combien d'êtres, hélas ! qui passaient sur sa route,
Avant lui parvenu au terme qu'on redoute,
    Ont délaissé le voyageur !

Oublié par le temps, ruine de soi-même,
Cherchant en vain quelqu'un qui le comprenne ou l'aime ;
Du naufrage des ans il n'a sauvé que lui.
Tour à tour dans son cœur laissant leur place vide,
Pour adieu, sur son front, imprimant quelque ride,
    Toutes les passions ont fui.

Enfant, il avait ri dans les bras de sa mère ;
Car ce n'est pas au bord que la coupe est amère ;
Dans le monde, plus tard, lorsqu'il s'est élancé,
Quand son âme rêvait d'honneur, d'amour, de gloire,
Il a cru..... Maintenant, même de sa mémoire,
    Chaque songe s'est effacé.

Il a vu le délire affecter la sagesse ;
Il a, soit dans sa force ou soit dans sa faiblesse,
Vu tout homme ici-bas sur soi-même abusé ;
Il a vu qu'en tout lieu d'un masque on se recouvre ;
Que ce n'était jamais que quand la tombe s'ouvre
    Que le masque était déposé.

C'est quand on a vécu qu'on sait ce qu'est la vie,
Que l'on voit le néant des biens que l'on envie,
Que, fatigué du jour, on n'attend que le soir.
Désenchanté de tout, lorsque la nuit arrive,
A quel banquet encore, et près de quel convive,
    Le vieillard pourrait-il s'asseoir ?

    (Février 1829.)

NOTICE.

Un jour que nous déjeunions chez le baron Alibert, il dit à Elisa du ton le plus sérieux qu'il lui fut possible de prendre :

— Pourriez-vous bien me dire, mademoiselle Mercœur, pourquoi les journaux ne publient plus rien de vous, et à quoi vous employez le temps que vous consacriez à la poésie? car il est bien avéré que vous ne vous en occupez plus...... Qu'un poète de médiocre talent, effrayé des obstacles qu'il lui faudra surmonter pour arriver, retourne sur ses pas, je le conçois; mais vous, mon enfant, vous qui, sautant à pieds joints par-dessus les difficultés, avez, du premier bond, touché le but que d'autres mettent quelquefois tant d'années à atteindre, et qui, à l'âge où la jeune fille sait à peine elle-même si elle existe, avez été saluée du nom de poète, je ne vois pas ce qui pourrait vous décourager..... Craignez-vous que le succès ne réponde pas à tous vos travaux? Et quand cela serait, ma chère petite, ne connaissez-vous pas le proverbe qui dit : N'est pas marchand qui toujours gagne?..... Le laboureur, pour prix de ses constantes fatigues, récolte-t-il chaque année une abondante moisson?... L'avocat gagne-t-il toutes les causes qu'il défend?... Le médecin sauve-t-il tous les malades auxquels il prodigue ses soins?... Les mères enfin ne donnent-elles leur lait qu'à des enfans reconnaissans?... Si toutes ces considérations, ma chère Elisa, ne suffisent pas pour vous engager à reprendre vos travaux, n'oubliez pas, du moins, que l'enthousiasme que votre début a excité dans le monde vous impose l'obligation de justifier, par de nouveaux succès, ceux que vous avez déjà obtenus. En agir autrement serait ingratitude; oui, Elisa, oui, je vous le répète, dussé-je même vous fâcher; mais non, vous êtes trop convaincue de l'intérêt que vous m'inspirez pour prendre en mauvaise part les avis d'un homme qui a reçu tant d'utiles leçons de l'expérience. Vous seriez donc (comme je vous le disais, mon enfant) non seulement ingrate envers la société qui, en vous tendant la main, vous a dit : Soyez la bienvenue parmi nous, chantez, et nous vous applaudirons ; mais vous le seriez aussi envers la nature qui ne vous a pas donné un si beau génie pour le laisser inculte..... Penseriez-vous, par hasard, qu'elle le jette à la tête du premier venu? vous seriez dans l'erreur, Elisa. N'en a pas qui veut dans les répartitions qu'elle fait çà et là de cette noble faculté de l'âme : tous n'en reçoivent pas une part aussi forte que la vôtre ; la nature a été si prodigue pour vous, qu'on croirait qu'elle a voulu faire un aîné du plus jeune des nourrissons des muses..... Sortez donc de cette sombre apathie où vous semblez plongée ; laissez, croyez-moi, ce sérieux à la vieillesse, la lyre sied mieux à votre âge ; elle est, d'ailleurs, si flexible sous vos doigts que je ne sais pas pourquoi vous hésiteriez à la reprendre..... Mais mademoiselle ne veut rien faire pour la satisfaction de ceux qui l'aiment et qui seraient si heureux de ses succès..... Tenez, vous le dirai-je, mon enfant, je n'entends parler de vous non plus que si vous étiez morte, et lorsque je vous ai écrit pour vous inviter à venir déjeuner; eh bien! ne sachant si mon invitation pourrait vous parvenir dans ce monde-ci, j'ai été tenté de vous l'adresser dans l'autre..... Voyons, coupable...... défendez-vous maintenant du mieux que vous pourrez.

— Et cela ne me sera pas bien difficile, docteur, répondit Elisa... D'abord, je commencerai par me débarrasser du reproche d'*ingratitude* qui m'afflige!... Si vous avez été tenté de m'adresser votre invitation dans l'autre monde, moi je serais tentée de croire que vous avez perdu la vue dans celui-ci; car l'enveloppe qui recouvre mon cœur est si peu compacte qu'il suffit d'un coup d'œil pour voir qu'il n'a pas de place pour l'*ingratitude*... Et s'il suffit aussi de faire des vers pour prouver ma reconnaissance à ceux dont j'ai reçu un si touchant accueil, je vous dirai, docteur (mais prêtez-moi toute votre attention), qu'il y a aujourd'hui un an et huit jours que je suis à Paris; que, sitôt mon arrivée, je me suis occupée de publier une seconde édition de mes poésies que j'ai, comme vous le savez, augmentée de six morceaux, dont deux seulement, à la vérité, ont été faits ici; les autres datent de Nantes... que j'ai fait une tragédie en cinq actes, dans l'espace de six mois... que j'en ai fait la moitié d'une autre à laquelle j'ai renoncé, parce qu'il m'est absolument impossible de rien faire d'un sujet que je n'ai pas choisi, et celui-là m'avait été conseillé... J'ai fait aussi quelques petits morceaux qui ont été insérés dans des Revues... Quant aux journaux qui ne publient plus rien de moi, vous saurez, monsieur le baron, que chaque fois que vous y avez trouvé de mes vers, c'est que les journalistes avaient eu l'obligeante politesse de venir me les demander; et, comme je n'ai pas l'habitude de les offrir, lorsque vous n'en trouverez pas, c'est qu'il ne m'a point été adressé de demande; car je puis vous certifier que je n'ai fait essuyer de refus à personne.... Maintenant, examinons si le sérieux dont vous me conseillez de me défaire dépend du caprice ou d'une cause... Voyons... vous connaissez mon amour pour ma mère, bon monsieur Alibert, vous ne doutez pas de tout ce que je serais capable de faire pour embellir sa vie... Eh bien! sachez donc que depuis que mon digne protecteur, l'excellent M. de Martignac, a quitté le ministère, son successeur m'a retranché le quart de ma pension, et qu'en perdant l'espérance d'assurer le bonheur de la meilleure des mères, le sourire a cessé de se poser sur mes lèvres!!!

Ici la voix d'Elisa cessa de se faire entendre! Il y avait eu quelque chose de si solennel dans la manière dont elle avait prononcé cette dernière phrase, que le silence qui succéda semblait ne devoir être interrompu par personne... Qu'il y avait d'éloquence dans cette muette admiration qui se communiquait de cœur à cœur!!!... D'une main s'essuyant les yeux, de l'autre prenant une de celle d'Elisa, le bon docteur la porta à ses lèvres; l'accusée venait de gagner sa cause...

Déclarée innocente par les larmes de son noble et vertueux accusateur, chacun s'empressa de lui en témoigner sa satisfaction dans des termes qui lui prouvèrent que le cœur des assistans n'était pas resté insensible à sa touchante et candide défense.

Rentrée à la maison, Elisa prit la plume, écrivit les douze vers qui suivent, et les envoya de suite au baron Alibert.

Ve MERCOEUR,
Née Adélaïde AUMAND.

A M. LE BARON ALIBERT,

QUI ME REPROCHAIT MON *APATHIE*.

> Un moment du bonheur je respirai l'essence.
> ELISA MERCŒUR.

Ah ! ne flétrissez pas du nom d'*ingratitude*
Cette sombre *apathie* où plonge la douleur.
  Lorsqu'en sa triste lassitude
On sent l'esprit dormir, fatigué de malheur;
  Quand on souffre, vainement l'âme
Dans le monde idéal veut encor s'égarer,
Et la pensée alors est comme un feu sans flamme
  Qui brûle, mais sans éclairer !
  Ah ! n'accusez pas mon silence,
Je ne sens pas toujours d'élan inspirateur.
Mon esprit peut dormir, mais jamais dans mon cœur
  Ne s'endort la reconnaissance.

  Paris, 4 novembre 1829 (1).

(1) Ce même jour, M. de Jouy vint nous rendre visite. Il avait

appris qu'un journal (chose inouïe par le temps qui courait) payait les vers qu'il insérait. M. de Jouy, pensant que cette découverte pourrait être utile à ma fille, s'était empressé de venir l'en prévenir... — Paie-t-on passablement? demanda Elisa... — 20 sous la ligne, je pense, mademoiselle.

— Je ne veux pas laisser échapper l'occasion d'être agréable à M. Alibert, me dit Elisa lorsque nous fûmes seules; je vais tâcher de faire quelques vers, et nous irons demain les porter à ce journal si *exceptionnel*... Elle fit donc la jolie petite pièce de la *Philosophie* qui suit cette note.

Le lendemain matin, nous fûmes chez le journaliste. Les vers d'Elisa furent trouvés charmans et reçus sans opposition. On lui dit obligeamment que l'on prendrait tous ceux qu'elle porterait... Et ouvrant aussitôt un tiroir, on lui remit le prix de sa *Philosophie*... — Qu'est-ce que c'est que ces 28 sous, monsieur? — C'est le prix de vos vers, mademoiselle... — Vous payez donc la poésie 1 sou la ligne?... — La vôtre, mademoiselle; mais celle des autres, nous ne la payons que 2 liards... — Reprenez ce prix qui me blesse, et rendez-moi mes vers; je n'ai pas de pensées à 2 liards ni à 1 sou... Et déchirant avec humeur sa pièce en mille morceaux, elle la jeta sur le plancher... — Qu'avez-vous fait, mademoiselle? pourquoi avoir détruit une si jolie chose?... — C'est que vous l'avez trop abaissée cette jolie chose, monsieur, et que la mort vaut mieux que l'ignominie!... Mais rassurez-vous, elle existe toujours pour moi... elle est là, dit-elle, en montrant son front... J'ai besoin d'argent sans doute, mais pas assez pour ne pouvoir me passer de 28 sous.

— Quelque désir que j'aie de faire quelque chose pour la satisfaction des personnes qui m'aiment, me dit Elisa, je sens que je ne le pourrais à pareil prix. Voici la dernière fois que j'offrirai mes pensées. Huit jours après, on vint demander des vers à Elisa pour un journal. Elle donna sa *Philosophie*, qui reparut, en 1832, dans le *Journal des Femmes*.

PHILOSOPHIE.

> Souriant au trépas sans éprouver d'effroi,
> Je dirai, quand sa main viendra peser sur moi :
> « La mort versant l'oubli des peines qu'elle achève,
> « Est le dernier repos !... C'est un sommeil sans rêve.
> ELISA MERCŒUR.

Lorsque je vins m'asseoir au festin de la vie,
Quand on passa la coupe au convive nouveau,
J'ignorais le dégoût dont l'ivresse est suivie,
Et le poids d'une chaîne à son dernier anneau.

Et pourtant, je savais que les flambeaux des fêtes,
Eteints ou consumés, s'éclipsent tour à tour,
Et je voyais les fleurs qui tombaient de nos têtes
Montrer en s'effeuillant leur vieillesse d'un jour.

J'apercevais déjà sur le front des convives
Des reflets passagers de tristesse ou d'espoir.....
Souriant au départ des heures fugitives,
J'attendais que l'aurore inclinât vers le soir.

J'ai connu qu'un regret payait l'expérience ;
Et je n'ai pas voulu l'acheter de mes pleurs.
Gardant comme un trésor ma calme insouciance,
Dans leur fraîche beauté j'ai su cueillir les fleurs.

Préférant ma démence à la raison du sage,
Si j'ai borné ma vie à l'instant du bonheur ;
Toi qui n'as cru jamais aux rêves du jeune âge,
Qu'importe qu'après moi tu m'accuses d'erreur !

En vain tes froids conseils cherchent à me confondre.
L'obtiendras-tu jamais ce demain attendu ?
Lorsqu'au funèbre appel il nous faudra répondre,
Nous aurons tous les deux, toi pensé, moi vécu.

Nomme cette maxime ou sagesse ou délire,
Moi, je veux jour à jour dépenser mon destin.
Il est heureux, celui qui peut encor sourire
Lorsque vient le moment de quitter le festin !

Paris, 4 novembre 1829.

LA LAMPE.

Elle brille et s'éteint ; l'existence comme elle
Reçoit la mort d'un souffle et naît d'une étincelle.

NOTICE

SUR LES ITALIENNES.

> Ce souffle dévorant, ce souffle inspirateur,
> Qui, du feu qu'elle enferme agrandissant ta flamme,
> Ainsi qu'un rayon créateur,
> Semble échappé du ciel pour féconder une âme!
> ELISA MERCŒUR.

LE désir de voir l'Italie s'enferma dans l'âme d'Elisa presque aussitôt que la vie dans son sein. C'était ordinairement sous ce ciel si pur et non sous celui d'Espagne, qu'elle bâtissait ses plus beaux châteaux. Heureux privilége de l'imagination qui, sans le secours de l'art, élève ou fait crouler à son gré les monumens et les palais des rois.

Un jour qu'Elisa ne paraissait rien voir de ce

qui se passait autour d'elle, je crus qu'elle était malade, et je lui demandai ce qu'elle avait.

— Beaucoup d'inquiétude, je t'assure, maman, me répondit-elle, beaucoup d'inquiétude !

— Et qui peut donc t'inquiéter ainsi, mon enfant? Tu m'effraies ! Parle?

— Tu sais combien je désire voir l'Italie....

— Oui....

— Et combien de fois nous sommes convenues entre nous que, dès que j'aurais gagné assez d'argent pour pouvoir en entreprendre le voyage, nous partirions aussitôt pour aller chercher des inspirations dans ce pays d'immortels et grandioses souvenirs ! Eh bien ! mon imagination, qui, comme de juste, devait nous accompagner, trouvant que la fortune tardait trop à venir nous trouver (et sachant bien que nous ne pouvons monter en voiture sans une bourse bien garnie), a pris les devans sans vouloir écouter une seule de mes observations... Et je puis (si je dois l'en croire) m'en rapporter à elle; elle doit revenir chargée de tous les matériaux qu'il me faudra pour construire... Comme je la connais un peu mauvaise tête, je me défie d'elle; je crains qu'elle ne fasse quelque bévue. Elle est, ma foi, capable, si ce qu'elle trouve ne répond pas à ce qu'elle espérait trouver, de dire quelque impertinence... Aussi, je la suis de l'œil pour la rappeler à temps... Ah! la voilà qui met pied à terre.... elle fronce le sourcil, elle ne paraît pas satisfaite... Tu rirais si tu voyais comme elle se pose : en vrai héros de mélodrame... un pied en avant, l'autre en arrière... une main appuyée sur le cœur... la tête haute, regardant autour d'elle, et paraissant chercher encore... Ah! pourtant... la voilà qui se décide à parler; c'est bien heureux!... Attends un peu que je l'écoute, car je l'entends aussi... Tiens, maintenant je puis te répéter mot pour mot son discours de début :

Où sont tes dieux et tes poètes,
Doux pays au beau ciel, frais Eden de l'amour ? etc., etc.

Les vers suivent cette notice.

— Eh bien ! ne te l'avais-je pas dit qu'elle serait impertinente ?

Puis, prenant un ton sérieux, Elisa ajouta : Les vers que je viens de te faire entendre, sont le début d'un volume de poésies que j'ai l'intention de faire, et que j'intitulerai *les Italiennes*, parce que j'en recruterai une dans chaque principale ville d'Italie Je dédierai ce volume à

M. le vicomte Alban de Villeneuve-Bargemont, mon premier et digne protecteur (1). Il y verra l'hommage d'un cœur reconnaissant, et l'accueillera, j'ose le croire, avec la même indulgence qu'il a toujours accueilli ce que j'ai eu le bonheur de lui présenter.

Je traiterai M. le vicomte Alban de Villeneuve comme j'ai traité M. de Châteaubriand, c'est-à-dire qu'il n'apprendra que mes *Italiennes* lui sont dédiées que lorsqu'il en recevra le volume; et j'espère que, comme M. de Châteaubriand aussi, il sera assez bon pour me pardonner d'oser lui en adresser la dédicace sans en avoir avant sollicité son agrément.

Ainsi, tu vois bien, d'après cela, ma pauvre maman, qu'à défaut de mes pieds, qui sont cloués en France, il est à propos que mon imagination voyage à ma place. Mais qu'est-ce que l'imagination près de la réalité ? Comment bien nuancer le coloris que l'on ne voit pas ? Il me semble, vois-tu, que mes *Italiennes* contiendraient mille fois plus de poésies, si je pou-

(1) Ce fut à M. le vicomte Alban de Villeneuve-Bargemont, qui était préfet à Nantes lorsqu'Elisa publia ses poésies, qu'elle dut la protection de M. de Martignac et la pension de 1,200 fr. que lui fit ce ministre.

vais les écrire sur les lieux mêmes ; là, les vers, je le sens, se placeraient sans difficulté sous ma plume.... Par exemple, l'ode que je composerais à Florence ne serait-elle pas plus digne du Dante que celle que je composerai à Paris ? Ne décrirais-je pas d'une manière plus touchante à Ferrare que dans cette chambre l'amour qu'Eléonore d'Est inspira à ce malheureux Torquato, qui possédait à lui seul plus de génie qu'il n'en aurait fallu pour faire cinquante poètes? Et lorsque je parlerais de la grandeur passée de Rome, s'il me plaisait de faire monter César au Capitole au milieu de ses quarante éléphans, chargés de flambeaux, ne me ferais-je pas mieux l'idée de cette pompe triomphale si je pouvais apercevoir l'espace que devait occuper ce cortége si grandiose?... Enfin, il faudra que je voie tout des yeux de l'âme. Je t'assure bien pourtant que si je faisais les *Vêpres Siciliennes* en Sicile, je crois que j'y ferais entendre ce son de vêpres qui fut le signal du massacre des Français.... C'est avec le secours de lord Byron que je me transporterai à Venise sur la place Saint-Marc, en face du palais du doge, pour faire tomber la tête de Marino Faliero.... Enfin, comme on dit, du meilleur pain la soupe, je ferai de mon mieux. Si tout ce que je dois écrire pouvait au moins m'apparaître en songe, je serais bien heureuse !

Mes *Italiennes* commenceront par un dialogue entre l'Imagination et l'Italie, dont je viens de te dire quelques vers ; j'achèverai *l'oracle*, *Pompéia*, *Napoléon*, *l'Insulaire*, etc., etc... Mais je ne m'occuperai de ce volume, que lorsque j'aurai fini *Quatre Amours*, et *Louis XI*.

L'éditeur (1) qui devait publier les deux romans d'Elisa vint quelques jours après à la maison ; elle lui fit part de son projet, qui lui sourit, car il aime la poésie. Aussi il pria Elisa de ne pas en parler à d'autres éditeurs.

Vᵉ Mercoeur,
Née Adélaïde Amand.

(1) M. Charpentier.

LES
ITALIENNES,

POÉSIES

PAR ÉLISA MERCOEUR DE NANTES,

DÉDIÉES

A M. LE VICOMTE ALBAN DE VILLENEUVE-BARGEMONT.

Sous le ciel où Virgile a moissonné des roses,
Au souffle du zéphir, nacelle, emporte-moi !
Sur le sol d'Italie il est des fleurs écloses,
Douce mer, courbe-toi !

Qu'un son tremblant encore obtenu de ma lyre
Guide comme l'aimant le nocher attentif :
Qu'il comprenne, s'il peut, ce luth et mon délire,
Penché sur mon esquif.
ÉLISA MERCOEUR.

---

1 VOLUME IN-8.

PARIS.

DIALOGUE
ENTRE L'IMAGINATION ET L'ITALIE.

> Vénus des nations, toujours jeune pour l'âme,
> C'est au miroir du cœur que se peint ta beauté.
> . . . .
> . . . .
> Géant tombé qui dort sous le poids de ta gloire,
> Le temps, que dévora ton avide mémoire,
> A frappé sur ton front un sceau de majesté.
> Qui pourrait comparer ta force à sa faiblesse ?
> Quel empire aujourd'hui pourrait à ta vieillesse
> Egaler sa virilité ?
> Elisa Mercœur.

L'IMAGINATION.

Ou sont tes dieux et tes poètes,
Doux pays au beau ciel, frais Eden de l'amour ?
Tes bosquets aux grâces muettes
N'offriront-ils donc plus leur parfumé séjour ?

Où sont tes dieux et tes poètes,
Doux pays au beau ciel, frais Eden de l'amour?

Quel flot d'une nacelle a conservé la trace?
    L'écho, pareil au lac d'azur,
    Où chaque image, hélas! s'efface,
    Ne redit plus les chants d'Horace
    Aux solitudes de Tibur!

L'ITALIE.

Voyez-vous ce beau ciel, ces lacs bleus qu'il colore,
Cette neige de fleurs tombant du citronnier,
Aussi pur que le son qui fuit de la mandore?
Entendez-vous de loin le chant du gondolier?

C'est dans ce doux climat où, pour charmer la vie,
On pense avec son âme, on aime avec son cœur,
Où les trésors n'ont rien que l'espérance envie,
Où l'on ôte à l'orgueil pour donner au bonheur.

L'IMAGINATION.

Va, ce double parfum de fleurs et de tendresse,
A pour moi vainement embaumé ton séjour;
Beau pays! tu n'as rien qui plaise à ma tristesse :
Car c'est sous d'autres cieux que j'ai rêvé d'amour.

L'ITALIE.

. . . .
. . . .
. . . .
. . . .

L'IMAGINATION.

. . . .
. . . .
. . . .
. . . .

L'ITALIE.

. . . .
. . . .
. . . .
. . . .

L'IMAGINATION.

Où sont tes dieux et tes poètes,
Doux pays au beau ciel, frais Eden de l'amour ?
Tes bosquets aux grâces muettes
N'offriront-ils donc plus leur parfumé séjour ?
Où sont tes dieux et tes poètes,
Doux pays au beau ciel, frais Eden de l'amour ?

(1832.)

L'ORACLE.

FRAGMENT.

> Long-temps muette, l'Eloquence,
> Dans sa force et sa liberté,
> Entre ses bras d'Hercule, étouffe l'Ignorance,
> Et brise sous ses pieds le joug qu'elle a porté.
> . . . .
> . . . .
> Quand le siècle nouveau défie à force égale
> Les siècles de l'antiquité,
> Son horizon s'épure, et sa couronne exhale
> Un parfum d'immortalité !
> Elisa Mercœur.

Ecoutez ! ce n'est pas une Sybille antique,
Hors d'elle, s'asseyant sur le trépied sacré ;
Ce n'est pas un prophète à la voix fanatique,
Prodiguant pour maudire un accent inspiré ;
Non ! nous ne croyons plus aux divinités mortes ;
Sublime Vérité, c'est ton jour, tu l'emportes !....

C'est au cœur du poëte un noble et saint espoir,
C'est un pressentiment de ta grandeur future,
Siècle dont la jeunesse est si grande et si pure,
Qui révèle au midi ton déclin et ton soir.

(1829.)

LES RUINES DE POMPÉIA.

FRAGMENT.

> Tes débris sont des pas laissés par ta puissance,
> Ton deuil est la parure aux yeux de l'univers;
> Le génie inspiré comprend ton grand silence,
> Les ombres de tes fils repeuplent tes déserts.
>
> Elisa Mercœur.

L'oubli laisse échapper sa noble prisonnière !
A son réveil magique, il ne s'attendait pas ;
Pompéia qui dormait, s'éveille et crie.... Arrière
A ce Temps étonné qu'il manque à sa poussière
    Une empreinte de dix-sept pas.

Pour chercher quels succès, pour venger quels outrages,
Apparais-tu deux fois dans la lutte des âges,
Ainsi qu'un vieux guerrier déroulant son drapeau ?
Allons-nous te revoir dans ta beauté flétrie,

Fantôme de cité, fatigué du tombeau,
A quelque nouveau peuple offrir une patrie,
Et des temples déserts à quelque Dieu nouveau !
Tu sembles au regard que ta présence étonne,
En montrant tes lambeaux d'antiques vêtemens,
  Comme une reine sans couronne,
  Comme une mère sans enfans.

Eh bien ! de tes fils morts, respecte la mémoire ;
De la ville d'Hercule, ô toi, la noble sœur,
Que t'importe un époux !... ton veuvage est ta gloire,
  Et ta ruine est ta grandeur !

Quels fils ont mérité de t'adopter pour mère ?
  Des palais qui chargent la terre,
Les maîtres ont donné des fers au Peuple-Roi :
Sois jalouse aujourd'hui de ta noble misère,
Découvre avec orgueil ce qui reste de toi !

  Montre-nous la salle des fêtes ;
Montre-nous ces faisceaux, vieux gages de conquêtes,
  L'arène du gladiateur ;
Montre-nous la colonne à la tête abattue,
Qui semble regretter son antique hauteur,
L'autel abandonné du sacrificateur,
  Et le piédestal sans statue.

Le deuil du cœur jadis suivait-il l'autre deuil ?
Funéraires palais habités par des ombres,

Qui donc vous éleva ? Le regret ou l'orgueil ?....
Ah ! laissez transpirer un secret du cercueil ;
Qu'il soit comme une flamme éclairant vos décombres.
Ces oracles sacrés dont le sens est perdu,
Pour nous les expliquer où donc est la Sybille ?
Celle qui répondait à la voix de Virgile,
Elle aussi dort sans doute et n'a pas entendu.

Eh bien ! sur ces tombeaux évoquons la mémoire,
Va-t-elle révéler quelques faits éclatans ?
Approchons... Mais, hélas ! rien que des noms sans gloire,
Qui, tels que de vains mots, sont jetés dans l'histoire,
Esclaves de l'oubli quoique vainqueurs du temps !
. . . .
Sont-ils, voyant leurs jours fuir comme un sombre rêve,
Descendus dans la tombe en cherchant le réveil ?
Ou touchant une lyre, ou tombant sous le glaive,
Se sont-ils endormis de leur dernier sommeil ?
Ou donnant à la mort de vains plaisirs pour cause,
Bornant leur existence aux heures du matin,
Se plaignaient-ils du pli d'une feuille de rose,
En fermant la paupière au sortir d'un festin ?
. . . .
. . . .

(Juillet 1828.)

(Publié en 1829 dans *la Psyché*, et en 1833, dans *la Revue de l'Ouest*.)

NAPOLÉON.

> Pour prix de son génie, il demanda le monde....
> Et le monde lui fut donné !
> ELISA MERCŒUR.

Il apparaît, monté sur des débris de lois,
Comme avec son hochet joue avec la victoire ;
Il donne l'univers pour patrie à sa gloire,
Et court en ne marchant que sur le front des rois.
Ses bras pour l'y placer, font un trône des trônes,
Il s'y place !... chargé d'un fardeau de couronnes
    Sans qu'il fléchisse sous leur poids.

Des éclairs qu'il lançait, il dévorait la terre,
Ce tonnerre tombé qu'éteignit l'Océan....
Toi qu'il gagna, perdit France, ma triste mère !
Pourquoi regardes-tu cette ombre de géant ?

Sur le soir orageux de ton jour de démence,
Naguère il vint briller, semblable à l'espérance,
Quand ton glaive sur toi frappant ses coups mortels,
    Tu souillais la palme civique,
Du sang qui, vil parfum, brûlait sur les autels
    De ta liberté fanatique.

Bientôt mœurs, sceptres, lois, tout s'enfuit, entraîné
    Par sa puissance vagabonde.
Pour prix de son génie, il demanda le monde....
    Et le monde lui fut donné !

. . . .
. . . .
. . . .
. . . .
. . . .
. . . .
. . . .
. . . .
. . . .
. . . .
. . . .
. . . .
. . . .

(1828.)

L'INSULAIRE.

FRAGMENT.

> Il fut plus loin que tous ; il fut loin comme un rêve.
> ELISA MERCŒUR.

Qu'importe!... à l'univers appartient sa mémoire!
Je dois, comme poète, un tribut à sa gloire :
Libre à moi de chanter lorsqu'il dort sur l'écueil.
Doit-on, s'il est sans glaive, insulter au courage ?
La mort l'a consacré : la haine est un outrage
    A la majesté du cercueil !

Quand, despote du sort et géant de puissance,
Aux jeux des nations il apportait la France,
Je n'eusse pas vendu mes accens au vainqueur ;
Mais pour ce que je sens, je veux garder mon âme ;

On ne me verra pas en comprimant sa flamme,
  Faire un esclave de mon cœur.

Il unit en faisceau vingt sceptres et son glaive;
Il fut plus loin que tous, il fut loin comme un rêve !....
Qui donc l'expliquera, l'être mystérieux?
Faut-il qu'on le blasphème, ou faut-il qu'on l'adore?
Tout marqué de ses pas l'univers doute encore,
  S'il vint de l'enfer ou des cieux....

Des cieux ! lorsque lui seul manquait à l'équilibre,
Quand un peuple insensé, fatigué d'être libre,
Comme un coursier dompté, reprit le frein des lois.
Mais il vint de l'enfer ! alors qu'au rang suprême,
Il fit, en s'asseyant, paré du diadème,
  Son marche-pied du front des rois !

Alors que, s'immolant une jeune victime,
Il fit pâlir sa gloire, et l'entacha d'un crime;
Ou qu'impuissant rival d'un éternel hiver,
Les donnant à la mort comme un présent d'esclaves,
Aux fêtes du Kremlin, il conduisait ses braves;
  Il venait encor de l'enfer !

Mais. . . . .
. . . .

(1828.)

LE TASSE [1].

> Long-temps comme une chaîne il traîna l'existence,
> L'épine se courbait à chacun de ses pas.
>
> ELISA MERCŒUR.

Victime qu'accablaient l'infortune et la gloire,
Il fléchit sous un poids de génie et d'amour;
A force de souffrance il paya sa mémoire :
L'orage était au cœur, il dura tout le jour.

En vain au souvenir d'Eléonore absente,
Ses pleurs coulaient unis aux larmes d'une sœur;

[1] Une personne, qui se trouvait à la maison, demanda à Elisa de lui faire quelques vers sur le Tasse ; elle prit la plume et écrivit ceux ci-dessus. Elle n'aimait pas qu'on lui donnât un sujet, parce qu'il fallait s'inspirer à froid, disait-elle, et que ces sortes de vers ne valent jamais ceux que l'on fait d'inspiration. Aussi ces quarante vers ne devaient pas servir pour ses *Italiennes*. C'était une ode qu'elle devait faire sur cet admirable poète.

Pour s'exiler encore il fuit le doux Sorrente ;
Son âme qui le suit, emporte sa douleur.

Mais la palme attendait son front sans diadème ;
Il voit d'un œil sans pleurs d'inutiles apprêts ;
A l'airain funéraire échappe un cri suprême,
Et le Tasse n'obtient qu'un laurier pour cyprès.

L'égoïste raison accusait sa démence,
Elle insultait celui qu'elle n'entendait pas ;
Long-temps comme une chaîne il traîna l'existence,
L'épine se courbait à chacun de ses pas.

Son œil vit au berceau l'infortune et la gloire,
Il fléchit sous un poids de génie et d'amour ;
De son tourment sublime il paya sa mémoire :
L'orage était au cœur, il dura tout le jour.

(1828.)

MÉDITATION.

Telle qu'une médaille à l'empreinte effacée,
Quand les contacts du monde ont usé la pensée,
Quand la vie inutile a perdu sa fraîcheur,
Lorsque les faux plaisirs ont énervé le cœur,
Fatigué du fardeau de sa lourde existence,
Lorsque l'homme a ravi son charme à l'espérance,
Son âme parcourant les dédales du sort
Trouve, pour en sortir, le dégoût et la mort !

On te l'a dit pourtant, incrédule jeunesse,
Rien ne vaut ici-bas la stoïque sagesse !
Réponds ? contre l'orgueil, contre la volupté,
Confiante en ta force, as-tu jamais lutté ?
Non ! tu fais en cédant l'aveu de ta faiblesse ;
Et, laissant du combat les soins à ta vieillesse,

Aveugle à la clarté de tout divin flambeau,
Tu vois!... lorsque ton pied vient heurter le tombeau!

Alors, s'il était temps, si tu pouvais encore
Ranimer dans ton sein le feu qui s'évapore!
Des fleuves descendus si, remontant le cours,
Tels qu'ils sont au matin tu retrouvais les jours;
Si, rendant leur éclat aux fleurs déjà fanées,
Tu jouissais deux fois de tes jeunes années,
Dis, libre de choisir ta route et ton destin,
Deux fois passerais-tu par le même chemin?

(1828.)

(Cette méditation, quoique faite à Nantes, n'a cependant été insérée dans aucun journal, parce qu'Elisa avait l'intention de faire un volume de Méditations, et que celle-ci devait être le début du volume.)

A M. L'AMIRAL HALGAN [1].

1er Janvier 1829.

Un ange protecteur sur vous plane et s'incline.
ELISA MERCŒUR.

La respectueuse amitié,
La sincère reconnaissance,
Sous ce cachet ont envoyé
Leurs deux cartes à l'obligeance.

[1] Ce fut de moitié avec le comte de Sesmaisons que l'amiral Halgan fit obtenir à Elisa une pension sur la liste civile ; mais ce fut l'amiral seul qui nous fit connaître madame Récamier. Aussi Elisa lui en conserva-t-elle toute sa vie une reconnaissance inexprimable.

LE VOEU [1].

COUPLETS.

I.

Lorsque tu ne sens plus la flamme
Qui dévore mon faible cœur;
Lorsque tu m'as repris ton âme,
Qu'une autre fasse ton bonheur!
Qu'elle ignore, heureuse et charmée,
Ce qu'on souffre en perdant ta foi....
On meurt quand on n'est plus aimée....
Puisses-tu l'aimer plus que moi!

(1) Mademoiselle Dellatore, maîtresse de musique de Mademoiselle, avait fait demander à Elisa quelques vers par le docteur Alibert.

II.

Non, je ne puis, de la vengeance
Eprouvant le besoin fatal,
Lui désirer ton inconstance!
Ton oubli cause trop de mal!
De regrets mon âme abîmée,
Fait des vœux pour elle et pour toi....
On meurt quand on n'est plus aimée...
Puisses-tu l'aimer plus que moi!

III.

De douleur lorsque je succombe,
Adieu! toi qui m'as pu trahir.
Ton abandon creusa ma tombe;
J'y descendrai sans te haïr.
Dans un froid cercueil enfermée,
J'oublirai... même jusqu'à toi....
On meurt quand on n'est plus aimée....
Puisses-tu l'aimer plus que moi!

(1829.)

LE CONVOI DE CASIMIR PÉRIER [1].

> Ah ! puissent tous les sons de l'hymne qui commence
> Monter vers le séjour où s'enfuit l'espérance !
> ELISA MERCŒUR.

Que ta douleur est belle et touchante, ô Patrie !
Quand de leur splendeur morte en revêtant ton deuil,
    Tu t'inclines sur le cercueil
Des vengeurs, des soutiens de ta cause chérie !

---

[1] N'étant point encore entrée dans aucun cimetière, lors du convoi de Casimir Périer, Elisa voulut profiter de cette circonstance pour visiter le *Père-Lachaise*, parce que la foule, disait-elle, ferait disparaître toute idée de mort. Pauvre enfant ! elle était loin de penser que trois ans après elle occuperait un tombeau près de celui de ce ministre !

Placées dans la grande allée comme tous ceux qui avaient devancé le convoi, nous y étions depuis un quart d'heure lorsqu'on

Lorsque, pour honorer leurs mânes triomphans,
Tu confonds des partis les regrets unanimes !
Et que tes yeux de mère ont des larmes sublimes
    Quand tu pleures sur tes enfans !

C'est à ces pleurs sacrés, à ce funèbre hommage,
Offert à l'éloquence, aux vertus, au courage,
A cet auguste adieu, lorsque d'un peuple entier
La foule sur la terre, à son dernier passage,
Escorte un orateur, un poète, un guerrier ;
Quand, pour trouver un mot qui dit tout, on le nomme,
C'est à ce saint aspect de la douleur de tous,
C'est témoin de sa mort qu'on se sent plus jaloux
    De l'existence d'un grand homme.

(1832.)

cria de faire place. Un monsieur, qui se trouvait près d'Elisa, lui dit : « Mademoiselle Mercœur ne se sent-elle pas inspirée à la vue de cette imposante cérémonie ? Qu'ils seraient beaux, mademoiselle, les vers que vous feriez sur une telle circonstance, dans ce lieu où tant de grands hommes reposent !... » Réfléchissant quelques instans sur l'avis qui venait de lui être donné, Elisa porta une de ses mains sur son front, comme si elle y avait cherché quelque chose ; et, après que le cortége eut défilé, elle nous dit les deux strophes ci-dessus... Il me serait impossible de peindre l'étonnement de ce monsieur.

M{LLE} ÉLISA MERCOEUR

A SON EXCELLENCE LE MINISTRE DES TRAVAUX PUBLICS,

(LE COMTE D'ARGOUT.)

> Le printemps est plus doux après un long hiver.
> Élisa Mercoeur.

Monsieur le comte,

Je n'aurais pas dû sans doute attendre jusqu'ici à vous exprimer ma reconnaissance ; mais sachant que tout vos momens sont comptés pour le bien public, j'ai voulu achever mes vers pour le Roi, afin de pouvoir, par la même occasion, et vous les envoyer, et vous remercier de la touchante réception dont Votre Excellence a daigné nous honorer (1). Vous le dirai-je, monsieur le comte :

> A cet accueil plein de douceur
> Que la bonté sait prendre et qu'elle seule inspire,
> A cet air qui semble vous dire :
> Avancez sans effroi, c'est vers un protecteur
> Que le sort favorable aujourd'hui vous amène;
> Si vous souffrez, dites-moi votre peine,
> Ne craignez pas, répondez; car mon cœur
> N'est jamais froid et sourd à la voix du malheur (2)!

j'ai cru revoir M. de Martignac; oui, c'était avec cette même bonté qu'il me disait d'avancer, qu'il s'informait de ma situation, de mes projets, dont l'intérêt qu'il me portait sollicitait toujours la confidence.

> Oui, j'ai cru que le ciel le rendait à la terre,
> Cet homme généreux, qui pour moi, comme un père,

---

(1) Une heure après que nous eûmes quitté le ministre, Elisa reçut un bon de 300 francs que Son Excellence lui faisait passer.
(2) Ce sont les paroles de M. d'Argout qu'Elisa lui renvoyait en vers. Il est impossible d'être accueilli avec plus de bienveillance que nous ne le fûmes par ce ministre. On aurait été tenté de croire que M. de Martignac l'avait chargé de le remplacer auprès d'Elisa.

Versait à la fois ses bienfaits
Sur mes besoins et sur ma gloire (1),
Et dont le souvenir, culte de mes regrets,
Par la reconnaissance est gravé pour jamais
Dans mon cœur et dans ma mémoire !

. . . .
. . . .
. . . .
. . . .
. . . .

Mais vous m'avez dit : « Du courage (2) ! »
J'en ai besoin. Ma vie a souffert tant de maux !
Ballotté par les vents qui déchaînent leur rage,
Mon frêle esquif sans rame, égaré sur les flots,
Se voit menacé du naufrage ;
Et si, parfois, mes yeux pensent apercevoir
Un riant et prochain rivage,
Ce n'est jamais, ô désespoir !
Que l'imposture d'un mirage !
Mais si pourtant du bord je pouvais m'approcher,
De mon esquif errant devenu le nocher,

---

(1) Lorsqu'Elisa parla à M. d'Argout de la perte de sa pension de la liste civile, il lui dit qu'il la dédommagerait de cette perte ; qu'à la première vacation, il porterait sa pension de 1,200 francs à 2,000 francs, comme celle de madame Tastu.

(2) Quoique je n'aie pas trouvé ces dix-huit derniers vers avec les précédens, ils m'en ont semblé la suite, et je les ai posés là.

Pilote habile et tutélaire,
Si vous disiez aux flots d'apaiser leur courroux,
Aux vents de dompter leur colère;
Si, poussant ma barque légère,
Un zéphir bienfaisant, au souffle calme et doux,
Seul respirant sur l'onde où je vogue incertaine,
Vers quel bord le destin m'entraîne,
Je pouvais sur la rive aborder, grâce à vous,
Ma voix, de vos bienfaits consacrant la mémoire,
Dans ma reconnaissance, au charme inspirateur,
Heureuse, j'essaîrais d'acquitter par la gloire
Ma dette envers mon bienfaiteur!

(1832.)

A Mᵐᵉ LA COMTESSE DE VAUDREUIL [1].

POUR LE JOUR DE SAINTE-VICTOIRE, SA FÊTE.

Soit poète ou guerrier, tout amant de la gloire,
    Lui vouant ses nobles travaux,
D'un pas ambitieux court après la Victoire;
Et toujours rencontrant mille obstacles nouveaux,
Souvent expire avant d'atteindre ses drapeaux.

---

[1] Elisa ne connaissait que le nom de la comtesse de Vaudreuil lorsqu'elle fit des vers pour la fête de cette dame, comme on va le voir.

« Madame d'Hautpoul pria madame et mademoiselle de Mer-
« cœur de lui faire l'honneur de venir passer la soirée le 23, jour
« de Sainte-Victoire, patronne de sa cousine et amie, la comtesse

Mais, vous, sans efforts, sans alarmes,
Sur les esprits séduits vous savez arracher

« de Vaudreuil, qui sera charmée de faire connaissance avec c
« dames, et de les inviter à ses mercredis.
« A lundi, neuf heures au plus tard. »

Ce jour-là, plusieurs affaires nous avaient tenues dehors ju
qu'à l'heure du dîner. Lorsque nous rentrâmes, le portier no
dit que la comtesse d'Hautpoul nous faisait prier de passer
suite chez elle, et que nous ne faisions que de sortir lorsque s
domestique était venu. Nous pensâmes que c'était peut-êt
pour nous apprendre que sa soirée était reculée; mais poi
c'était au contraire pour prier Elisa d'y contribuer, pour sa pa
en faisant quelques vers pour la fête de la comtesse de Va
dreuil; mais l'heure qu'il était alors semblait rendre la cho
impossible. « Comme je n'ai jamais vu la comtesse de Vaudreu
dit Elisa à madame d'Hautpoul, veuillez avoir la bonté, madar
la comtesse, de me donner quelques renseignemens qui puiss
m'aider dans ce que vous désirez de moi. Je ne vous promets p
de pouvoir vous satisfaire; mais j'essaierai, et j'y ferai tous m
efforts.

Nous nous hâtâmes donc de retourner à la maison. Il était so
heures.

Elisa se mit à son secrétaire pendant que je préparais le dî
et que je mettais le couvert. En sortant de table, il nous fal
songer à notre toilette; et à neuf heures et un quart la comte
de Vaudreuil serrait la main à Elisa et la remerciait, dans
termes les plus flatteurs, des jolis vers qu'elle avait eu la bor
de lui faire pour sa fête.

Le lendemain, la comtesse vint nous rendre visite; elle
mercia de nouveau Elisa et nous invita à ses mercredis.

Une victoire aux plus doux charmes,
Et fiers de se courber sous votre joug flatteur ;
De ceux qui vous rendent les armes ,
Heureux d'avoir un tel vainqueur,
Sans nul doute chacun désire
Qu'à jamais vous gardiez l'empire
Que vous avez pris sur son cœur.

(1833.)

AU DOCTEUR ALIBERT.

> Tous vos droits sont acquis à l'immortalité.
>
> ELISA MERCŒUR.

Docteur savant, aimable sage,
Dans ce jour, à la fois heureux et solennel,
De quel vœu dois-je ici vous présenter l'hommage?
Que reste-t-il pour vous à demander au ciel?
Ce n'est pas la vertu, cette base première
  De l'humaine félicité,
Le génie à l'œil d'aigle, à l'ardente lumière,
  La douce et touchante bonté;
Ce n'est pas une page au livre de l'histoire :
Acquis par le talent, assurés pour la gloire,
Tous vos droits sont connus à l'immortalité.
  Pardonnez cet aveu sincère
De tous les dons unis de l'esprit et du cœur,

AU DOCTEUR ALIBERT.

Si le ciel forme sur la terre
Ce que l'homme appelle bonheur,
Je ne connais pour vous, aimable et cher docteur,
Aucun souhait qui reste à faire.

(1833.)

A MME AUBLIN DE VILLERS [1].

S'IL écoute nos vœux, que le temps sur son aile
Emporte vos douleurs, vos regrets, vos ennuis;
Qu'il vous donne en échange une santé nouvelle
Bien douce à vous, bien chère à vos amis ;
  Que tous vos momens de souffrance
De votre souvenir soient bientôt effacés,
Que l'avenir enfin, comblant notre espérance,
Vous refasse un présent de vos beaux jours passés !
   (1er janvier 1834.)

[1] Un mois après l'envoi des vers ci-dessus, nous reçûmes une écritoire; c'était celle qui avait appartenu à la bonne madame de Villers, et dont elle se servait le plus souvent. Ses enfans l'envoyaient comme souvenir à mon Elisa : leur mère n'existait plus!....

A MME BONAPARTE-WYSES [1].

Héritière d'un nom d'éternelle mémoire,
Puissiez-vous obtenir ce que vous méritez,
 Un bonheur semblable à la gloire
 De ce grand nom que vous portez !

(1ᵉʳ Janvier 1834.)

[1] Lors de l'inauguration de la statue de Napoléon sur la colonne, Elisa commença une ode qu'elle avait l'intention de dédier à madame Bonaparte-Wyses, fille de Lucien Bonaparte; elle en avait fait quatre-vingts et quelques vers; mais, comme elle ne les avait pas écrits et qu'il m'a été impossible de me les rappeler, je n'ai pu les joindre aux Œuvres, et j'en ai bien du regret, car cette ode était aussi grandiose que le sujet.

A MME ERNESTINE PANCKOUCKE.

1er Janvier 1834.

Le destin vous a faite heureuse autant qu'aimable.
ELISA MERCŒUR.

Puisque pour vous, et juste et favorable,
Le destin vous a faite heureuse autant qu'aimable,
Que de ses plus beaux dons il a su vous doter,
Que tous vos jours légers ressemblent à des fêtes,
Mon cœur cherche et ne voit rien à vous souhaiter,
  Que de rester ce que vous êtes (1).

(1) Je ne sais pas si ces vers sont bien exacts, je ne les ai trouvés que dans ma mémoire, car Elisa pensait que les personnes auxquelles on adressait de tels à-propos ne devaient pas y attacher plus d'importance qu'à une carte de visite.

A M. LE DOCTEUR DAUDÉJOS [1].

Interprète des vœux qu'envers mon bienfaiteur
    La reconnaissance m'inspire,
Daignez trouver pour moi quelque parole à dire,
De cette voix qui sait le chemin de son cœur.
    Loin de cet ami protecteur,
    Lorsqu'hélas! le temps vous entraîne,
    Par un décret du sort jaloux,
Accueillez ce souhait que nous formons pour vous :
Qu'il se lève bientôt un jour qui vous ramène
    Près de lui, près de nous !

    Paris, 1ᵉʳ janvier 1834.

---

(1) Ce fut au docteur Daudéjos, dont le comte d'Argout fait très grand cas, qu'Elisa dut la protection de ce ministre.

POUR LE MARIAGE DE Mlle LAURE R... [1]

AVEC M. HENRI D...

A MON NOUVEAU FILS.

J'avais un ange à l'âme pure et tendre,
   Un ange ami, dont l'aspect enchanteur
M'allégissait mes maux, me doublait mon bonheur,
    Et qui savait toujours m'entendre
    Lorsque je lui parlais du cœur.
    Cet être à la douce magie
Que le ciel m'envoya pour embellir ma vie ;
Des miracles charmans qu'à chaque instant, pour moi,
    Sa présence a su faire éclore,

[1] Madame R..., qui avait essayé quelques vers pour le mariage de sa fille, et qui n'était pas contente de ceux qu'elle avait faits, vint prier Elisa de la tirer d'embarras. Madame R... dit à Elisa qu'elle avait l'habitude d'appeler sa fille son ange.

Le prestige agrandi se répandra sur toi.
Car cet ange, Henri, c'est ma fille, ma Laure,
La femme qu'à ton sort unissent en ce jour
De leurs chaînes de fleurs et l'Hymen et l'Amour.
O toi, mon nouveau fils! toi, l'époux de mon ange!
Ce trésor qu'à ton cœur mon cœur a confié,
Quand de votre destin, par un intime échange,
Vous devez tous les deux recevoir la moitié ;
Ah! réalisez-moi l'attente la plus chère ;
Que son âme à la tienne inspire l'amitié
    Qu'elle donne à sa pauvre mère.

CHANT POLONAIS.

> Du sang des ennemis rougissez votre lance,
> Tous ceux dont vous foulez les ossemens épars
> Vous ont laissé pour glaive leur vengeance,
> Leur souvenir pour étendard.
>
> ELISA MERCŒUR.

I.

Près des flots du Dniester, au bouillonnant murmure,
Seul, le cœur palpitant sous une noble armure,
Aux champs que Zolkiewski consacra par sa mort,
Un brave chevalier, Seniawski, s'avance;
Il est triste, et sa main qui ne tient pas la lance
Caresse un blanc coursier qui ronge en paix son mord.

II.

L'air pur du mois des fleurs les balançait écloses...
Mais que lui font alors ou la neige ou les roses !
Il rêve aux beaux yeux bleus qui, jusques à son cœur,
En talisman d'amour, ont fait briller leur flamme,
Et cherche, réfléchie au miroir de son âme,
De leurs regards aimés la touchante douceur.

III.

(Elisa commença ce chant peu de temps avant sa mort. Les deux strophes ci-dessus se trouvent dans la Vieille-Pologne, publiée par M. Forster; la troisième strophe était faite, mais elle n'a pas été écrite, et je n'ai pu me la rappeler.)

INVOCATION A Mme GENOUDE [1]

APRÈS AVOIR LU LES VERS QUE M. DE GENOUDE AVAIT ADRESSÉS A
SA FEMME LORSQU'ELLE EMBELLISSAIT SA VIE.

> Déjà sa voix s'unit comme la voix d'un ange
> Aux célestes concerts.
> ELISA MERCŒUR.

Salut à tes vertus, femme qui de la tombe
Impose à ton époux fidélité d'amour,
Salut, ange du ciel, avant que je succombe,
Inspire-moi des vers qui durent plus d'un jour !

(18 ou 20 décembre 1834.)

[1] Le tribut de regrets que M. de Genoude paie à la mémoire de la mère de ses enfans, me dit Elisa, est le plus bel éloge que l'on puisse faire des vertus que possédait cette digne femme.

Si j'ai le bonheur de me rétablir, je ferai une ode sur elle ; je la dédierai au vertueux époux qu'elle a laissé ici-bas... Mais, hélas ! trois semaines après, ma pauvre enfant n'était plus elle-même qu'une mémoire !!...

VERS A .....

> Le malheur me retient sous sa méchante loi.
> Elisa Mercœur.

Les fers aux pieds, ma pénible existence,
Des lois du sort subissant la rigueur,
Cherchant la gloire et trouvant l'indigence,
Est enchaînée au bagne du malheur !
Ah ! puissiez-vous, accueillant ma prière,
Prendre en pitié la pauvre prisonnière,
Qui n'a rien fait pour mériter ses maux ;
Parler au sort, le gronder de sa haine,
Et le contraindre à me rendre ma chaîne
    Moins lourde de quelques anneaux (1) !

(1) Tous mes efforts pour trouver le nom de la personne à qui Élisa adressa ces vers ont été vains ; mais il est facile de s'apercevoir qu'ils s'adressaient à quelque protecteur.

BOABDIL,

ROI DE GRENADE,

TRAGÉDIE EN CINQ ACTES ET EN VERS;

PAR

MADEMOISELLE ÉLISA MERCOEUR,

AGÉE DE 20 ANS,

DÉDIÉE

A MADAME RÉCAMIER,

DE L'ABBAYE-AUX-BOIS.

Tout mortel revêtu d'un droit dont il abuse,
Se disant : je le peux, croit ainsi qu'il s'excuse.
Mais quand la mort le jette aux pieds de l'Eternel,
Le poids d'une injustice est un fardeau cruel.

ÉLISA MERCOEUR.

PARIS, 20 JUILLET 1829.

Cette pièce est telle qu'elle a été lue, le 3 mai 1831, au comité du Théâtre-Français, devant MM. Monrose, Joanny, Granville et Taylor.

A MADAME RÉCAMIER.

> A vous ma protectrice, à vous, cet humble hommage.
> ELISA MERCŒUR.

A vous, ange visible aux regards de la terre,
A vous, qui, tant de fois accueillant ma douleur,
Avez, en soulageant le poids de ma misère,
Versé de la pitié le baume salutaire
    Sur les blessures de mon cœur.
A vous, ma protectrice, à vous, cet humble hommage !
Permettez qu'avec vous formant ce doux lien,
A votre nom chéri j'ose joindre le mien.
De vos bontés puissé-je obtenir un tel gage !
Et puissiez-vous vous dire, en lisant cet ouvrage,
Que vous, qui possédez au suprême degré
Les grâces, la beauté, l'esprit, la bienfaisance,
Tous vos charmes unis n'ont jamais inspiré
    Un culte plus cher, plus sacré,
Un sentiment plus vrai que ma reconnaissance !
                  ELISA MERCOEUR.

CARACTÈRES ET COSTUMES.

BOABDIL. Vingt-six à vingt-sept ans, caractère indécis, timide ou emporté, cruel ou généreux; désir du crime combattu par la honte; n'osant penser d'après soi, se trouvant sous l'empire d'une fièvre morale, tantôt lente, tantôt fougueuse. — Riche tunique verte, brodée d'or, poignard enrichi de brillans, turban blanc, aigrette et croissant de diamans, écharpe pourpre, brodée d'or, terminée par une crépine or; riche ceinture formée par des agrafes de diamans; pantalon pareil à l'écharpe; la poitrine ornée de pierreries.

ALY. Cinquante-cinq ans, moustaches grises, cicatrices au front; haine profonde, fureur concentrée, assurance extrême, sachant toujours se maîtriser, ironie amère, politique atroce. — Même costume que Boabdil, à l'exception de l'aigrette, qui est noire et retenue par une agrafe de diamans.

ABENHAMET. Vingt-cinq ans, manières brillantes, caractère fougueux et passionné; impatience, jalousie, bravoure. — Au premier acte, tunique bleu-de-ciel, brodée d'argent et de perles, turban blanc, aigrette bleue, couleur affectée à la tribu des Abencerrages, magnifique poignard enrichi de brillans, riche ceinture, écharpe blanche brodée d'argent, pantalon pareil à l'écharpe; au deuxième et au quatrième actes, vêtement d'esclave de couleur foncée.

SÉIDE. Même âge qu'Abenhamet, caractère courageux et tranquille, indignation noble et calme, ami généreux et entièrement dévoué. — Au premier et au second actes, même costume qu'Abenhamet.

IBRAHIM, chef des juges. Soixante ans, manières nobles, démarche vénérable, vertu calme et courageuse, tour à tour indulgente ou sévère. — Vêtement blanc.

ZORAÏDE. Vingt ans, calme et résignation, désespoir concentré, vertu poussée jusqu'à l'excès. — Au second acte, robe de brocart d'or, voile brodé de pierreries; au troisième et quatrième actes, autre costume dans le même genre; au cinquième acte, vêtement de mousseline sans aucun ornement.

INÈS. Sensibilité, dévouement. — Costume espagnol.

Les Vanégas ont des tuniques pourpre et or, même turban et même écharpe que les Zégris.

Les Alabez sont vêtus d'incarnat brodé d'argent, même turban et écharpe qu'Abenhamet.

Les Zégris sont vêtus comme Aly.

Les Abencérrages sont vêtus comme Abenhamet.

Tous les juges sont en blanc.

Les esclaves nègres sont en blanc.

PRÉCIS SUR GRENADE.

A l'époque du sujet de cette pièce, le royaume de Grenade restait seul aux Maures, que les descendans de Pélage chassaient pied à pied de l'Espagne. Grenade était divisée en tribus; les premières étaient celles des Abencérrages, des Zégris, des Vanégas, des Almorades, des Gomèles et des Alabez. Une haine héréditaire régnait entre les Zégris et les Abencérrages; les autres tribus avaient épousé la querelle de ces deux familles et en portaient les turbans et les écharpes. Grenade, épuisée par les guerres du dehors, était encore déchirée par celles que se livraient ces haines intérieures. Mulei-Hassem ne pouvant abaisser l'orgueil des Zégris, crut se les attacher en prenant une épouse dans leur tribu: la fière Aïxa devint reine de Grenade. Elle donna le jour à Boabdil. Mulei-

Hassem, malheureux par cet hymen et excité par les conseils des Abencerrages, répudia Aïxa. La haine des Zégris contre les Abencerrages ne connut plus de bornes. Boabdil leur appartenait par les liens du sang; ils firent entrer dans son cœur la haine qu'ils portaient aux Abencerrages. Boabdil s'éloigna de son père, et finit par le détrôner. Les Zégris ne le quittaient plus et le conduisaient à leur gré. C'est ce même Boabdil que je mets en scène.

PERSONNAGES.

BOABDIL, roi de Grenade. — *Premier rôle.*
ALY, chef de la tribu des Zégris. — *Fort premier rôle.*
ABENHAMET, chef de la tribu des Abencerrages. — *Jeune premier.*
SÉIDE, jeune Abencerrage. — *Second jeune premier*
IBRAHIM, chef des juges. — *Premier père noble.*
UN HÉRAUT-D'ARMES. — *Troisième rôle.*
OCTAR, Abencerrage. — *Utilité.*
UN GARDE. — *Utilité.*
ZORAÏDE, reine de Grenade. — *Jeune premier rôle.*
INÈS, jeune esclave espagnole. — *Jeune première.*

ZÉRIS.
ABENCERRAGES.
VANÉGAS.
ALABEZ.
JUGES.
GARDES.
DEUX ESCLAVES NÈGRES.
ESCLAVES.
FEMMES DE LA REINE.
PEUPLE.
ESPAGNOLS.
GRENADINS.

La scène est à Grenade.

1ᵉʳ acte, salle des ambassadeurs dans le palais de l'Alhambra.
2ᵉ acte, jardin du généralif.
3ᵉ acte, une chambre de l'appartement de la reine.
4ᵉ acte, la salle de justice dans le palais de l'Alhambra.
5ᵉ acte, place de l'Albaysin.

BOABDIL,
ROI DE GRENADE.

ACTE PREMIER.

Le théâtre représente la salle des ambassadeurs dans le palais de l'Alhambra. Le parquet et les murs sont de mosaïque ; des versets de l'Alcoran sont gravés au-dessus des portes ; tout autour de la salle règne une tribune grillée. Le trône de Boabdil est à la droite du spectateur ; les guerriers sont rangés dans l'ordre suivant : à la droite de Boabdil, les Zégris et les Vanégas ; à sa gauche, les Abencerrages et les Alabéz ; les gardes veillent aux portes. Les drapeaux pris sur l'ennemi sont attachés aux murs, au-dessus de la tribune, et posés obliquement.

Ma volonté, voilà mes droits.
Elisa Mercœur.

SCÈNE PREMIÈRE.

BOABDIL, ALY, SÉIDE, ZÉGRIS, VANÉGAS, ABENCERRAGES, ALABEZ, GARDES.

BOABDIL est assis quand on lève la toile ; il se lève pour parler à ses guerriers.

Nobles chefs, qu'un devoir et pénible et sévère
Rassemble dans ces lieux pour condamner un frère ;
Vous, qui, pour le frapper en criminel d'état,
Portez le fer des lois dans la main du soldat,

Jamais, depuis le jour où l'ange de la gloire
Des rives de l'Afrique amena la victoire,
Où l'Espagne, soumise à des maîtres nouveaux,
Des enfans du désert arbora les drapeaux,
Jamais, dis-je, jamais, essuyant cet outrage,
Grenade, aux ennemis laissant ce noble gage,
N'avait encor perdu son étendard sacré;
Pour la première fois, un chef déshonoré,
Butin des Castillans, vient de voir sa bannière
De leurs camps à Jaën balayer la poussière.
Coupable de sa perte, il attend aujourd'hui
Le redoutable arrêt qui va peser sur lui.
Je sais qu'en ses décrets la loi, ferme, implacable,
Considère le crime et non pas le coupable.
Cependant, ne peut-on, rappelant ses exploits,
Mettre dans la balance et peser à la fois
La faute et les succès du chef abencerrage?
Mais cherchez dans les temps, interrogez l'usage :
J'attends votre conseil avant de condamner.
Prononcez.

LES ZÉGRIS et LES VANÉGAS.

La mort!

LES ABENCERRAGES et LES ALABEZ.

Grâce!

ALY.

Et pourquoi l'épargner?
De motifs étrangers nos lois sans tenir compte,
Doivent faire la part de l'honneur, de la honte.
Ces inflexibles lois, sans répondre du sort,
Imposent à nos chefs la victoire ou la mort.
Si la gloire à Jaën eût servi son courage,
Sur un char triomphal, recevant notre hommage,

ACTE I, SCÈNE I.

Abenhamet vainqueur fût monté..... Mais il faut
Qu'Abenhamet vaincu monte sur l'échafaud.
Qu'elle ordonne un triomphe, ou commande un supplice,
Lorsqu'il faut que la loi récompense ou punisse,
On doit, sans écouter l'envie ou l'amitié,
Récompenser sans haine, et punir sans pitié.
J'ai dit.

SÉIDE.

Peux-tu donner ce conseil détestable ?
Pour être malheureux, quoi ! l'on est donc coupable ?
Elle est juste, dis-tu, la loi dont la rigueur
Ainsi que d'un forfait peut punir d'un malheur !
Non ! cette loi fut faite en des temps où nos pères
N'avaient pas vu le ciel des rives étrangères.
Mais nous, qui, dans ces lieux conduits par nos destins,
Avons vu d'autres bords que les bords africains ;
Nous, qui, foulant aux pieds la terre d'Ibérie,
L'avons par droit de force acquise pour patrie ;
Nous avons comparé les mœurs ; notre raison
De sept siècles passés a compris la leçon,
Et nous prétendrions retourner en arrière !
Ah ! de nos préjugés secouons la poussière !
Brisons le joug usé de nos vieilles erreurs ;
Marchons avec les temps, et dérouillons nos mœurs !

BOABDIL.

Insultez-vous aux lois, à leurs décrets augustes ?

SÉIDE.

Non, roi ! mais je combats celles qui sont injustes.

ALY.

Celle-ci ne l'est pas, non ! Par l'impunité
On voit trop le vulgaire aux forfaits invité.

BOABDIL.

Je le répète, il faut qu'Abenhamet périsse,
Et que chef ou soldat, instruit par son supplice,
Sache, dans son devoir, par l'effroi retenu,
Que même châtiment à même faute est dû.
Ma voix également dira que, généreuse,
De leurs nobles succès la patrie orgueilleuse,
Doit prodiguer ses dons à ses triomphateurs.
Oui, des tourmens au lâche, au brave, des honneurs ;
C'est ainsi que la loi doit s'expliquer.

SÉIDE.

Peut-être
De la peur, selon toi, le courage peut naître.
De ce magique effet tu te flattes en vain :
Le lâche d'aujourd'hui sera lâche demain.
Je ne crois pas non plus, ainsi que tu le penses,
Que nous ayons besoin d'honneurs, de récompenses ;
Si l'on admet qu'on puisse acheter la valeur,
Un guerrier viendra donc, en insolent vainqueur,
Marchander sur le prix qu'il veut de sa victoire.
Ah ! celui qui comprend tout ce que vaut la gloire,
Soit qu'il l'acquière en paix, ou la trouve aux combats,
La donne à son pays et ne la lui vend pas !
Mais vous, qui, sans pitié quand le destin l'accable,
Traitez Abenhamet ainsi qu'un vil coupable,
Est-il un seul de vous, quels que soient vos succès,
Pouvant ici jurer de ne faillir jamais ?
Et toi même, à sa place, Aly, pourrais-tu croire
Qu'on pût de ta valeur perdre ainsi la mémoire ?
Qu'un revers fût un crime et valût le trépas ?
Non, j'ose l'attester, tu ne le croirais pas.
Mais enfin, malgré toi, ta haine se déclare,
Et......

BOABDIL.

Jeune homme, ton zèle un peu trop loin s'égare :

ACTE I, SCÈNE II.

Pour l'accuser de haine, as-tu donc oublié
Que c'est d'après lui seul qu'ici j'ai confié
L'étendard de Grenade au chef abencerrage ?
Qu'Aly fut le premier qui, vantant son courage,
Montrant de nos succès un gage en sa valeur,
Ait fait pencher enfin les voix en sa faveur ?

ALY.

Épargne-toi, grand roi, le soin de me défendre
Du reproche insolent que j'étais loin d'attendre ;
Pour en être offensé, j'en fais trop peu de cas :
Un trait lancé par lui, tombe, et ne m'atteint pas.
Je me sens à l'abri d'une telle blessure ;
Au poids de l'offenseur on doit peser l'injure.

BOABDIL.

Gardes ! Abenhamet en ces lieux peut entrer.
Puisque dans ma justice en vain, pour m'éclairer,
J'ai cherché vos conseils, ma volonté suprême
Ne doit plus maintenant consulter qu'elle-même.
Quel qu'il soit, nobles chefs, respectez mon arrêt.
Gardez-vous !.... Mais silence ! Abenhamet paraît.

SCÈNE II.

BOABDIL, ALY, SÉIDE, ABENHAMET, Guerriers, Gardes.

ABENHAMET.

Oui, c'est Abenhamet qui, vous guidant naguères,
N'ose plus vous nommer du nom chéri de frères ;
C'est lui que, pour frapper du dernier de ses coups,
Le destin réservait à rougir devant vous.
Dans un homme avili, que son opprobre accable,
Ne voyez plus l'ami, regardez le coupable ;

Oubliez à jamais mes triomphes passés :
Du chemin de l'honneur mes pas sont effacés.
Si j'eus quelque valeur, en ce moment, qu'importe !
Je dois mourir aussi, puisque ma gloire est morte !
Boabdil, devant toi, je courbe ici mon front ;
Sur lui, de mon pays tu dois venger l'affront,
Sans chercher si je suis ou coupable ou victime,
Si je dois expier mon malheur ou mon crime.
C'est à moi de subir les rigueurs de mon sort ;
C'est à toi d'être juste et d'ordonner ma mort.

BOABDIL.

Proscrite par la loi, ta tête criminelle
Doit tomber sous le fer ; mais, moins sévère qu'elle,
Ma volonté, placée au-dessus de la loi,
Va seule prononcer : écoute, et soumets-toi.
Que la honte, l'oubli sur ta tête retombe !
Va chercher dans l'exil un asile, une tombe.
Rejeté loin de lui, ton pays désormais,
Comme un de ses enfans te renonce à jamais.
Ce jour seul dans ces murs à tes pas reste encore ;
Mais avant le retour de la prochaine aurore,
Pars ! Tel est ton destin, et mon arrêt.

ABENHAMET.

Oh ! ciel !
Moi vivre, moi subir un opprobre éternel !
Lorsque je dois mourir, pourquoi changer ma peine ?
Une telle clémence est injuste, inhumaine.
Ah ! mille fois la mort, plutôt que la faveur
Qui réserve ma tête au joug du déshonneur !
Appelle tes bourreaux !

BOABDIL, s'emportant.

Audacieux esclave !
D'où te vient cet orgueil qui m'insulte et me brave ?

Je la devrais punir, cette indigne fierté,
Qui se heurte aujourd'hui contre ma volonté.
Je ne m'occupe pas de ta reconnaissance ;
Mais, j'ai parlé ; j'ai droit à ton obéissance,
Et tu sais maintenant l'ordre de Boabdil.

ABENHAMET.

Je le subirai donc, cet exécrable exil !
Oui, je vais y pleurer la perte de ma gloire ;
Pour supplice au désert j'emporte ma mémoire.
Je vais partir ; adieu, vous qu'aux champs de l'honneur
Tant de fois j'ai guidés, quand je marchais vainqueur ;
Vous qu'un premier revers, lorsqu'il me déshonore ;
Me rend indigne, hélas ! de commander encore.
J'ai flétri dans un jour vos lauriers et les miens ;
C'en est fait, ma défaite a brisé nos liens.
Et toi, Grenade, adieu, toi, ma belle patrie !
Qu'Abenhamet toujours dans son âme a chérie ;
Toi, qui m'as vu superbe au temps de mon bonheur ;
Toi, qu'il me faut quitter au jour de la douleur,
Que j'aimais de l'amour que l'on a pour sa mère.
Loin de ton beau pays j'emporte ma misère.
On me défend de vivre et d'expirer pour toi !...
Que tes autres enfans soient plus heureux que moi !
Et vous, dignes soutiens du nom d'Abencerrage,
Quand de mes jours affreux la honte est le partage,
Ne songez plus à moi ; ne vous informez pas
Sous quel ciel, dans quel lieu, j'irai cacher mes pas.
Je ne mérite, hélas ! vos regrets ni vos larmes ;
Repoussez ma mémoire, oh ! mes compagnons d'armes !
A vos cœurs fraternels j'adresse un dernier vœu :
Que je sois mort pour vous, que l'on m'oublie ! Adieu.

SCÈNE III.

BOABDIL, ALY, SÉIDE, Guerriers.

ALY, à part.

Va, ce n'est pas la loi qui sur ton sort décide,
Tu ne partiras pas !

BOABDIL, s'avançant vers Séide.

Jeune et brave Séide,
Toi, qui sais réunir la gloire et la vertu,
Reçois de mon pouvoir un titre qui t'est dû.
Saluez votre chef, enfans d'Abencerrage.

LES ABENCERRAGES.

Gloire à Séide !

ALY, à part.

Oh ! ciel !

SÉIDE.

Quoi ! ce prix du courage,
Puis-je ?....

BOABDIL.

Un autre aujourd'hui l'obtiendrait de ton roi
Si quelqu'autre l'avait mérité plus que toi.

SÉIDE.

Roi de Grenade, avant que ton sujet fidèle
Puisse justifier cette faveur nouvelle,
Je jure, en succédant aux droits d'Abenhamet,
De t'obéir dans tout ce que l'honneur permet.

BOABDIL.

Que Dieu reçoive au ciel le serment qui t'enchaîne !
Et vous tous, puissiez-vous abjurer cette haine

Qui divisant toujours vos superbes tribus,
A livré tant de fois des combats superflus !
Alabez, Vanégas, Zégris, Abencerrages,
L'honneur se trouve aussi dans l'oubli des outrages.
Ne soyez, renonçant à tous ces vains débats,
Qu'une seule famille, en marchant aux combats.
Jusqu'alors, séparés, si vous fûtes terribles,
Unissez-vous, amis, vous serez invincibles !

SÉIDE.

S'il défend mon pays, quand il faut le venger,
Tout soldat est mon frère au moment du danger.
Des outrages reçus j'ai perdu la mémoire :
La haine disparaît où j'aperçois la gloire.

BOABDIL.

Bien ! vous qui l'écoutez, j'accepte devant vous
Ces nobles mots d'un seul pour les garans de tous.
Il est temps de former cette union si belle.
De nos revers déjà la rapide nouvelle,
Chez les peuples surpris au loin a pénétré.
Croyant voir de ma perte un présage assuré,
Dans l'affront qu'à Jaën ont essuyé nos armes,
S'abandonnant sans honte à de lâches alarmes,
Mes alliés d'Afrique, oublieux de leur foi,
Au mépris des traités se détachent de moi.
Venant à mon secours trois mille Bérébères,
Rangés sous mes drapeaux devaient combattre en frères ;
Le superbe Alhamar vers vous les conduisait.
J'apprends que, rappelés par un ordre secret,
Ces guerriers, retournant vers les rives barbares,
Ont déjà repassé les monts des Alpulxares ;
Que, trahissant ma cause et m'ôtant son appui,
Le monarque de Fez les rappelle vers lui.
Il a raison, il a douté de ma puissance.
D'un pouvoir étranger la prudente alliance

Doit suivre la fortune et quitter le malheur.
Eh bien ! nous serons seuls à la peine, à l'honneur ;
Si l'ange des combats nous donne la victoire,
Ils n'auront pas du moins leur part dans notre gloire !
Et nous ne verrons pas, libres triomphateurs,
Jusque dans nos foyers d'insultans protecteurs
Nous contraindre à souffrir que leur fière exigence
Exploite à leur profit notre reconnaissance,
Et nous force à payer, du fruit de nos succès,
L'avilissant traité d'une honteuse paix !.
Dans deux jours au combat l'Espagnol vous appelle.
Qu'au rendez-vous guerrier chacun de vous fidèle,
Jure ici de garder, jusqu'au dernier effort,
Son poste de triomphe ou son poste de mort !

ALY.

Par le mépris qu'inspire et mérite un esclave ;
Par l'honneur, cette soif qui dévore le brave ;
Par l'éternel sommeil goûté dans les tombeaux ;
Par le respect divin que l'on doit aux héros,
Nous le jurons ! S'il est un traître à la patrie,
Oubliant ce serment, dans son âme flétrie,
Dans un lâche repos s'il compte ses instans,
Que pour cacher sa honte il sorte de nos rangs,
Ou son cœur sentira le froid d'un cimeterre.
                                  (Il tire son cimeterre.)
Mort ! mort aux Castillans ! voilà mon cri de guerre !
A ce cri, répété sur leurs corps expirans,
La gloire répondra.

TOUS, en tirant leur cimeterre.

Mort, mort aux Castillans !

BOABDIL.

Moi, comme votre chef, comme roi, je le jure !
Oui, mort aux Castillans ! mais opprobre au parjure !

L'oubli le plus infâme est celui des sermens.
Pour consacrer le vôtre, assemblez les imans;
Vous rendant avec eux dans la grande mosquée,
Que la faveur du ciel soit pour vous invoquée.
Remplissez envers Dieu ce devoir important.
Préparez-vous, allez; je vous suis à l'instant.

SCÈNE IV.

BOABDIL, ALY.

BOABDIL, retenant Aly.

Demeure. Oh! j'étouffais de rage et de contrainte.
Quel horrible fardeau! quel tourment que la feinte!
Qu'on souffre, étant forcé de ne pas être soi!
Abenhamet... Oh! ciel! moi, son rival, son roi!
C'est moi qui le protège, et ses jours que j'abhorre,
Ses jours affreux, c'est moi qui les conserve encore.

ALY.

Cette nuit même, avant qu'il parte pour l'exil,
Dans le secret de l'ombre, un poignard ne peut-il.....

BOABDIL.

Que dis-tu, malheureux?

ALY.

Quoi! des Abencerrages
Deviendrais-tu l'appui?

BOABDIL.

Moi, grand Dieu! tu m'outrages.
Non, non, je ne suis pas dégénéré du sang
Dont la fière Aïxa m'a formé dans son flanc;

Je suis bien un Zégris! Votre orgueil et vos haines,
Avec ce noble sang, ont passé dans mes veines ;
Je ne puis, comme vous, sentir qu'avec fureur ;
Rien de paisible, ami, ne fut fait pour mon cœur.
Et pourtant, je ne sais quelle étrange puissance
Commandait à ma voix, qui portait la sentence ;
Le mot de mort, ce mot est resté dans mon sein,
Il n'a pu s'approcher de mes lèvres...... Enfin,
Le croiras-tu ? dicté par un pouvoir suprême,
Surpris de cet arrêt que je portais moi-même,
Je l'ai cru prononcé par un autre que moi.

ALY.

(A part.)   (Haut.)
Le lâche ! Il en est temps ; tu le peux, venge-toi.

BOABDIL.

Non !

ALY.

Quel effroi t'arrête ?

BOABDIL.

Ah ! devant ce scrupule,
Ignores-tu pourquoi ma vengeance recule ?

ALY.

Va, je ne sais que trop quel souvenir fatal
Combat ici ta haine et défend ton rival.
En butte trop long-temps aux refus d'une femme,
Tu voyais ton pouvoir s'arrêter à son âme ;
Ton amour, ta puissance en vain parlaient pour toi :
Abenhamet aimé l'emportait sur son roi.
Enfin, de ton amour le destin fut complice ;
Du vaincu de Jaën s'apprêtait le supplice ;
Lorsque toi seul pouvais l'arracher à la mort,
Tu rendis son amante arbitre de son sort :

ACTE I, SCÈNE IV.

Au prix de ton hymen elle obtenait sa grâce.
Tu vis de ses refus s'évanouir l'audace ;
Et l'enchaînant à toi d'un lien éternel,
Sur l'échafaud brisé tu fis dresser l'autel.

BOABDIL.

Et tu veux que je sois assassin et parjure !
Que, faisant d'un serment une horrible imposture,
L'échafaud sur l'autel se relève à son tour !
Que Zoraïde, en vain immolant son amour......

ALY.

Lorsqu'elle t'appartient., loin de toi la faiblesse
De vouloir t'abaisser à tenir ta promesse.
Aux mortels, au prophète, à Dieu même juré,
Un serment qui peut nuire est-il encore sacré ?

BOABDIL.

Ah ! ne me prouve pas l'utilité d'un crime.....
N'en fais pas à ma haine un moyen légitime.
Sais-tu que je pourrais céder à mes transports,
Si j'étais sûr de moi pour dompter mes remords ?
Ne crois pas que ce soit la pitié qui m'arrête.
T'avoûrai-je une crainte et honteuse et secrète ?
Mon rival au tombeau descendrait aujourd'hui,
Si j'y pouvais jeter sa mémoire avec lui !
Mais je sens trop, hélas ! au trouble qui m'accable,
Que l'oubli n'entre pas dans le cœur d'un coupable ;
Et je suis malgré moi par ce doute abattu :
Innocent par faiblesse, et non pas par vertu.

ALY.

Eh bien ! laisse une épouse et celui qu'elle adore,
Plus hardis.....

BOABDIL.

　　　　　Dans l'exil puis-je le craindre encore ?
Quand la loi, quand l'honneur leur défend de se voir ?

ALY.

Connais-tu quelque arrêt qui défende l'espoir ?
Soit de près, soit de loin, tous deux d'intelligence
Sauront former, crois-moi, des projets de vengeance :
Peut-être ont-ils déjà préparé le poignard ;
Préviens-les, mais redoute un moment de retard.
Une heure que l'on perd devient souvent funeste.
Songe que dans ces lieux un jour encor lui reste ;
Qu'il peut sur son rival porter un coup mortel :
Que celui qu'on soupçonne est déjà criminel.

BOABDIL.

Oh ! mille fois coupable ! on me déteste, on l'aime !
Malheureux !

ALY.

Sache donc, dans ton intérêt même,
T'abandonner sans honte à ton juste courroux,
Et sauver à la fois le monarque et l'époux.

BOABDIL.

Le monarque et l'époux, comment ! quels noirs présages ?
Que veux-tu dire encor ?

ALY.

Que les Abencerrages
Sauront venger leur chef par ton ordre exilé ;
Que peut-être, par eux du désert rappelé,
Bientôt on les verra....

BOABDIL.

Non, je ne puis te croire.
Ce doute n'est-il pas démenti par leur gloire ?

ALY.

N'a-t-on jamais uni le crime à la valeur ?

ACTE I, SCÈNE IV.

BOABDIL.

Non, toujours leurs vertus ont trompé ma fureur,
Empêché ma vengeance, et, s'il faut te le dire,
Ces vertus qu'à la fois je déteste et j'admire,
M'affermissent encor dans ma haine contre eux ;
Lorsque braves soldats, citoyens généreux,
Même aux yeux de l'envie ils sont irréprochables,
Je sens que je voudrais qu'ils devinssent coupables ;
Et (d'un pareil souhait devrais-je convenir),
Je voudrais acheter le droit de les punir !

ALY.

Eh quoi ! ne l'as-tu pas ? Est-ce en vain que ton père
Jadis par leurs conseils répudia ta mère ?
L'as-tu donc oublié ?

BOABDIL.

Ma mère ! Dieu puissant !

ALY.

Eh bien ! fils d'Aïxa, sois fidèle à ton sang.

BOABDIL.

Ma mère ! oh ! devais-tu t'attendre à cet outrage !
Devais-tu le subir, toi ?

ALY.

Si son fils partage
L'horreur qu'elle en ressent, venge-la de l'affront
Dont un époux trop faible a fait rougir son front.
Que dis-je ! n'attends pas que le poignard d'un traître...

BOABDIL.

De ma raison déjà je ne suis plus le maître ;
Cette raison qui fuit me laisse à ma fureur.
Quoi ! malgré soi, faut-il aimer avec ardeur !

Ne pouvoir, trop instruit, hélas! qu'on vous déteste,
Triompher un instant de cette ardeur funeste!
En rougir, et pourtant s'en laisser dévorer!
Et, se sentant haï, ne pas même ignorer
Que celle à qui l'horreur est tout ce qu'on inspire,
Sait aussi ce que c'est qu'aimer jusqu'au délire!
Qu'elle aime! et que sans cesse un fantôme jaloux,
Repoussant le bonheur, se place entre elle et vous!
Sentir un cœur de glace auprès d'un cœur de flamme!
Ne pouvoir échanger son âme contre une âme!
Puis, entendre toujours, comme infernal arrêt,
Dans le cœur une voix qui vous crie : On te hait!
Ah! quand on souffre ainsi, l'on peut être coupable.

ALY.

Eh bien!

BOABDIL.

Transport affreux! Tourment épouvantable!
(Revenant comme d'un songe.)
Que dis-tu?

ALY.

Qu'empêchant un mal qu'on sait prévoir,
Toute vengeance est juste et devient un devoir.

BOABDIL.

Lorsqu'il est seul aimé, j'hésite!... Ah! qu'il succombe!
Qu'il meure! mais sans bruit. Dans la nuit de la tombe
Enfermons avec lui cet odieux secret;
Confident du cercueil, comme lui sois discret,
Mais hâte-toi surtout : songe, dans ta prudence,
Qu'il faut sauver ma gloire et presser ma vengeance;
Que si j'ai pu braver la crainte d'un remord,
Je... ne me revois plus qu'en m'apprenant sa mort.

(Il sort.)

SCÈNE V.

ALY, seul.

Et tu verras qu'Aly ne se fait pas attendre.
(Après un moment de silence.)
J'ai donc ouvert ta tombe, et tu vas y descendre !
Mais l'abîme où tu n'es entraîné que par moi,
Je ne l'ai pas creusé pour n'y jeter que toi,
Superbe Abenhamet ! Non, pour être assouvie,
A ma sombre fureur il faut plus d'une vie ;
Tu ne mourras pas seul ! De ta fière tribu
Vainement le trépas m'est encore défendu.
Le faible Boabdil, qui voudrait et qui n'ose,
Pour éclater ne cherche et n'attend qu'une cause ;
Elle naîtra. Bientôt, par mes soins préparé,
Au même lit de mort je vous endormirai.
A celle d'un poignard joignant d'autres blessures,
Ma haine te réserve à d'horribles tortures ;
Et les maux que l'enfer peut assembler sur nous,
Mon rival, en mourant, les aura soufferts tous.
Du moins, si je ne puis étouffer ta mémoire,
Tu paîras le tourment que m'a causé ta gloire !
(Il sort. La toile tombe.)

FIN DU PREMIER ACTE.

ACTE II.

Le théâtre représente le jardin du généralif. Deux bosquets sont placés sur le devant de la scène, un de roses à la droite du spectateur, un de grenadiers à la gauche; la nuit règne. On distingue, dans le fond, à travers les arbres, quelques fenêtres du palais; les lustres de l'intérieur font apercevoir les jalousies baissées. Une fontaine, ombragée par des rosiers, des grenadiers et des orangers, est au milieu de la scène; un rayon de lune, glissant à travers les arbres, éclaire le bosquet de roses. Le reste est plongé dans l'ombre. Abenhamet et Séide sont vêtus en esclaves; Abenhamet précède.

> Lorsque l'âme est ployée au joug des passions,
> Quelques biens, quelques maux que l'on perde ou qu'on brave,
> Le cœur sans réfléchir obéit en esclave.
> Devant son objet seul tout fuit, tout disparaît ;
> La passion commande, et la raison se tait.
>
> Elisa Mercœur.

SCÈNE PREMIÈRE.

ABENHAMET, SÉIDE.

ABENHAMET.

Viens, l'ombre nous protège, on n'aura pu nous voir.
C'est ici, mon cœur bat et de crainte et d'espoir ;
Quel trouble en ce moment et m'agite et m'oppresse !
Sera-t-elle, ô mon Dieu ! fidèle à sa promesse ?
Viendra-t-elle ? et saurai-je, en ce funeste jour,
Si je lui dois enfin ma haine, ou mon amour ?

SÉIDE.

Ah ! malheureux ! combien d'une telle entrevue,
Dans de pareils instans, je redoute l'issue !

ABENHAMET.

Comment ? De quels soupçons tes esprits alarmés ?....

SÉIDE.

Penses-tu que sur vous tous les yeux soient fermés ?
Crois-tu que Boabdil, affectant la clémence,
Et contre la loi même embrassant ta défense,
Te puisse pardonner d'être aimé plus que lui ?
Non ! quand ton fier rival te présente un appui,
De sa feinte bonté le funeste artifice
Veut épargner sa gloire, en cachant ton supplice.
Peut-être......

ABENHAMET.

    Eh ! que me font les dangers que je cours !
C'est aux heureux du monde à craindre pour leurs jours.
Mais, pour moi, qu'ai-je donc de si beau dans ma vie,
Pour l'aimer, pour trembler qu'elle me soit ravie ?
Qui n'attend nul bonheur, qui ne sent nul remord,
Ne doit pas faire un pas pour éviter la mort.

SÉIDE.

Oui, mais faut-il aussi courir au-devant d'elle ?
Que dis-je ! dans ces lieux Zoraïde t'appelle ;
Eh bien ! même à l'abri des maux que j'entrevoi,
Tu vas la voir, hélas ! c'est beaucoup trop pour toi ;
Tu vas, en retrouvant cet objet de ta flamme,
Tout entière à l'amour abandonner ton âme.
De ce charme funeste un moment enivré,
Demain tu partiras, jaloux, désespéré ;
Demain, tu trouveras mille fois plus cruelle
L'horreur dont est suivie une absence éternelle.

ACTE II, SCÈNE I.

ABENHAMET.

Demain ! ah ! va, pour moi cette horreur, ces tourmens,
Ne seront que trop vite apportés par le temps ;
Sans aller, poursuivi par leur fatale image,
A les souffrir d'avance épuiser mon courage.
Que viens-tu me parler de demain, d'avenir ?
Puis-je encore y songer, lorsqu'elle doit venir ?
Loin de moi tout penser qui n'est pas Zoraïde !
Elle seule, et puis rien, rien après, cher Séide.
Je ne puis, je ne veux rien prévoir du destin,
Je dois la voir ce soir, que m'importe demain !

SÉIDE, à part.

Mon Dieu ! protégez-les !

ABENHAMET, écoutant.

Ecoute.... l'on s'avance ;
On vient.... non.... ma voix seule interrompt le silence.
Séide, c'est ici qu'en des jours plus heureux,
Son vieux père jadis la promit à mes vœux.
Là, jouissant en paix de sa douce présence,
Du bonheur attendu je goûtais l'espérance ;
Alors....

SÉIDE.

Oui, mais depuis ? As-tu donc oublié
A quel sort maintenant son destin est lié ?

ABENHAMET.

Ah cruel, ta raison m'accable et me déchire.
Quoi ! ne devais-tu pas, respectant mon délire,
Quand ainsi j'oubliais un instant ma douleur,
Me laisser ma démence, à défaut de bonheur !
Mais non, me rappelant son hymen exécrable,
Tu me fais souvenir combien elle est coupable.....

Mais elle ne l'est pas ; non , cet hymen fatal
N'est que le fruit affreux d'un complot infernal ,
Et peut-être sa bouche en ces lieux va m'apprendre
Ce secret odieux, que je ne puis comprendre ;
Vainement tout me dit qu'elle a pu me trahir,
Mon cœur la plaint, l'excuse, et résiste à haïr.

SÉIDE.

Tu cherches à tromper la douleur qui t'anime.

ABENHAMET.

Oh ! ne m'empêche pas de douter de son crime !
Si j'en étais certain, sais-tu qu'en ma fureur,
Je pourrais lui plonger un poignard dans le cœur ?
Et que de ce poignard , teint d'un sang infidèle,
Je pourrais me frapper et mourir vengé d'elle ?

SÉIDE.

Ah ! grand Dieu !

ABENHAMET.

Prends pitié d'un amant insensé,
Ne me détrompe pas si je suis abusé.
Séide, laisse-moi mon erreur consolante ;
Songe que j'ai besoin de la croire innocente ;
Que l'hymen , à mes vœux l'enlevant sans retour,
Ne m'a point arraché cet invincible amour
Qui me brûlait jadis, qui me consume encore ,
Qu'à peine je contiens dans l'âme qu'il dévore ;
Cet amour, qui, naguère encor pur et sacré,
Par des nœuds immortels dut être consacré ;
Qui, souvent au combat me guidant plus terrible,
M'a presque fait douter qu'il fût rien d'impossible ;
Qui doublait à la fois ma force et ma vertu ;

(Abenhamet prend la main

Ce lent et doux poison dont l'ardeur..... Aimes-tu ?

ACTE II, SCÈNE I.

SÉIDE.

Non, de l'amour encor mon cœur sait se défendre.

ABENHAMET, repoussant la main de Séide.

Insensé! je parlais à qui ne peut m'entendre!
Quoi! tu n'as point aimé? tu n'aimes pas, ami?
Tu n'as donc pu jamais être heureux qu'à demi?
Qu'Abenhamet te plaint de ton indifférence!

SÉIDE.

A-t-il donc pour me plaindre oublié sa souffrance?
Mais, ami, laissons là ce que j'éprouve ou non,
Et si tu peux encore écouter la raison,
Si sa voix...

ABENHAMET.

Que dis-tu? moi l'écouter, la suivre?
Réponds-moi; quand l'honneur, quand la gloire t'enivre,
Lorsque pour la chercher tu voles aux combats,
Si l'on venait te dire, en retenant tes pas,
Que t'offrant loin des camps un bonheur pur, tranquille,
La raison te rappelle... à ton cœur indocile,
Repoussant tout conseil, affermi dans son choix,
Vainement la raison ferait parler sa voix,
Tu ne l'entendrais pas. Eh bien! tu peux m'en croire,
L'amour ne sait pas plus l'écouter que la gloire.
Quelles que soient, ami, celles que nous sentions,
Lorsque l'âme est ployée au joug des passions,
Quelques biens, quelques maux que l'on perde ou qu'on brave,
Le cœur sans réfléchir obéit en esclave.
Devant son objet seul tout fuit, tout disparaît;
La passion commande, et la raison se tait.

SÉIDE.

Tu le prouves du moins... mais on s'approche... écoute,
On vient.

ABENHAMET.

C'est Zoraïde, oui, c'est elle sans doute.

SÉIDE.

Mais n'allons pas, avant de nous en assurer,
Par un funeste espoir nous laisser égarer ;
Eloignons-nous...

ABENHAMET.

Séide, oh! ciel! que peux-tu dire?

SÉIDE.

Viens, malheureux, crois-en la crainte qui m'inspire,
Songe qu'un autre qu'elle ici peut te chercher ;
Dans ce doute fatal, tremble de t'approcher !
Viens!

(Il l'entraîne.)

SCÈNE II.

ZORAIDE, INÈS.

ZORAIDE, *s'asseyant un moment, écoute avec inquiétude.*

Quelqu'un était là, des pas se font entendre?

INÈS.

Et qui pourrait ici chercher à vous surprendre,
Madame? quel mortel assez audacieux
Oserait pénétrer à cette heure en ces lieux?

ZORAIDE, *s'asseyant sous le bosquet de roses.*

Je ne sais; aujourd'hui, d'une invincible crainte,
Partout, à tout moment, je sens mon âme atteinte,
Et le plus faible bruit y portant la terreur,
Comme un pressentiment, retentit dans mon cœur.

ACTE II, SCÈNE II.

INÈS.

Madame, repoussez un semblable présage.
Eh quoi! lorsque fidèle au serment qui l'engage,
Boabdil envers vous esclave de sa foi...

ZORAIDE.

Oui, son rival sans doute est sauvé pour la loi,
Mais sous ses pas la tombe est-elle bien fermée?
Je voudrais, dans l'effroi dont je suis alarmée,
Qu'à l'abri des fureurs du sombre Boabdil,
Il eût foulé déjà la terre de l'exil.
Ciel! devais-je jamais penser qu'en ma souffrance,
Je dusse quelque jour désirer son absence?
A quel comble d'horreurs, grand Dieu, tu me réduis!

INÈS.

Madame, qu'à mon zèle un conseil soit permis.
Ici, tout vous rappelle une trop chère image ;
Quand vous avez besoin de tout votre courage,
Pourquoi dans ce jardin chaque soir revenir?
Le jour vous êtes calme et semblez moins souffrir.

ZORAIDE.

Calme! par quelle erreur es-tu donc abusée ?
Tu ne sais donc plus lire au fond de ma pensée?
Moi calme! quand il faut dévorer ma douleur!
Quand il faut repousser mes larmes vers mon cœur !
Et lorsque, succombant sous le poids qui m'oppresse,
Il faut voir, vils témoins qui me suivent sans cesse,
Des femmes, dont l'œil sec observant tous mes pas,
Me regarde, s'étonne, et ne me comprend pas!
Toi, qui loin du pays où passa ton jeune âge,
Captive, à nos guerriers es tombée en partage,
Chère Inès, au-dessus d'un semblable destin,
Espagnole, un cœur libre est du moins dans ton sein :
Tu conçois ma douleur, mes regrets, ma tristesse.

INÈS.

Oui, je sais vous comprendre, ô ma noble maîtresse !

ZORAÏDE.

Et pourquoi voudrais-tu me priver aujourd'hui
Du douloureux plaisir de te parler de lui ?
Tu crains pour moi ces lieux tout pleins de sa présence,
Ah! connais donc enfin leur charme, leur puissance!
Sais-tu bien, chère Inès, qu'il me semble, en ces lieux,
S'échapper de mon cœur pour paraître à mes yeux ?
Ce prestige enivrant d'un souvenir de flamme
Me le rend tel qu'il est aux regards de mon âme.
Oui, souvent, douce erreur! je l'entends, je le vois,
Il me semble que l'air a retenu sa voix;
Qu'il vient, que de ses pas le bruit me frappe encore,
Qu'il est là, qu'il me parle, et me dit qu'il m'adore.
Oui!

SCÈNE III.

ZORAÏDE, INÈS, ABENHAMET.

ABENHAMET, qui a entendu les derniers mots de Zoraïde, s'appro[che]
doucement et lui prend la main.

Zoraïde!

ZORAÏDE, se levant et jetant un cri.

Oh! ciel! vous ici! fuyez-moi!
Fuyez! l'honneur le veut!

ABENHAMET.

D'où te vient cet effroi ?
Je ne m'applique pas le trouble qui t'agite.
Quand tu m'as appelé, tu veux presser ma fuite ?
Près de moi, Zoraïde, ah! bannis ta frayeur;
Elle empoisonnerait ce moment de bonheur.

ACTE II, SCÈNE III.

ZORAIDE.

Moi t'appeler ! jamais : quelle horreur m'environne !
Si tu peux deviner tout ce que je soupçonne,
S'il t'est possible encor d'échapper au trépas,
Fuis, te dis-je ! en ces lieux je ne t'attendais pas !

ABENHAMET, tirant de son sein un bouquet, le montre à Zoraide.

Tu ne m'attendais pas ? quoi ! ces fleurs, ce message
Qui d'un reste d'amour m'avait semblé le gage,
N'était pas de toi ?
(Il rejette loin de lui le bouquet avec colère.) (1)

ZORAIDE.

Non, je le jure, mon Dieu !
Fuis, ou laisse-moi fuir ; Abenhamet, adieu !

ABENHAMET.

Tu ne m'attendais pas ? Oh ! ciel !

INÈS.

Venez, madame.

ABENHAMET, saisissant fortement la main de Zoraide.

Reste ! tu viens d'ôter la pitié de mon âme.
Je sens presque, à l'horreur dont je suis agité,
Que je verrais ta mort avec tranquillité !
Oui !

INÈS.

Venez.

ZORAIDE.

L'insensé ! le désespoir l'égare.
Je ne puis.....

ABENHAMET.

Quel que soit le sort qu'on me prépare,
Je l'attends ! sous mes pas l'abîme peut s'ouvrir.

ZORAIDE.

Fuis !

ABENHAMET.

Crois-tu que je tremble, au moment de mourir ?
Qu'ai-je, pour aimer seul, tant besoin de la vie ?
La tombe est désormais l'asile que j'envie.
Va, tu creusas la mienne en trahissant ta foi ;
Elle va m'être au moins plus fidèle que toi.

ZORAIDE.

Ah ! cruel ! de quels coups vous venez de m'atteindre,
Vous ne m'épargnez pas !

ABENHAMET.

Moi ! j'ai tort de me plaindre.
Boabdil en effet dut l'emporter sur moi :
Oui, tu m'as dû trahir, car je ne suis pas roi.

ZORAIDE.

Le malheureux !

ABENHAMET.

Croyez aux sermens d'une femme !
Quand l'espoir d'être aimé vous brûle de sa flamme,
Laissez-la vous jurer un amour éternel ;
Voyez, pour vous unir, se préparer l'autel ;
Et puis, qu'il vienne un roi dans sa grandeur suprême,
Pour présent d'hyménée offrant un diadême,
Dussiez-vous être aimé, dût-il être haï,
Qu'il vienne un roi, vous dis-je, et vous serez trahi !

ZORAIDE.

Ciel !

ABENHAMET.

Mon Dieu, ne peux-tu m'arracher la mémoire
De ces temps de bonheur où je n'aurais pu croire
Que celle que j'aimais dût préférer, un jour,
La couronne à mon cœur, la puissance à l'amour?

ZORAIDE.

Non! vous ne croyez pas qu'hélas! je les préfère;
Qu'un trône, des grandeurs, sans vous puisse me plaire.
Vous le dites en vain, j'en atteste les cieux!
Vous ne le croyez pas : vous me connaissez mieux.

ABENHAMET.

Alors, à Boabdil pourquoi t'es-tu donnée?

ZORAIDE.

Pourquoi?........ quand à l'autel où je me suis traînée,
J'ai pu, malgré mon cœur, l'accepter pour époux;
Savez-vous, malheureux, qui m'y forçait?

ABENHAMET.

Qui?

ZORAIDE.

Vous!

ABENHAMET.

Moi! comment? qu'as-tu dit?

ZORAIDE.

Oui, toi, dont la victoire
Avait, dans son caprice, osé trahir la gloire;
Qui, vaincu, sans défense, allais, dans ton malheur,
Perdre, hélas! à la fois l'existence et l'honneur.
D'impatiens bourreaux préparaient ton supplice;
Eh bien! je t'ai trahi : cet affreux sacrifice,

Quand la mort t'attendait, je l'ai dû consommer,
Pour te sauver ainsi, qu'il a fallu t'aimer !

ABENAMET, avec humeur.

Et pourquoi les as-tu sauvés, ces jours horribles ?
Ces jours à supporter désormais impossibles ?
Qui te l'a dit ? moi-même, en te rendant ta foi,
Voulant vivre, ai-je été te crier : sauve-moi ?
Si Boabdil a pu, dans sa fausse clémence,
Au prix de mon bonheur vendre mon existence,
Tu cherchais une cause à tes lâches amours :
Et je n'accepte pas ce présent de mes jours.

ZORAÏDE.

Vous êtes bien cruel.

ABENHAMET.

Dis plutôt bien coupable.
Pardonne ! je m'égare, et la douleur m'accable.
Si tu pouvais savoir jusqu'où vont mes regrets,
Je sens que, par pitié, tu me pardonnerais.

(Pendant les derniers mots d'Abenhamet, Aly et les trois Zégris entrent sans être vus d'Abenhamet, de Zoraïde et d'Inès.)

SCÈNE IV.

ALY, ABENHAMET, ZORAÏDE, INÈS, trois Zégris.

(Aly et les trois Zégris vont se placer contre le bosquet opposé à celui où trouvent Abenhamet et Zoraïde.

ALY, aux Zégris en leur montrant Abenhamet et Zoraïde.

Les voilà, s'enivrant de leur bonheur funeste.

ACTE II, SCÈNE IV.

ZORAIDE, sans voir Aly et les trois Zégris.

Et moi, quand j'ai formé ces nœuds que je déteste,
Sais-tu combien mon cœur s'est livré de combats?
Non! deux fois dans sa vie on ne les ressent pas,
Ces craintes, ces tourmens qu'en vain on voudrait rendre,
Que celui qui les souffre, hélas! peut seul comprendre!

ABENHAMET.

Va, s'il était un mot qui pût donner la mort,
Ce que je viens d'entendre aurait fini mon sort.
Quoi! tu ne sais donc point de parole qui tue?
La mort ne vient donc pas quand elle est attendue?
Comme elle tarde! Eh bien! il la faut devancer!
Il faut enfin.....

ZORAIDE, lui arrachant le poignard.

Oh ciel! quel odieux penser,
Tout mon sang vers mon cœur se retire et se glace!
Malheureux!

ABENHAMET.

De mes jours que veux-tu que je fasse?
Loin de tout ce qu'il aime, et de honte accablé,
Est-il quelque bonheur qui reste à l'exilé?
Irai-je défier, pour lutter de courage,
A défaut d'ennemis, quelque tigre sauvage?
Irai-je, quand c'est toi, c'est l'honneur que je perds,
Fatiguer de mes cris les échos des déserts?
Non! j'ai perdu le droit de servir ma patrie:
C'est un bien que la mort, quand la gloire est flétric.
J'avais cru pouvoir vivre, et je suis détrompé.
Des plus horribles coups le destin m'a frappé;
L'existence est pour moi d'un poids insupportable;
Et puisque dans mon sort tout espoir est coupable,
Laisse-moi donc mourir!

ZORAÏDE.

Oui, soyez sans pitié,
Versez-le, tout ce sang que ma main a payé.
Vainement à la mort j'aurai cru vous soustraire ;
Expirez à mes yeux, et comblez ma misère.
Quoi ! le malheur vous trouve abattu sous ses coups !
Faible femme, j'ai donc plus de force que vous !
J'ai pu ne pas mourir, et vous ne pourriez vivre !
Quoi ! le fier Boabdil lui-même vous délivre,
C'est lui qui, de vous deux, seul est juste aujourd'hui,
Et vous êtes pour moi plus barbare que lui !
Soyez-le, mais sachez que moi-même frappée,
De cette arme fatale à vos mains échappée,
Dans la tombe avec vous je descends à l'instant.
Si vous l'osez encor, frappez-vous, maintenant.
Voilà votre poignard.

(Zoraïde rend le poignard à Abenhamet.)

ABENHAMET, hésitant à reprendre le poignard.

Quelle est donc ta puissance ?
D'où vient que cette main et frémit et balance ;
Que, par un mot de toi, mon bras est arrêté ?
Tu m'aimes, Zoraïde ?

ZORAÏDE.

En avez-vous douté ?

ABENHAMET, avec passion, et, rejetant le poignard qui va tomber à cô
d'Aly, qui le ramasse et exprime par son geste une grande satisfaction.

Non ! je n'en doute pas ! nos deux cœurs sont les mêmes ;
Le mien interrogé me répond que tu m'aimes.
Eh bien ! assez hardis pour oser être heureux,
Oublions l'univers et vivons pour nous deux !
Viens, suis-moi, loin, bien loin. Pourvu qu'il nous rassemble
Qu'importera l'asile où nous serons ensemble ?
Toute terre est féconde, et tout ciel parfumé,
Dans les lieux où l'on aime, où l'on se sent aimé.

ACTE II, SCÈNE IV. 355

Viens; dans tous les climats le bonheur s'habitue.
Choisissons dans l'Afrique une rive inconnue :
Là, séjour enchanté de l'amour, de la paix,
Ma cabane au désert deviendra mon palais.
Zoraïde, pour nous quel avenir s'apprête !
Sous mon toit de palmier viens reposer ta tête.
Quels jours s'écouleront plus heureux que les tiens !
Je les entourérai de tant d'amour !.... Oh ! viens !

ZORAÏDE.

Qui, moi ? moi, mériter le malheur par le crime !
De quel égarement êtes-vous la victime ?
Avez-vous pu penser qu'à ce cœur abattu
L'infortune ferait oublier la vertu ?
Non, ne l'espérez pas ; à mes sermens fidèle,
Je serai malheureuse, et non pas criminelle.

ABENHAMET.

J'ai pu te proposer de trahir ton devoir ?
De me suivre ? Ah ! mon cœur, s'il l'a pu concevoir,
Désavoue à jamais ce projet condamnable.
Je sais trop bien t'aimer, pour te rendre coupable.
Mais, avant de partir, que du moins, pour adieu,
J'entende un mot d'amour, un mot.... bientôt, grand Dieu !
L'Africain doit me voir sur son brûlant rivage.
J'y veux pour mes tourmens emporter du courage;
Oh ! donne-m'en ! sans toi, sous le ciel du désert,
Je vais souffrir encor plus que je n'ai souffert.
Quand l'honneur m'y défend jusques à l'espoir même,
Zoraïde, qu'au moins je me dise : elle m'aime !
Oh ! dis-moi qu'il n'est pas d'absence pour le cœur ;
Dis-le-moi, j'ai besoin de ce dernier bonheur.

ZORAÏDE.

Oui ! ma douleur m'arrache à ma contrainte extrême.
Pars, ne crains rien du temps, de l'espace, je t'aime !

Je t'aimerai ! pars, cède à l'honneur, au devoir ;
Pars, je croirai toujours et t'entendre et te voir !
Va, je puis supporter l'épreuve de l'absence,
Oh ! oui, ton souvenir me rendra ta présence
A toute heure, en tout lieu, je te retrouverai.
     (Montrant son cœur.)
C'est là, c'est dans mon cœur que je te reverrai.
Tu pars, mais c'est en vain, je te suivrai de l'âme ;
Je croirai près de toi, sous un ciel tout de flamme,
Respirer l'air brûlant qu'on respire au désert ;
Je croirai.... Ciel ! que dis-je ? oh ! ma tête se perd !
Qu'ai-je fait ?

ABENHAMET.

    Zoraïde, oh ! parle ! dis encore
Que tu m'aimes ! Ta voix, cette voix que j'adore,
Est si touchante ! un mot, un encor par pitié !

ZORAIDE.

Malheureux ! mon devoir était presque oublié.

ABENHAMET.

Eh bien ! va-t'en, va-t'en ! ma raison expirante
Se ranime à ta voix, m'accable et m'épouvante :
Elle reprend enfin tout son pouvoir sur moi ;
Mais n'attends pas, va-t'en !

ZORAIDE.

        Adieu, veille sur toi !

SCÈNE V.

ABENHAMET, ALY, LES TROIS ZÉGRIS.

ABENHAMET, *croyant parler à Séide, s'avance vers Aly qui s'approche de lui.*

Viens, j'ai promis de vivre et de fuir Zoraïde :
Quittons ce lieu funeste ; éloignons-nous, Séide.
Viens, c'en est fait, l'honneur m'en bannit pour toujours.

ALY.

Où vas-tu donc ?

ABENHAMET, *entouré des Zégris, regarde à sa ceinture et s'aperçoit qu'il est sans armes.*

Aly !... Ciel ! rien... A mon secours !
Où fuir ? Dieu !

ALY.

Va, crois-moi, renonce à la défense ;
La fuite est impossible.

ABENHAMET.

Et je suis sans vengeance !
Pas un glaive ! pas un, pour déchirer son cœur !

ALY.

A quoi te servira cette vaine fureur ?
Tu ne peux t'échapper, tu n'as plus qu'à te rendre !
Tout est gardé.

ABENHAMET.

Le monstre était venu m'attendre.
Il est donc expliqué ce rendez-vous fatal !
Ils étaient là, veillant près du piége infernal,

Eh bien! faut-il moi-même exciter votre rage?
Contre moi ranimer votre lâche courage?
Frappez, car vous devez avoir soif de mon sang;
Que vos coups réunis en épuisent mon flanc.
Satisfaites enfin votre odieuse envie;
Frappez, ouvrez ce cœur, arrachez-en la vie!
Mais si de la pitié, dans cet affreux moment,
Il reste dans votre âme un dernier sentiment,
Si je puis l'invoquer de ma voix expirante,
Sauvez au moins l'honneur d'une femme innocente!
Ah! sauvez-le; dût-elle être immolée aussi!
Frappez-moi! mais, pour Dieu! loin d'ici, loin d'ici!

ALY.

Soin touchant!

ABENHAMET.

Ciel vengeur, de cet indigne outrage
Tu ne le punis pas?

ALY, ironiquement.

Lorsque l'Abencerrage
Porte dans les combats le vêtement guerrier,
On lui voit pour emblème, et sur son bouclier,
Un lion enchaîné par la main d'une femme;
Ainsi....

ABENHAMET.

N'achève pas; je t'ai compris, infâme!
Oh! oui! c'est vainement qu'il rugit de fureur,
Le lion qui s'est pris dans les rets du chasseur!
En vain il se débat dans sa force inutile,
Mais s'il pouvait soudain, quand le chasseur tranquille,
Orgueilleux de sa ruse, insulte à son effort,
Du piége s'élancer aussi libre que fort,
Celui qui l'insultait, alors moins téméraire,
Peut-être n'oserait défier la colère

Du terrible lion, qu'on verrait de ses dents
Déchirer du chasseur les membres palpitans;
Puis, vainqueur dédaigneux, calme et fier dans sa joie,
Le laisser aux vautours comme une indigne proie!
Mais tu peux le braver, dans ton lâche transport :
Car il est pris au piége, et tu ris sur le bord !

ALY.

Au nom de votre roi, Zégris, qu'on le saisisse !
Que l'on cherche partout s'il n'a pas de complice !
Et s'il refuse ici de marcher sur vos pas,
Appelez à votre aide, et.....

ABENHAMET.

Ne m'approchez pas !
Non ! puisque c'est ainsi que le sort en décide,
(A part.)
Je vous suis. Dieu suprême, as-tu sauvé Sélde ?
(Il sort avec les Zégris. La toile tombe.)

ACTE III.

Le théâtre représente une chambre de l'appartement de la reine. Au lever de la toile, ses femmes sont debout, tenant des téorbes dont elles jouent; Zoraïde est sur un sopha placé contre une fenêtre; elle a la tête appuyée sur un de ses bras posé sur son téorbe. La chambre est ornée de caisses de fleurs. On entend quelques sons de la ritournelle avant le lever du rideau.

. . . .
Le crime s'apprend vite enseigné par la haine.
ÉLISA MERCŒUR.

SCÈNE PREMIÈRE.

ZORAÏDE, INÈS, FEMMES DE LA REINE.

ZORAÏDE, *après un moment de silence, relève lentement la tête, laisse aller son téorbe, se retourne et dit à Inès qui est près d'elle :*

FAIS-LES sortir, Inès; ces accords, ces accens
Me font mal... je ne puis écouter plus long-temps.
  (Inès s'approche des femmes; elles sortent. Zoraïde continue.)
Ciel! mon cœur a-t-il donc usé tout son courage!
  (Inès revient.)
Que voulait-il me dire en parlant d'un message?

D'un rendez-vous donné? Par un espoir fatal,
L'aurait-on attiré dans un piége infernal?
Aurait-il succombé? L'infortuné peut-être
Est expiré déjà sous le poignard d'un traître;
Et pour le massacrer on s'est servi de moi!
Oh! je me sens troubler d'un invincible effroi!

INÈS.

Pourquoi prolongiez-vous cet entretien funeste?
Il fallait fuir.

ZORAIDE.

Le ciel, qu'ici ma bouche atteste,
Sait que je le voulais, mais, inutile effort;
La prudence et l'amour sont-ils toujours d'accord?
Pour la dernière fois quand on voit ce qu'on aime,
On se sent arrêter par une main suprême;
Une chaîne invisible, hélas! retient nos pas;
On veut fuir, on le doit, mais on ne le peut pas!

INÈS.

Quand du généralif vous sortiez éperdue,
Se plaignant d'une voix qu'à peine ai-je entendue,
Quelqu'un (oui, c'étaient bien les soupirs d'un mourant),
Quelqu'un près d'un bosquet se traînait expirant.

ZORAIDE, jetant un cri.

Grand Dieu! mort! et pour moi, malheureuse!

INÈS, effrayée.

Ah! madame!
Qu'ai-je dit? quelle erreur a passé dans votre âme?
Remettez-vous. A peine alors le quittions-nous;
Non, ce n'était pas lui; de grâce, calmez-vous.

ZORAIDE.

Ciel! qui donc pouvait-ce être? Ah! pour combler l'abîme

Il n'aura pas fallu qu'une seule victime ;
Ils n'auront pas donné qu'une proie à la mort !

INÈS.

Ah ! calmez s'il se peut ce douloureux transport,
Madame...

ZORAIDE, sans écouter Inès.

Dans la tombe ils l'auront fait descendre !
(Elle s'interrompt et reprend avec un accent plus ferme.)
Allons, j'aurai, je sens, la force de l'apprendre.
Oui ! d'un doute mortel quand on craint de sortir,
On ne vit pas, on est plus de temps à mourir.
Sors, vois ce qui se passe, interroge, examine ;
Un grand secret souvent par un mot se devine.
Sors, et si l'on te dit qu'il ne vit plus.... Eh bien !
Ne cherche point, Inès, à me déguiser rien ;
Vainement ta pitié se trompant dans son zèle,
Penserait me cacher cette triste nouvelle ;
Je saurais tout... il est de ces secrets affreux,
Que rien ne peut cacher au cœur du malheureux !
Va....

SCÈNE II.

ZORAÏDE, seule, sans s'apercevoir qu'Inès est sortie.

Non, reste plutôt, mon âme anéantie
(Elle se retourne.)
Ne pourrait, je le sens.... reste.... Déjà sortie.
Ah ! je vais donc bientôt connaître tout mon sort !
Hélas ! Inès déjà sait peut-être sa mort.
Mais, que dis-je, insensée ! et qu'en apprendra-t-elle ?
Choisi pour confident le cercueil est fidèle,

Et des secrets plongés dans sa profonde nuit,
Pas un seul ne s'échappe!... Ah! ciel! d'où vient ce bruit?
(Elle va à la fenêtre et regarde.)
Si c'était... Mais non, rien; rien que le pas des gardes.
Mon Dieu! rends donc plus forte une âme où tu regardes.
(Elle écoute.)
On vient, cette fois..... Non, c'est encore une erreur,
Et le calme est partout, excepté dans mon cœur.
Oh! je voudrais du bruit, ce silence m'accable.
(Après un long silence.)
Combien on doit souffrir, alors qu'on est coupable!
Comme on doit éprouver de déchirans transports,
Lorsqu'il faut au malheur ajouter le remords!
Ah! je dois rendre grâce encor, dans ma souffrance,
Au ciel qui par pitié m'a laissé l'innocence.

SCÈNE III.

ZORAÏDE, ALY.

ALY, *entrant doucement par une porte de côté, et la refermant sa bruit; à part.*

Enfin, l'impunité m'est promise..... Avançons.

ZORAÏDE, *entendant le bruit que fait Aly, croit que c'est Inès.*

En est-ce fait, Inès? Et mes tristes soupçons
(Elle se retourne et aperçoit Aly.)
Ont-ils?... Quoi! pénétrer ainsi chez une femme?
Je vais....

ALY, *l'interrompant.*

N'appelez pas! gardez-vous-en, madame!
Nous devons être seuls. Il faut que, dans l'instant,
Ici, je vous révèle un secret important.

ACTE III, SCÈNE III.

ZORAIDE, troublée.

Un secret... à moi... vous?

ALY.

Oui, vous allez m'entendre.
Il ne me faut qu'un mot pour me faire comprendre.
Dans le général....

ZORAIDE, effrayée.

Ciel!

ALY.

Ah! vous devinez;
Vous voyez, rien qu'un mot, et vous me comprenez.

ZORAIDE, troublée.

Qui, moi! qu'ainsi j'entende un secret que j'ignore?

ALY.

Oui.

ZORAIDE.

Si vous l'avez dit, pourquoi rester encore?

ALY.

Eh bien! il n'est plus temps de chercher des détours,
D'employer avec vous d'inutiles discours;
Un tout autre secret me reste à vous apprendre.
Mais que je puisse ou non, madame, vous surprendre,
De quelque trait qu'ici j'atteigne votre cœur,
Tâchez, si vous pouvez, d'écouter sans frayeur:
Soyez calme; il le faut, et veillez sur votre âme.
(Il lui montre la fenêtre qui donne sur le jardin.)
Hier, dans ce jardin, j'étais aussi, madame.
Abenhamet...

ZORAIDE, effrayée.

Ah! ciel! dites donc qu'il n'est plus!
Quand un seul vous suffit, que de mots superflus!

ALY.

On peut juger, madame, à l'effroi qu'il inspire,
L'amour... Mais calmez-vous, il existe....

ZORAIDE, vivement.

Il respire !
Est-il vrai ?... parlez donc !

ALY.

Décidez de son sort ;
C'est à vous de choisir ou sa vie, ou sa mort.
Vous connaissez la loi qui punit l'adultère ?

ZORAIDE.

Malheureux ! osez-vous ?

ALY.

Où prouver le contraire ?
Quand par un imprudent votre honneur compromis,
Quand au généralif Abenhamet surpris....

ZORAIDE.

Ah ! pouvez-vous... sachant qu'il ne fut pas coupable !
Attesteriez-vous bien ce parjure exécrable ?
Quand le ciel et mon cœur...

ALY.

Qu'importe ces témoins !
Coupable ou non, madame, il le paraît du moins.
Contre ceux qu'on accuse on croit à l'apparence :
Impossible à prouver, qu'importe l'innocence !

ZORAIDE, indignée.

Ah ! sortez à l'instant, ou j'appelle....

ALY.

Sortir !
Et vous ne savez pas où je veux en venir.

ACTE III, SCÈNE III.

Je ne vous ai pas dit qu'il vous fût impossible
D'éviter et la honte et le supplice horrible
Qu'au crime d'adultère a réservé la loi.
Je ne vous l'ai pas dit, madame; écoutez-moi :
De votre volonté votre sort va dépendre,
Et vous pouvez sauver, si vous daignez m'entendre,
Les jours d'Abenhamet, les vôtres et l'honneur.

ZORAIDE, d'un air suppliant.

Le sauver, dites-vous ? Ah ! de grâce, seigneur,
Si par un faux espoir je ne suis pas séduite,
Achevez. Doutez-vous qu'un seul instant j'hésite ?

ALY.

Eh bien ! c'en est donc fait ! que le masque arraché
Vous découvre aujourd'hui ce que j'ai tant caché;
Qu'un secret fatigant s'échappe de mon âme !
Trois ans d'un cœur de feu j'ai comprimé la flamme,
Et j'ai, honteux d'aimer d'un amour dévorant,
Feint de ne vous pas voir en vous idolâtrant.
Mais c'est trop supporter cette contrainte extrême....
Vous pâlissez, madame !

ZORAIDE, épouvantée.

Il m'aimait ! Dieu suprême !
As-tu pu me réduire à cet excès d'horreur !
Vous m'aimez ! Ah ! sortez ! car vous me faites peur !

ALY, froidement.

Ainsi je vous étonne et je vous épouvante !
Je croyais vous trouver plus calme ou plus prudente.
J'ai cru que, pour m'entendre avec moins de terreur,
D'assez chers intérêts parlaient à votre cœur.
On tremble d'irriter qui l'on pense être à craindre.
Vous, à qui je fais peur, bien loin de vous contraindre,

Vous semblez oublier, madame, en ce moment,
Que je dispose seul des jours de votre amant;
Qu'un refus peut le perdre ainsi que votre gloire;
Et qu'en vous accusant je puis me faire croire.

ZORAIDE, avec horreur.

Je comprends; vous m'osez proposer sans pudeur
De perdre la vertu pour conserver l'honneur.
Vous pensez que, comblant votre indigne espérance,
Je pourrai, d'un tel prix payant votre silence,
Jusqu'à vous écouter m'abaisser aujourd'hui....

ALY.

Vous me bravez pour vous; vous m'entendrez pour lui!

ZORAIDE, avec fermeté.

Non, dût-il en ces lieux m'en supplier lui-même.
J'ai pu trahir l'amour pour sauver ce que j'aime.
Préférable à sa mort, quoi qu'il m'en ait coûté,
A choisir mon malheur je n'ai point hésité.
Je l'ai dû; mais s'il faut que je me déshonore,
Cruel, n'attendez pas que je le sauve encore!

ALY.

Libre à vous. Mon amour vous paraît un affront;
Je le sens, la beauté ne pare plus mon front;
Il est tout sillonné par la gloire et par l'âge,
Et trente ans de victoire y marquent leur passage.
Mais si le temps m'ôta le droit de vous charmer,
Il n'a pu me ravir celui de vous aimer.
Ce n'est pas au matin que le soleil dévore;
Le cœur ne pourrait-il brûler qu'à son aurore?
Faudrait-il pour aimer être jeune toujours?
Ne sentirait-on rien au déclin de ses jours?
Ce sont nos passions qui font notre jeunesse;
Quand des miennes enfin j'ai conservé l'ivresse,

ACTE III, SCÈNE III.

Mon cœur est jeune encore et mon front seul est vieux.
Mais j'ai perdu pour vous le prestige des yeux.
Cet amour, qui trois ans s'irrita dans mon âme,
Lorsqu'il fait bouillonner tout mon sang qu'il enflamme,
N'excite, hélas! en vous qu'un sentiment d'horreur.
Tremblez à votre tour d'exciter ma fureur!
Tremblez de prolonger ce refus qui m'outrage!
Sur le point d'éclater, n'attirez pas l'orage;
Songez qu'en ce moment je dois être écouté;
Songez qu'on permet tout à la nécessité.

ZORAIDE.

Jamais le déshonneur ne devient nécessaire.

ALY.

Mais la mort vous attend!

ZORAIDE, dignement.

Mais moi, je la préfère :
Mon cœur a peur du crime et non de l'échafaud.

ALY.

C'est votre dernier choix? c'est votre dernier mot?

ZORAIDE.

Oui.

ALY.

Refuser l'amour, c'est accepter la haine!

ZORAIDE.

C'est refuser le crime, en acceptant la peine!

ALY, avec rage.

Ce mépris, de mes feux vient d'étouffer l'ardeur!
Je ne suis plus enfin que votre accusateur.
Connaissez désormais quel est votre partage :
Sachez que rien ne peut vous soustraire à ma rage;

Que j'ai dû tout prévoir et que j'ai tout prévu ;
Qu'introduit en ces lieux personne ne m'a vu ;
Qu'un passage secret m'a servi pour m'y rendre ;
Qu'un signal que j'attends, que seul je puis comprendre,
Va m'indiquer l'instant où je dois en sortir.
Rien ne peut m'accuser, ne peut me démentir.
Je ne suis pas de ceux qui se laissent surprendre,
Madame, et contre vous je puis tout entreprendre.
D'autant plus que, certain de mon impunité,
Ma haine peut agir en pleine liberté !
Vous périrez tous deux, mais d'une mort terrible,
Infâme !.... Et moi, fidèle à ma vengeance horrible,
J'irai.... N'espérez pas que sur votre tombeau,
J'en éteigne jamais le funeste flambeau !
D'un reproche odieux flétrissant votre gloire,
Vous poursuivant encor, c'est sur votre mémoire
Que je me vengerai, quand vous ne serez plus ;
Et voilà de quel prix je paîrai vos refus !

ZORAIDE.

Ah ! Je ne puis, hélas ! prouver mon innocence ;
Et vous accomplirez cette injuste vengeance.
Mais, quels que soient les maux que je souffre en ce jour,
Je les préfère encore à votre indigne amour !
Mon cœur est pur ; s'il faut qu'aujourd'hui je succombe,
Votre victime en paix descendra dans la tombe.
Calme, sur l'échafaud je recevrai la mort :
Car on meurt sans effroi, quand on meurt sans remord !
(Ici un refrain guerrier se fait entendre dans le lointain ; Aly tressaille.)

ALY.

(A part.) *(Haut.)*
Le signal !.... Pour vos maux vous aurez du courage ;
Mais des siens, dites-moi, soutiendrez-vous l'image ?
Pourrez-vous, sans frémir, voir cet être adoré,
Dans sa longue torture expirer par degré,

Et sous les coups trop lents du fer qui le déchire,
Accuser en mourant l'amour qu'il doit maudire?
Non, non! vous ne pourrez et l'entendre et le voir,
Dans son délire affreux, rugir de désespoir!
Et pour adieu peut-être exhalant un blasphème,
Epuisé de souffrance, exécrer ce qu'il aime.
Ce n'est pas tout! j'irai pour combler vos tourmens,
En vous apparaissant à vos derniers momens,
Comme un ange de mort qui vient chercher sa proie,
Recueillir vos douleurs dans ma terrible joie!

SCÈNE IV.

ZORAIDE, seule, dans le plus grand trouble.

L'ai-je bien entendu, cet exécrable adieu?
Un songe horrible a-t-il.... Non, tout est vrai, grand Dieu!
(Avec un sentiment de désespoir.)
Quoi! tu vas donc mourir, et c'est moi qui l'ordonne!
C'est moi qui veux ta mort! Oh! pardonne, pardonne,
Si, libre dans le choix du crime ou du malheur,
Je n'ai pu préférer tes jours à mon honneur!...
(Elle entend marcher.)
Ciel! le monstre vers moi reviendrait-il encore?

SCÈNE V.

ZORAIDE, INÈS.

INÈS.

J'ai tout interrogé, mais en vain, et j'ignore
Jusques à ce moment... Que vois-je? quel effroi?
Sauriez-vous?... mais comment?

ZORAÏDE.

Oui ! j'en sais plus que toi !
Je sais quel sort affreux à tous deux on prépare.

INÈS.

Quel désordre effrayant de votre âme s'empare ?
Madame, s'il se peut, remettez-vous, hélas !
Boabdil me suivait, il vient ; j'entends ses pas.

SCÈNE VI.

BOABDIL, ZORAÏDE, INÈS.

BOABDIL.

Combien elle tardait à mon impatience,
L'heure qui chaque jour me rend votre présence !
Mais enfin....

ZORAÏDE.

Ah ! seigneur, laissez-moi vous quitter !
D'un trouble trop cruel je me sens agiter ;
Je ne pourrais, hélas ! entendre ni répondre.
(A Inès.)
Sortons.

SCÈNE VII.

BOABDIL, seul.

Quel trouble, ô ciel ! peut ainsi la confondre ?
Ah ! m'en puis-je étonner ? cette horreur, cet effroi,
J'ai tout fait pour qu'on dût les ressentir pour moi !
Mais, qui l'agite ainsi ? qui peut ? Quoi !... saurait-elle
Qu'à mes serments déjà lâchement infidèle,

Du triste Abenhamet j'ai pu dans ma fureur....
Non, je m'effraie en vain, ma crainte est une erreur;
Le mystère et la tombe ont caché ma victime....
On tremble donc toujours, quand on commet un crime!
Et je l'ai mérité, ce tourment éternel,
Ce remords, qui, veillant au cœur du criminel,
Comme un lien de feu l'environne et l'enchaîne !
Mon père, Zoraïde, oui ! votre juste haine,
Horrible châtiment, est due à mes forfaits....
Je ne dois plus attendre un seul instant de paix.
Voilà donc les plaisirs qui suivent la vengeance !
Je l'ai voulu, pourquoi m'en plaindre.....

SCÈNE VIII.

BOABDIL, un Garde.

BOABDIL.

Qui s'avance?
Soldat, que voulez-vous ?

LE GARDE.

Près de ces lieux, seigneur,
D'un entretien secret réclamant la faveur,
Le chef des Zégris...

BOABDIL.

Ciel !.... qu'il entre à l'instant même !
(Le soldat sort.)
Mon crime est-il déjà consommé, Dieu suprême ?

SCÈNE IX.

BOABDIL, ALY.

ALY.

Pardonne à ton sujet, grand roi, d'oser ainsi,
Pour parvenir à toi, pénétrer jusqu'ici;
Pardonne; j'obéis au devoir qui m'engage.
Je viens d'un choc terrible ébranler ton courage.

BOABDIL.

Abenhamet peut-être à tes coups échappé....

ALY.

Oh! non, mais à dessein je ne l'ai pas frappé....

BOABDIL.

Il vit! Dieu soit loué, qui, sauvant ma victime,
M'envoya le remords pour empêcher le crime!
Ecoute : dominé par un sombre transport,
Un instant j'ai cru voir mon salut dans sa mort.
Depuis, j'ai fait l'essai du tourment exécrable,
De cette juste horreur qui s'attache au coupable.
Je révoque envers lui l'arrêt que j'ai porté;
Sa vie est nécessaire à ma tranquillité.
Qu'il la traîne, s'il faut, libre, errante ou captive,
Dans l'exil, dans les fers, n'importe! mais qu'il vive!
Le poids du sang d'un homme est trop pesant pour moi!

ALY, à part.

Un tel fardeau bientôt s'allégira pour toi.
(Haut.)
Sans vouloir prononcer sur sa peine ou sa grâce,
Je ne puis te laisser ignorer son audace :
Ton intérêt l'exige, et je dois...

ACTE III, SCÈNE IX.

BOABDIL.

Qu'a-t-il fait ?
Aurait-il donc aussi commis quelque forfait ?
Parle.

ALY.

Tous les soupçons qu'en ton ardeur jalouse....

BOABDIL.

Eh bien ?

ALY.

Ils sont tous vrais, ta criminelle épouse,
Infidèle à sa gloire....

BOABDIL.

Arrête, malheureux !
Avant de m'accabler par ce secret affreux,
D'empoisonner le trait qui déjà me déchire,
Pourras-tu me prouver tout ce que tu vas dire ?
Ce qui t'a découvert leur noire trahison,
C'est une certitude, et non pas un soupçon ?
Les preuves, tu les as ?

ALY, froidement.

Je t'admire, et m'étonne
De cette confiance où ton cœur s'abandonne.
Dans sa haine pour toi, dans son amour pour lui,
Tu ne vois rien contre eux qui dépose aujourd'hui.
Déjà, près d'accuser ma bouche d'imposture....

BOABDIL.

Oui, la haine aisément peut conduire au parjure !....
Elle l'aime !... elle peut être coupable... O Dieu !
Elle l'est.... je te crois.... Dans quel temps?... dans quel lieu?

ALY.

Cette nuit, au jardin, aux pieds de Zoraïde,
J'ai surpris ton rival.

BOABDIL.

Les monstres! la perfide!

ALY.

Mais,....

BOABDIL.

De mon déshonneur ils ne jouiront pas.

ALY.

Ce secret révélé....

BOABDIL.

Va donner le trépas!

ALY.

Ce n'est pas tout encor....

BOABDIL.

Quel autre crime? Achève.

ALY.

Dans leurs coupables mains j'ai vu briller le glaive
Qu'ils destinaient tous deux à te percer le cœur.
Mais j'ai su....

BOABDIL.

C'était donc trop peu de mon honneur!
Il leur fallait ma vie! Et cette épouse infâme,
La vertu dans la bouche et l'opprobre dans l'âme,
N'était donc, sans rougir, qu'un monstre de forfaits!
Et j'en doutais encor, malheureux! j'en doutais!
Mais qui n'aurait pas eu ma folle confiance?
Abusé comme moi par sa fausse innocence,

ACTE III, SCÈNE IX.

Qui ne l'aurait pas dite un ange de candeur?
Ils me paîront bien cher cette fatale erreur!
D'un scrupule insensé je brise enfin la chaîne :
Le crime s'apprend vite, enseigné par la haine!
Tremble, couple odieux! Boabdil aujourd'hui
Va mériter l'horreur que tu ressens pour lui.
Et vous qui m'insultez, vous, fiers Abencerrages,
Vous, dont j'ai trop long-temps supporté les outrages,
Qui vous applaudissant d'un horrible dessein,
Aiguisez vos poignards pour en percer mon sein....
Eh bien! j'entre avec vous dans la lice du crime!
Mais, si vous n'y cherchez qu'une seule victime,
Je sens que, plus avide, à mon juste courroux
Je ne satisferai qu'en vous immolant tous.
Si vous m'osez braver, si devant ma puissance
Ne peut qu'en frémissant fléchir votre insolence,
Sous le joug de la mort, vos fronts humiliés,
Abaissés par le fer, vont tomber à mes pieds.
Et toi, parjure épouse, indigne Zoraïde,
Tremble! j'ai soif de sang! tremble! ton cœur perfide
Va bientôt palpiter tout fumant dans mes mains!
(Il va pour s'élancer vers l'appartement de Zoraïde, Aly lui barre le chemin.)

ALY.

Non, la raison s'oppose à de pareils desseins!
Reste; dans ton délire, oh! ciel! que vas-tu faire?
Au châtiment des lois veux-tu donc les soustraire?

BOABDIL.

Et toi, prétends-tu donc exciter ma pitié?

ALY.

En les frappant ainsi, tu fais grâce à moitié.

BOABDIL.

Comment?

ALY.

Leur mort en vain serait terrible et prompte ;
Les punir en secret, c'est leur sauver la honte.

BOABDIL.

Je la leur sauverais ! Oh ! oui, je te conçois.
Qu'on les traîne tous deux au tribunal des lois !
Qu'on exerce sur eux une horrible justice !
Je veux qu'aucun tourment ne manque à leur supplice.
Je veux.... De quelque mort qu'on les fasse périr,
On ne leur rendra pas ce qu'ils me font souffrir !
Oh ! je brûle, j'étouffe !

ALY.

Ah ! reprends ton courage.

BOABDIL.

Je me sens suffoqué de douleur et de rage !
Je pleure, Dieu puissant ! je pouvais donc pleurer ?
Ah ! vengeance !

ALY.

Où vas-tu te laisser égarer ?
Ecoute, par ma voix, la raison qui t'implore....

BOABDIL.

Une fièvre terrible est là, qui me dévore.
Je n'ai jamais senti de pareilles douleurs !
(Il reste un moment sans parler, et saisissant la main d'Aly avec force :)
Viens ! c'est par leurs tourmens qu'ils vont payer mes pleurs.
(Ils sortent. La toile tombe.)

ACTE IV.

Le théâtre représente la salle de justice. Deux mains enlacées sont placées au-dessus des juges ou de la porte d'entrée. Boabdil est debout et paraît absorbé. Aly, un peu plus reculé, l'observe.

———————————

. . . .
Toujours craindre ou punir est donc le sort des rois !
. . . .
Qui punit justement ne commet pas un crime.
ELISA MERCŒUR.

———————————

SCÈNE PREMIÈRE.

BOABDIL, ALY.

BOABDIL, *sans voir Aly.*

Sans honte la perfide ainsi me déshonore !
Son crime est donc certain ? Que n'en douté-je encore !
En vain à ma raison mon cœur veut obéir ;
Quand on a tant aimé, qu'on a peine à haïr !
  (Aly fait un mouvement en regardant Boabdil ; il fait un pas ; Boabdil,
  averti par le bruit, se retourne.)
Ah ! c'est toi ! — Que veux-tu ? Parle.

ALY.

L'heure s'avance
Où les juges chargés de venger ton offense,

Du glaive de la loi vont frapper ton rival.
Peut-être profanant ce sacré tribunal,
Ses frères, ajoutant l'effet à la menace,
Vont..... Il est plus que temps d'arrêter leur audace,
Préviens-la. Pour leur mort quels ordres donnes-tu?

BOABDIL, froidement.

Aucun. Sur cet arrêt j'ai changé; je l'ai dû.
Abenhamet mourra; mais, juste en ma vengeance,
Je ne confondrai pas le crime et l'innocence.
Ils vivront.

ALY.

Ciel! qu'entends-je? en servant leur fureur,
Toi-même à leurs poignards tu vas offrir ton cœur!

BOABDIL.

Comment?

ALY.

Il faut parler, dussé-je te déplaire,
Boabdil, d'une crise horrible et nécessaire.
Le moment est venu, demain serait trop tard.
Dans un secret terrible admis par le hasard,
Dieu, qui m'a sous tes pas fait découvrir l'abîme,
Me destine peut-être à prévenir le crime;
Mais il faut dissiper tes doutes sur ma foi.

BOABDIL.

Eh bien?

ALY.

Roi de Grenade, on s'arme contre toi;
On menace tes jours. Une tribu perfide
Va laisser éclater son complot régicide,
Déjà les coups sont prêts; il faut les détourner,
Ou tu n'as qu'un moment pour vivre et pour régner.

ACTE IV, SCÈNE I.

BOABDIL.

Arrête ! que dis-tu ? Qui, les Abencerrages ?
Eux dont jusques ici les généreux courages
Ont soutenu la gloire et l'éclat de leur nom,
S'abaisseraient ainsi jusqu'à la trahison ?
Cela ne peut pas être.

ALY, avec ironie.

Ah ! tu prends leur défense ;
Déjà d'Abenhamet oublirais-tu l'offense ?

BOABDIL.

Moi, l'oublier ? grand Dieu ! Mais cet affreux rival,
Un forfait semblait juste à son amour fatal :
Trop souvent l'amour seul au crime nous décide.
Il a pu conspirer ; mais eux, non.

ALY, avec intention.

Non ! Séide,
Crois-tu qu'il fut aussi par l'amour égaré ?

BOABDIL.

Séide ! se peut-il ? Séide a conspiré ?
Qu'on l'appelle, je veux à l'instant le confondre,
L'interroger moi-même....

ALY.

Il ne peut te répondre,
Ce poignard l'a contraint au silence éternel.

BOABDIL.

Mort, comment ? dans quels lieux ?

ALY.

Au généralif.

BOABDIL.

Ciel !

ALY, *appuyant.*

Séide, nouveau chef des fils d'Abencerrage.

BOABDIL, *méditant.*

Leur nouveau chef!....

ALY.

Eh bien! t'en faut-il davantage?
Et traitant mes soupçons de doutes superflus,
Sûr de leur innocence....

BOABDIL, *avec une rage concentrée.*

Oh! non! je n'y crois plus!

ALY.

Hélas! je ne t'ai vu que trop long-temps y croire.
Quand je les accusais, tu m'opposais leur gloire.
Qu'ont-ils donc fait pour toi? Jamais, jusqu'à ce jour,
Fiers citoyens, ont-ils par un seul cri d'amour
En public accueilli ton auguste présence?
Non! je l'interrogeais, cet orgueilleux silence;
Il m'a depuis long-temps révélé leurs secrets.
D'un masque de vertu couvrant leurs noirs projets,
Leur générosité, faussement populaire,
A su gagner ton peuple, auquel il fallait plaire;
Ce peuple qui toujours muet à ton aspect,
Laisse éclater pour eux un insolent respect;
Qui pour toi par degrés venu jusqu'à la haine,
Croit encor la cacher et la déguise à peine.
Ramène son esprit un moment égaré....

BOABDIL.

Si je ne suis pour lui qu'un objet exécré,
Dois-je par un forfait recouvrer son estime?

ACTE IV, SCÈNE I.

ALY.

Qui punit justement ne commet pas un crime.
Et d'un péril certain tu dois sauver l'état.

BOABDIL.

Pourrai-je le sauver par un assassinat ?

ALY.

Oui, tu le peux, te dis-je. A ton peuple indocile
Tu dois une leçon terrible, mais utile.
Tes sujets, qu'a séduits une indigne tribu,
Doivent rapprendre enfin le respect qui t'est dû.
Par des concessions presque toujours fatales,
On voit trop s'engager de luttes inégales,
Dans lesquelles, bientôt devenu le plus fort,
Le peuple exigeant tout, s'il suppliait d'abord,
Contre le moindre arrêt son audace impunie,
Prêt à se révolter, crie à la tyrannie.
Appesantis à temps le joug de son devoir,
Ou bien.....

BOABDIL.

Oui, de ce trône, où s'assied mon pouvoir,
Je ne descendrai point ! Qu'il résiste ou qu'il tombe ;
Je ne ferai qu'un pas de ce trône à ma tombe.
Que de piéges, grand Dieu ! se tendaient à la fois !
Toujours craindre ou punir, est donc le sort des rois !
N'importe ! il faut enfin satisfaire à ma haine ;
Il faut qu'à l'instant même au supplice on les traîne...

ALY.

Non pas !...

BOABDIL.

Dans mon courroux qui peut me retenir ?

ALY.

Le tout en punissant est de savoir punir.

Souvent, faute d'avoir saisi l'instant propice,
Ce qui paraît un crime aurait semblé justice.
Qui succombe est coupable, et les plus grands forfaits
Sont même, quels qu'ils soient, absous par le succès.
C'est le faible qu'on hait; c'est le fort qu'on révère;
L'avis de la fortune est celui du vulgaire;
L'important est enfin de frapper à propos...
Le secret prête un voile à leurs sombres complots;
Ils se taisent; ton peuple, ébloui par leur gloire,
A leur crime aujourd'hui peut refuser de croire.
Punis-les en silence, ou bien tout est perdu.

BOABDIL.

Si le ciel t'eût fait moi, réponds, que ferais-tu?

ALY.

J'entrevois un moyen, mais un moyen horrible;
C'est dans un mal extrême un remède terrible;
C'est le seul cependant.

BOABDIL.

Et quel est-il enfin?

ALY.

Qu'un message secret, sous un prétexte vain,
Dans la cour des Lions à l'instant les demande.
Mais il faut seul à seul que chacun d'eux s'y rende;
Sous des coups non prévus que tombant sans effort,
Chacun d'eux en entrant soit reçu par la mort!

BOABDIL.

Les massacrer! Jamais!

ALY.

Bannis ces vains scrupules.

BOABDIL.

ACTE IV, SCÈNE I.

ALY.

C'est fait de toi, si d'un pas tu recules.

BOABDIL.

Témoin ordonnateur de cet affreux trépas,
Irai-je voir leur sang?

ALY.

Tu ne le verras pas !
On saura te cacher l'aspect qui t'épouvante ;
Et les cris étouffés de leur voix expirante
Ne te parviendront pas.

BOABDIL.

Pourras-tu dans mon cœur
Étouffer le remords?

ALY.

En as-tu déjà peur ?
Est-ce leur intérêt qui sur le tien l'emporte ?

BOABDIL.

D'un pareil châtiment que dira-t-on ?

ALY.

Qu'importe !
Egaux par la nature, inégaux par la loi,
Qu'est le sort d'un sujet, près du destin d'un roi ?
Sache donc en peser la différence auguste ;
Réussis : quel qu'il soit, ton arrêt sera juste.

BOABDIL.

Quoi ! n'entrevois-tu pas d'autres moyens ?

ALY.

Aucun.
Mais c'est trop prolonger un conseil importun ;

Adieu ! Jusqu'en ces lieux, dans ta fureur timide,
Laisse d'Abenhamet la tribu parricide,
Dérobant un coupable au supplice des lois,
T'arracher et le trône et la vie à la fois.
Puisqu'en vain je combats ta funeste imprudence,
De cette mort sans gloire expire sans vengeance.
Peut-être la raison, t'apparaissant trop tard,
Se montrera terrible à ton dernier regard ;
Et si notre âme sort de la tombe muette,
Le ciel ouvrant ces murs à ton ombre sujette,
Demain, tu reverras ce trône où ton rival
Fut assis par son crime et ton doute fatal !

BOABDIL, furieux.

Arrête ! tu me rends à toute ma colère !
Qu'ils meurent, c'en est fait ! qu'à jamais de la terre,
Par leur complot souillée, ils disparaissent tous !
Oui, tous ! au même instant frappés des mêmes coups,
Que ce soit dans le marbre où leurs têtes bondissent !
Les ondes de leur sang que les lions vomissent !
Que mon peuple, effrayé de leur terrible fin,
Connaisse mon pouvoir, et tremble !.... Cours !

ALY, avec un sourire de tigre.

Enfin !

SCÈNE II.

BOABDIL, seul, restant un moment absorbé.

Oui, le ciel, pardonnant un forfait nécessaire,
Doit absoudre du mal qu'on est contraint à faire.
Le seul choix qu'un monarque ait dans tout son pouvoir,
Est de porter les coups ou de les recevoir :

Il faut être tyran pour n'être pas victime.
Mais, quand l'état l'exige un crime n'est plus crime ;
S'il lui devient utile, il est justice alors ;
D'ailleurs, qui se défend peut frapper sans remords.
Du peuple, il faut oser forcer l'obéissance :
Où la crainte a cessé, la menace commence ;
Et le sujet d'hier peut être roi demain.
Du coursier qui s'emporte il faut serrer le frein,
Aiguillonner les flancs pour dompter sa colère ;
Il faut....

SCÈNE III.

BOABDIL, IBRAHIM, chef des juges.

BOABDIL.

Quoi ! dans ces lieux venez-vous seul, mon père ?
Les juges convoqués ne vous suivent-ils pas ?

IBRAHIM.

Ils viennent ; d'un moment j'ai devancé leurs pas,
Remplissant un devoir que l'équité m'impose ;
Qu'à ton courroux ou non ma franchise m'expose,
Je viens pour te donner un conseil paternel ;
Le veux-tu recevoir ?

BOABDIL.

Un conseil, et lequel ?

IBRAHIM.

Jusques à ce moment j'ignore quels coupables,
Pour subir aujourd'hui ses décrets redoutables,
Doivent être remis au pouvoir de la loi.
Mais tandis que leur sort dépend encor de toi,
Avant que dans ces lieux sur eux ma voix prononce,
Quels que soient les forfaits que ce jour nous dénonce,
Je dois te rappeler que trop d'injustes coups...

BOABDIL.

Arrêtez !.... que veut dire ?.... Eh quoi ! prétendez-vous
Absoudre un accusé sans connaître son crime ?

IBRAHIM.

Tu te méprends, ô roi, sur le soin qui m'anime ;
Je n'absous pas d'un crime, avant d'en rien savoir :
Mais juge, je n'en vois que ce qu'on m'en fait voir ;
Et quand j'ai condamné sur quelque faux indice,
Celui qui le donna répond de l'injustice.

BOABDIL.

Osez-vous me traiter de faux accusateur ?
Et votre conseil ?

IBRAHIM.

   Est d'interroger ton cœur.
Demande-lui, crois-moi, quel est, dans cette cause,
L'intérêt qu'elle sauve, et celui qu'elle expose !
Et si ton cœur te dit que tout est juste, eh bien !
Aux yeux de Dieu du moins tu ne réponds de rien.
Mais....

BOABDIL, *furieux*.

   Ah ! c'en est assez ! je devine, je pense,
Quel est dans votre esprit le doute qui m'offense.
Vieillard, y songez-vous ? Que tout soit juste ou non,
Est-ce à vous, devant moi, d'émettre un tel soupçon ?

IBRAHIM.

Oui, c'est à moi, mon fils, d'éclairer ta jeunesse.
D'un troupeau de flatteurs environné sans cesse,
Par eux, la vérité ne t'approche jamais.
Tout est bien, tout est beau, quand c'est toi qui le fais :
L'esclave ne peut pas contredire le maître ;
Dans mon zèle hardi, je l'ose seul peut-être.

Mais, bravant leur courroux, l'interprète des lois
Doit oser, s'il le faut, interroger les rois.
Un juge ne doit pas, trompant leur confiance,
Au prix de leur faveur vendre sa conscience !

BOABDIL, s'emportant.

Et vous ne craignez pas qu'excitant ma fureur....

IBRAHIM, avec calme et dignité.

Mon fils, on règne mal en régnant par la peur.
Tout mortel revêtu d'un droit dont il abuse,
Se disant : Je le peux, croit ainsi qu'il s'excuse ;
Mais quand la mort le jette aux pieds de l'Eternel,
Le poids d'une injustice est un fardeau cruel ;
Au tribunal sacré du juge redoutable,
Un roi n'est plus qu'un homme, innocent ou coupable.
Il comparaît alors sans trône et sans flatteurs :
Il n'est pas devant Dieu de témoins imposteurs !

BOABDIL, éperdu.

Oh ! oui, quand Dieu punit, sa justice est terrible !
Contre elle tout refuge est, hélas ! impossible !
O mon père !

IBRAHIM.

Mon fils !

BOABDIL, voyant entrer les juges.

(A part.)
Rien ! rien ! Il n'est plus temps !

SCÈNE IV.

BOABDIL, IBRAHIM, ALY, ABENHAMET, ZORAÏD[E]
Juges, trois Zégris, Gardes.

(Abenhamet et Zoraïde sont conduits par les gardes, les juges se ran[gent]
un peu dans le fond; Aly passe près de Boabdil avant que cel[ui-ci]
monte sur le trône.)

ALY, à voix basse.

Les ordres sont donnés.

BOABDIL.

Déjà !

ALY.

Dans peu d'instans...

BOABDIL.

(En regardant Zoraïde.)
Tais-toi ! Quelle candeur affecte la perfide !

IBRAHIM.

Où sont les accusés ? Que vois-je ! Zoraïde !
Abenhamet aussi ! Quoi ! malgré leur vertu ?
Quels forfaits devant nous, ô roi ! dénonces-tu ?

BOABDIL, se levant.

Deux crimes à la fois, tous deux épouvantables :
Le meurtre et l'adultère !

ABENHAMET, à part.

Oh ! ciel !

ZORAIDE, à part.

Dieu !

ACTE IV, SCÈNE IV.

IBRAHIM.

Les coupables
Sont ici?

BOABDIL.

Devant vous.

IBRAHIM.

Qui les accuse?

ALY.

Moi.

ABENHAMET, à part.

Le monstre!

ZORAIDE, à part.

Il l'avait dit!...

IBRAHIM.

Quel gage de ta foi?
Quelle preuve appuira ce que ta voix assure?

ALY, montrant les trois Zégris.

Ces Zégris sont témoins si j'atteste un parjure.
Hier, Abenhamet dans le généralif
Fut arrêté par nous; cet habit de captif
Le déguisait. La reine à l'honneur infidèle....

IBRAHIM.

Zégris, attestez-vous qu'elle fut criminelle?

LES TROIS ZÉGRIS.

Nous le jurons!

ZORAIDE.

Hélas!

ABENHAMET.

Et Dieu qui les entend
Ne les a pas frappés de sa foudre à l'instant!

ALY.

Poursuis, allons, tu peux crier à l'imposture ;
C'est ta seule défense, on te permet l'injure.

IBRAHIM.

Zégri, dis-nous son crime, et ne l'insulte pas !
Je ne suis pas instruit de tous leurs attentats.
L'adultère est connu ; le meurtre reste, achève.

ALY.

Le sang qu'il dut verser n'a pas rougi son glaive ;
Ce glaive, de ses mains fut arraché par moi ;
Sa fureur le gardait pour le cœur de son roi.

IBRAHIM.

De son roi !

ABENHAMET.

L'imposteur ! et rien pour le confondre !

IBRAHIM.

Reine, défendez-vous !

BOABDIL, à part.

Que va-t-elle répondre ?

ABENHAMET.

Ah ! l'on doit moins souffrir des tourmens de l'enfer !

IBRAHIM, à Zoraïde.

Dans le généralif vous trouviez-vous hier ?
Répondez sans détour.

ZORAIDE.

Hélas ! à la même heure
Je m'y rends chaque soir.

IBRAHIM.

Qu'y faites-vous ?

ACTE III, SCÈNE IV.

ZORAIDE.

J'y pleure.

IBRAHIM.

Reine, la vérité doit parler devant nous ;
Le crime dénoncé fut-il commis par vous ?

ZORAIDE.

Non !

BOABDIL.

Quelle audace !

IBRAHIM.

Eh bien ! quelle est votre défense ?
Quelle preuve avez-vous ?

ZORAIDE.

Rien, que mon innocence !

BOABDIL, à part.

Qui la dirait coupable, en écoutant sa voix ?

IBRAHIM.

Pour absoudre, un seul mot ne suffit pas aux lois ;
Reine, en votre faveur n'est-il aucun indice ?

ZORAIDE.

Aucun.

ABENHAMET.

Ah ! si je suis, comme on dit, ton complice,
Je sais ton crime au moins, je répondrai pour toi....

IBRAHIM.

Jeune homme, que chacun ne parle que pour soi ;
Tu répondras après. Eh bien ! reine ?

ZORAIDE, sans répondre au juge, et levant les yeux au ciel.

O mon père !
Si des cieux ton regard plane encor sur la terre,

Toi, qui vois mes tourmens, qui connais ma vertu,
Dans l'éternel séjour, mon père, que dis-tu?
Lorsqu'attachant l'opprobre au nom de ta famille,
Un arrêt infamant va peser sur ta fille !
Tout pour Dieu, pour son cœur ; rien pour les lois, hélas!...
Son innocence est vaine, on ne la connaît pas !

ABENHAMET.

O mon Dieu !

BOABDIL.

Qu'elle est belle !

ALY, à part, en observant Boabdil.

Attendri par ses larmes,
Son courroux adouci déjà rend-il les armes ?
Va-t-il ?...

IBRAHIM.

Abenhamet, maintenant défends-toi.

ABENHAMET.

Non, non ; tout est trop bien concerté contre moi ;
Quoique innocent, en vain je voudrais me défendre,
Je dois vous épargner la peine de m'entendre ;
Vous ne me croiriez pas !

IBRAHIM.

Un tel refus pourtant
Est loin de nous prouver que tu sois innocent.
Que tu le sois ou non, réponds avec franchise.
Admis dans tes secrets de crainte de surprise,
Quelqu'un dans le jardin avec toi parvint-il ?

ABENHAMET.

Devais-je avec quelqu'un partager mon péril ?
J'étais seul !

ACTE IV, SCÈNE IV.

ALY, à part, d'un air de satisfaction.

Imprudent !

IBRAHIM.

Et ce fer régicide
De tes mains arraché ?....

ABENHAMET.

Par qui ?

ALY.

Par moi.

ABENHAMET.

Perfide !
Oses-tu me charger de semblables forfaits ?
Homicide, adultère.... Et tu l'attesterais ?

ALY.

Qui pourrait en douter, quand ma bouche l'assure ?

ABENHAMET, avec colère.

Et tu m'as désarmé, sans combat, sans blessure ?
Sans blessure ? dis donc !

ALY, troublé.

Mais non pas sans effort,
Du moins !....

ABENHAMET.

Ah ! j'étais donc bien faible ou toi bien fort !

IBRAHIM, à Aly qui paraît troublé.

Tu te troubles, Zégri ?

ALY, revenant à lui.

Qui, moi ? lui, me confondre !
Qu'on m'accorde un moment, et je vais lui répondre.

(Il prend des mains d'un esclave deux poignards, et en présente un à Abenhamet.)

Connais-tu ce poignard?

ABENHAMET.

C'est le mien.

ALY, lui présentant l'autre poignard.

Celui-ci?

Peut-être pourras-tu le reconnaître aussi;
Regarde! quel est-il?

ABENHAMET.

Séide!.... O Dieu suprême!

ALY, lui montrant les vêtemens de Séide que l'on vient de déposer sur la scène.

Ces vêtemens?

ABENHAMET.

Que vois-je! O ciel!... et c'est moi-même,
Jusqu'au piége infernal, c'est moi qui l'ai traîné!
Je le jetais aux mains qui l'ont assassiné!
Séide!

IBRAHIM.

Tu disais être seul, sans complice?

ABENHAMET.

Oui, je l'ai dit! Devais-je, hélas! à la justice
Livrer l'infortuné dont j'acceptai l'appui?
Je ne le voyais pas, il pouvait avoir fui.
Mais tout sert à vos yeux de preuves de mon crime.
De l'apparence ou non que je sois la victime;
Pourquoi du fer des lois suspendre encor les coups?
Qui ne peut se défendre est coupable pour vous.
Juges, que dans son crime, ou dans son innocence,
Un autre vous demande ou justice ou clémence,

ACTE IV, SCÈNE IV.

Punissez mon malheur à l'égal d'un forfait :
Ma sentence !

ZORAIDE.

Arrêtez ! suspendez son arrêt ;
Au nom du Dieu suprême, écoutez-moi !

BOABDIL.

Madame !

ZORAIDE passe devant les Zégris et les regarde.

Vous avez bien tenu votre promesse infâme,
(Aux trois Zégris.)
Chef des Zégris; et vous, lâches accusateurs,
Vous avez bien servi ses indignes fureurs.

BOABDIL, à part.

Que dit-elle, grand Dieu !

ZORAIDE, à Boabdil.

Boabdil, on t'abuse.
Une horrible imposture, une exécrable ruse,
En nous enveloppant dans un complot affreux....

ABENHAMET, passant devant Zoraïde.

Que fais-tu, Zoraïde ?

ZORAIDE, le repoussant.

Ah ! laisse, malheureux !
Par pitié, par justice, il faut que l'on m'entende !
Oui.

BOABDIL, troublé.
(A part.)

Parlez ! De ses pleurs que le ciel me défende !
(Haut.)
J'écoute....

ZORAIDE.

Boabdil, reviens de ton erreur ;
Non, tu n'as pas sur nous à venger ton honneur ;

Je ne suis pas coupable ; il ne l'est pas, oh ! grâce !
Oui, grâce !...

BOABDIL.

Epargnez-vous cette inutile audace ;
Vous espérez en vain l'arracher au trépas.

ZORAIDE.

Mais il est innocent ! grâce !..... Il ne me croit pas!
Mon Dieu !

ABENHAMET.

Va, plus que nous il se punit lui-même ;
Zoraïde, peux-tu craindre l'arrêt suprême
Qui t'enlève à ce monstre et dégage ta foi ?
Ah ! songe qu'à jamais tu devais être à moi !
Libre du joug affreux d'un parjure hymenée,
Victime, à ton bourreau tu n'es plus enchaînée.
Notre sort s'accomplit ; la mort, brisant nos nœuds,
De l'hymen du tombeau va nous unir tous deux !

BOABDIL.

Insolent, oses-tu devant moi ?

ABENHAMET.

Qu'ai-je à craindre ?
En marchant au supplice ai-je besoin de feindre ?
Pour la dernière fois je parle en liberté ;
La mort me donne au moins un droit de vérité !
Ah ! quand d'un échafaud la vérité s'élance,
Elle est d'un Dieu vengeur la terrible sentence.
Tremble ! ce Dieu te juge, et t'apprend par ma voix,
Quels arrêts vont porter ses redoutables lois !
Ecoute, Boabdil ! l'instant fatal s'avance :
De son faîte orgueilleux va tomber ta puissance.
Te jetant loin de lui, ce trône où tu t'assieds,
Monarque d'un moment, va crouler sous tes pieds.

Sans ramasser un seul des débris de ton règne,
Des flatteurs d'autrefois sans un seul qui te plaigne;
Versant d'indignes pleurs dans tes lâches regrets,
Tu resteras chargé d'inutiles forfaits.
Alors, tu mendiras l'oubli pour ta mémoire,
Mais en vain ; des héros s'il conserve la gloire,
S'il redit leurs vertus, l'inflexible avenir
Garde aussi des tyrans l'odieux souvenir :
On ne t'oubliera pas!

BOABDIL, furieux.

Silence à ton audace!
C'en est trop! Si le ciel accomplit ta menace,
Si du trône je dois être précipité,
Devant ce qu'il me reste encor d'autorité,
Obéis! Son arrêt, juges!

IBRAHIM, quittant les juges qui ont opiné pendant le débat d'Abenhamet
et de Boabdil.

Roi, son outrage
De leur crime n'est pas l'irrécusable gage ;
Nous n'avons pas de preuve.

BOABDIL, furieux.

Achevez ces débats!

IBRAHIM.

Nous ne pouvons absoudre, et ne condamnons pas.

BOABDIL.

Eh bien! prononcez donc.

IBRAHIM.

Roi, propice ou contraire,
Aux passions la loi doit rester étrangère ;
Le crime est tout pour elle ; et devant son forfait,
Comme l'accusateur, l'accusé disparaît.

BOABDIL.

La loi doit-elle offrir au coupable un refuge ?

IBRAHIM.

Jamais.

BOABDIL.

Prononcez donc !

IBRAHIM.

Je ne puis; que Dieu juge !

ALY.

Dieu !

IBRAHIM, à Zoraïde.

Vous soumettez-vous au jugement du ciel ?

ZORAIDE.

Oui, je remets ma cause aux mains de l'Eternel.
Dieu, qui lit dans les cœurs, voit le mien ; qu'il prononce !

IBRAHIM.

Qu'un héraut dans Grenade à l'instant même annonce
Que la reine, accusée, aujourd'hui doit périr,
Si nul bras généreux n'osant la secourir,
Ne vient, soit au poignard, à l'épée, à la lance,
Contre l'accusateur en prenant sa défense,
Dans la lice avec lui partager le soleil.
Qu'à l'instant du supplice on dresse l'appareil.
Si vers la sixième heure, accepté par la reine,
Un guerrier se présente et descend dans l'arène,
Toi, le chef des Zégris, toi, son accusateur,
Aly, tu combattras contre le défenseur.

ALY, à part.

Moi ? Je n'attendais pas.... Qui l'eût dit ? mais n'importe !

IBRAHIM.

Si c'est dans ce combat ton glaive qui l'emporte,
Que la reine à l'instant dans les feux d'un bûcher...
(Ici un bruit confus se fait entendre.)
Quel est ce bruit ?

BOABDIL, troublé.

Du bruit !

IBRAHIM.

Il semble s'approcher.
(Le bruit augmente.)

ALY, à part.

Grand Dieu ! si c'étaient eux !

IBRAHIM.

On vient.

BOABDIL.

Quels téméraires ?

SCÈNE V.

Les Précédens, des ABENCERRAGES armés, des Gardes.

UN ABENCERRAGE, s'élançant vers Boabdil.

Vengeance ! le sang coule, on égorge nos frères !...
(Il va pour le frapper.)
Mort ! mort à Boabdil ! Que son corps déchiré !.....

ABENHAMET, s'élançant vers l'Abencerrage, l'arrête en disant :

Votre roi ! Malheureux, un monarque est sacré !
(Ici les gardes se mêlent aux Abencerrages qu'ils arrêtent. La toile tombe.)

FIN DU QUATRIÈME ACTE.

ACTE V.

Le théâtre représente la place de l'Albaysin. A la gauche du spectateur, sur le premier plan, une façade du palais de l'Alhambra; à droite, mais dans le fond, sur une ligne oblique, le palais de l'Albaysin. Dans le lointain, le sommet des montages de la Sierra-Névada, couvert de neige, sur laquelle tranche la verdure de quelques arbres. Du côté de l'Alhambra, l'échafaud où doit se placer Zoraïde, vis-à-vis, la barrière de la lice qui se prolonge dans la coulisse, de façon à ne pas laisser apercevoir les combattans. Dans le fond est un bûcher, des liens sont posés dessus, le tout est enfermé d'une barrière, au-delà de laquelle se trouve le peuple. On voit parmi la foule quelques Espagnols. Des gardes veillent à la barrière. Au lever de la toile on voit déjà du peuple, dont la foule se grossit peu à peu pendant le cours de l'acte. Le soleil éclaire le côté de la scène où se trouve la lice, l'ombre porte du côté où est l'échafaud.

> . . . . Celui qui fait le crime
> Ne se fait pas lui-même en fuyant sa victime.
> En tout temps, en tout lieu, le coupable avec soi
> Emporte ses remords. . . . .
> ÉLISA MERCŒUR.

SCÈNE PREMIÈRE.

BOABDIL, seul, criant dès la coulisse. Il a l'air égaré, et a un billet à sa ceinture.

Quoi ! ce sang odieux ne s'arrête donc pas !
De son horrible fange il souille encor mes pas !

Il coule donc partout, ce sang inépuisable !
Partout !... Et si la trace en est ineffaçable !...
S'il en a réjailli quelque goutte sur moi !...
(Il regarde ses vêtemens.)
Mais non, je n'en ai pas... J'ai cru, dans mon effroi,
En sentir près du cœur une goutte brûlante...
Hélas ! mon crime seul me suit et m'épouvante !
C'est lui qui dans mon âme a jeté tant d'horreur
(Il regarde autour de lui d'un air effrayé.)
Mais, dans quels lieux encor m'a conduit ma fureur !
Quoi ! c'est partout la mort, ou l'apprêt d'un supplice ?
Pour qui cet échafaud, ce bûcher, cette lice ?
Pour elle ! Dieu puissant, pour elle ! Ah ! dans un jour
Quels forfaits ont commis la vengeance et l'amour !
Combien de pas marqués sur le chemin du crime !
Elle va donc mourir, et mourir ma victime ?
Mais, d'où vient ma pitié pour qui m'a pu trahir ?
Ah ! j'ai perdu, je sens, le droit de te haïr !
Je ne puis que te plaindre, hélas ! d'être coupable !
Coupable ! l'es-tu bien ? Ciel, quel doute m'accable !
Si tu ne l'étais pas !... si ma crédulité....
Achève, Dieu puissant ! je l'ai trop mérité.
Que dans ce jour affreux ta céleste vengeance
Me l'enlève, et m'apprenne après son innocence.

SCÈNE II.

BOABDIL, ALY.

ALY, à part, en observant Boabdil.

Que vois-je ? Boabdil ?.... Cet air sombre, abattu....
(Haut.)
Ici, roi de Grenade, oh ! ciel ! et qu'y fais-tu ?

BOABDIL, sèchement.

Moi, j'y viens contempler les effets de ma rage.

ACTE V, SCÈNE II.

ALY.

Je ne te comprends pas.... et ce nouveau langage....
(D'un air d'intérêt.)
Mais tu sembles troublé ; tes regards, ta pâleur...
Tu souffres ?

BOABDIL, avec douleur.

Oui, beaucoup, ma souffrance est au cœur !

ALY.

Ah ! fuis ces lieux !

BOABDIL.

Pourquoi ? Celui qui fait le crime
Ne se fuit pas lui-même en fuyant sa victime.
En tout temps, en tout lieu, le coupable avec soi
Emporte ses remords.

ALY.

Des remords.... est-ce toi ?....

BOABDIL.

Oui, c'est moi qui m'éveille et sors de mon délire.
Trop serré sur mes yeux, le bandeau se déchire,
J'y vois ! je me regarde et je me fais horreur.
Combien elle a duré, ma détestable erreur !
Qu'après un tel sommeil le réveil est terrible !
Quand elle vient trop tard, la raison est horrible.
Lorsque de son flambeau l'inutile clarté
Me découvre l'abîme où je me suis jeté,
Je n'en puis pas sortir !

ALY.

Si ton sujet fidèle...
Pouvait te....

BOABDIL, avec indignation.

Quoi ! viens-tu, dans ton funeste zèle,

De mon cœur étouffant les trop justes regrets,
Y chercher une place à de nouveaux forfaits?
Viens-tu me demander encor quelque vengeance?

ALY.

Ciel!...

BOABDIL, avec colère.

Qui t'avait donné ta fatale puissance?
A mes pas attaché, comme l'ange du mal,
Dis, par quel talisman, quel prestige infernal,
Fascinais-tu mes yeux dans ta cruelle adresse?
Ah! ta seule magie était dans ma faiblesse.
J'avais pris mon orgueil pour ma force, et de moi
Tu n'as fait qu'un tyran, tu n'as pas fait un roi.
Non, je ne suis pas roi! vainement j'ai naguère
Du trône, en ma fureur, précipité mon père.
Dans leur sang généreux me plongeant forcené,
Je suis de mes sujets le bourreau couronné!

ALY, à part.

Dieu! m'échapperait-il? Ce transport qui l'anime....

BOABDIL, continuant.

A l'immortalité condamné par mon crime,
Trop illustre coupable, oui, je le sens, hélas!
Dans la postérité l'on ne m'oubliera pas.
Qu'ai-je fait, Dieu puissant! dans ma funeste rage?
Hier! hier encor, les fils d'Abencerrage
Pouvaient, impatiens de triomphes nouveaux,
Fiers enfans du désert, marcher sous mes drapeaux,
Dans leur fraternité de force et de courage!
Hier!.... et c'est demain, que le combat s'engage!
Et demain, pour répondre au belliqueux appel,
Se réveilleront-ils du sommeil éternel?
Se rendront-ils encore à leur poste de gloire?
Non! retranchés par moi des rangs de la victoire,

Du tombeau pour s'y rendre ils ne sortiront pas ;
Chef jaloux, j'ai moi-même égorgé mes soldats !

ALY.

Demain, dis-tu ? grand Dieu ! si ta haine timide
N'eût osé prévenir leur complot parricide,
C'est toi, qui du cercueil où rien n'est entendu ;
Demain à tes soldats n'aurais pas répondu.

BOABDIL.

Moi....

ALY.

Que dans ta vengeance enfin il te souvienne...

BOABDIL, avec indignation.

Ma vengeance, as-tu dit ? Et si c'était la tienne
Que j'eusse satisfaite en mon affreuse erreur ?
Si, guidant à ton gré ma docile fureur,
Perfide conseiller, dans ta ruse exécrable,
Pour ton intérêt seul tu m'avais fait coupable ?
Si tout était pour toi ?

ALY.

Qui peut d'un tel soupçon ?....

BOABDIL, avec dignité.

Je te l'ai déjà dit, j'ai repris ma raison.
L'horrible vérité que ma douleur redoute,
Dans ce cœur qu'elle accable est déjà plus qu'un doute.
Réponds-moi ! ce rival, dont le bras assassin,
Disais-tu, dut plonger un poignard dans mon sein ;
Quand ses frères sur moi forcenés de vengeance,
S'élançaient, pourquoi donc a-t-il pris ma défense ?
Pourquoi, s'il le voulait, ne m'a-t-il pas frappé ?
Réponds, dans ce moment lui serais-je échappé ?
Bien plus, lorsque d'effroi tout restait immobile,
Lui-même me frapper devenait inutile ;

Et ses frères, pour lui, se chargeant de ce soin,
Il eût pu de ma mort n'être que le témoin.
Mais non, lui seul bravant le tumulte et le nombre....

ALY.

On sauve son rival au grand jour, mais dans l'ombre,
On l'assassine....

BOABDIL, indigné.

Arrête ! Ah ! quel est ton espoir !
Le charme est dissipé, j'échappe à ton pouvoir.
N'attends pas que sur moi jamais il recommence !
Laisse-moi ; je t'ai dû trop long-temps ma démence ;
Par d'infâmes conseils, trop long-temps, vil flatteur,
Comme un poison vivant, tu m'as gâté le cœur.
J'avais soif d'être aimé, tu m'abreuvas de haine ;
Une ivresse infernale, en brûlant chaque veine,
A passé dans mon âme, et long-temps altéré,
Une fièvre de crime, hélas ! m'a dévoré !
Mais elle cesse enfin !....

ALY.

Calme-toi.

BOABDIL.

Dieu suprême !
Me calmer ! quand bientôt va mourir ce que j'aime !
Me calmer, quand sa mort va tuer mon bonheur !

ALY.

Trembles-tu qu'à sa cause il manque un défenseur ?

BOABDIL.

Malheureux ! et quels bras veux-tu qui la défende ?
J'imprime à mes sujets une terreur si grande,
Qu'il n'en est pas un seul, en ce moment affreux,
Qui soit assez hardi pour être généreux.

ALY.

Qui sait ?

ACTE V, SCÈNE II.

BOABDIL, froidement.

De fiers sujets menaçaient ma puissance ;
Des autres, par leur mort effrayant l'insolence,
J'allais rendre leur force à mes droits affaiblis ;
Tels furent tes conseils ; je les ai crus ; tiens, lis.
(Il lui donne le billet qu'il a à sa ceinture.)

ALY, lisant haut.

« De la foi des sermens, toi-même nous dégages,
Roi ! le fer meurtrier dont les funestes coups
   Ont frappé les Abencerrages,
A brisé pour jamais tout lien entre nous.
   Adieu, l'honneur qui nous anime
Loin d'un sol teint de sang va seul guider nos pas.
Mais en fuyant ces lieux, ton parjure et ton crime
Envers notre pays ne nous dégagent pas ;
Et les fils d'Alabez, les enfans d'Almorade,
Quittant pour les combats leur volontaire exil,
Se souviendront qu'ils sont citoyens de Grenade,
   Et non sujets de Boabdil. »
(Aly rend le billet à Boabdil.)

BOABDIL.

Hé bien ! que penses-tu ?

ALY, avec indifférence.

Que, malgré leur absence,
Zoraïde a quelqu'un qui prendra sa défense.

BOABDIL.

Qui prendra sa défense ! Et qui donc ?

ALY.

Son amant.

BOABDIL.

Abenhamet ?

ALY.

Sans doute, il le peut.

BOABDIL.

Lui, comment?

ALY.

Du cachot renfermant le reste de ses frères....

BOABDIL.

Il vient de s'échapper?

ALY.

Oui, mais d'ordres sévères
J'ai chargé tes soldats, qui répondent de lui.

BOABDIL.

Lorsque mon intérêt vous anime aujourd'hui,
Au point de devancer ma volonté suprême,
Je devrais rendre grâce à votre zèle extrême;
Aucun autre pour moi n'aurait été plus loin.
Mais je vous en tiens quitte, et n'en ai plus besoin.
Je me suffis; adieu.

SCÈNE III.

ALY, seul.

Que dit-il? qui l'agite?
Le lâche! quel est donc le dessein qu'il médite?
Mais enfin, après tout, que me font ses regrets!
Ce qu'on donne au tombeau ne se reprend jamais.
Et toi! toi, dont l'orgueil, dont la vertu hautaine,
Tantôt à mon amour a préféré ma haine,
Tu le vois, je l'ai dit! mon fier ressentiment
De la vengeance en vain n'a pas fait le serment;

Et je vais en goûter l'horrible jouissance !
Mais, de gardes suivie elle-même s'avance.
La douleur semble encore augmenter ses attraits !

SCÈNE IV.

ALY, IBRAHIM, chef des juges, ZORAÏDE, INÈS, Juges, Gardes, Esclaves, un Héraut d'armes.

(Deux nègres, tenant chacun une torche allumée, vont se placer près du bûcher ; des Espagnols, profitant de la trêve qui expire le lendemain, se mêlent à la foule. Zoraïde est sur un char tendu de noir, Inès est assise à ses pieds. Les juges l'escortent. Le char doit être traîné par deux chevaux. Zoraïde et Inès descendent à l'entrée de la lice ; elles entrent, ainsi que tout le cortége qui les suit, par la porte de la barrière. Il y a un échafaud tendu de noir, destiné à asseoir Zoraïde pendant le combat ; elle est vêtue de blanc, sans aucun ornement ; elle tient un écrin à la main. Inès est vêtue de noir. Les juges se rangent autour de l'échafaud. Ibrahim est auprès de Zoraïde. Le peuple reste toujours au-delà de la barrière.

ZORAIDE, tenant un écrin.

C'est donc ici !.... Grand Dieu ! quels funestes apprêts !
Mon père, que de monde au trépas d'une femme !
Et pour la délivrer de ce supplice infâme,
Pas un seul défenseur osant armer son bras !

IBRAHIM.

O reine, vous tremblez !

ZORAIDE.

Non, je ne tremble pas.
Cet appareil de mort n'a rien qui m'épouvante.
Non, je ne tremble pas, non : je suis innocente !
(Elle s'arrête avant de poser le pied sur l'échafaud, et dit avec un accent douloureux.)
Quoi ! c'est un échafaud ! ciel ! m'y devais-je asseoir ?
(Elle s'assied et aperçoit Aly appuyé contre la lice.)
Le monstre, le voilà ! de quel horrible espoir,

Insultant à mes maux, son regard étincelle !
(Après un moment de silence, Zoraïde s'adresse à Ibrahim.)
Mon père, puis-je ici d'une esclave fidèle
Reconnaître les soins ?

IBRAHIM.

La générosité,
Reine, n'est pas un droit que l'on vous ait ôté ;
Vous le pouvez.

ZORAIDE, à Inès.

Inès, comme après moi peut-être,
Ignorant tes vertus, hélas ! quelque autre maître
Rendrait pesans les nœuds de ta captivité,
Devant ce peuple et Dieu reçois ta liberté !
Accepte cet écrin, ces parures légères ;
Voici le seul instant qu'elles me semblent chères.
Accepte-les, Inès ; qu'après ma mort, du moins,
Ton sort soit à jamais à l'abri des besoins !

INÈS.

Non, non, je n'en veux pas, ô ma digne maîtresse !
N'augmentez pas ainsi la douleur qui m'oppresse ;
N'arrachez pas mon cœur à son pressentiment.
Laissez-moi croire encor, jusqu'au dernier moment,
Que vous ne mourrez pas de cet affreux supplice.
Puisque c'est Dieu qui juge, il vous rendra justice.
Les hommes quelquefois condamnent la vertu ;
Mais le ciel la protège ; espérez !

ZORAIDE, entendant frapper six coups sur l'airain, se rappelle qu[elle doit]
périr à cette heure si personne ne se présente pour la défendre, dit

Entends-tu ?
Et pas un défenseur, pas un seul !

ALY, à part, avec une joie satanique.

ZORAIDE, abattue.

Mon courage s'en va, je me croyais plus forte !

IBRAHIM, au Héraut d'armes.

Héraut, parcours ces lieux, proclame à haute voix
L'arrêt que par ma bouche ont prononcé nos lois.
Dis que la reine attend un bras pour sa défense;
S'il s'offre un combattant, quel qu'il soit, qu'il s'avance.

SCÈNE V.

LES PRÉCÉDENS, excepté le HÉRAUT D'ARMES.

IBRAHIM.

Le ciel dans ses décrets, reine, est juste toujours;
C'est à vous de savoir s'il vous doit son secours.
Innocente, espérez ! Résignez-vous, coupable.

ZORAIDE, avec candeur.

Ah ! je suis innocente, et l'effroi qui m'accable,
Malgré moi, cependant, domine tout mon cœur;
Je ne crains pas la mort, je crains le déshonneur !

INÈS, priant.

O toi ! Dieu des chrétiens, daigne veiller sur elle !
Toi, qui connais son âme à la vertu fidèle,
Dieu tout-puissant, confonds un lâche accusateur;
Viens sauver l'innocente, et frapper l'imposteur.

ZORAIDE.

Ah ! s'il pouvait l'entendre !

IBRAHIM, priant.

Et toi, Dieu du prophète !
Toi, qu'on ne peut tromper, ta science secrète

Voit au fond de son cœur son crime ou sa vertu ;
Relève en ce moment son courage abattu ;
Prends pitié de ses maux, rends justice ou pardonne.

ZORAIDE, avec inquiétude.

Mon père, vous voyez, il ne s'offre personne.
Pour moi vous espérez, vous suppliez en vain.
(A part.)
Des angoisses de mort sont déjà dans mon sein !

ALY, à part.

De leurs dieux invoqués viens braver la puissance ;
Viens l'emporter sur eux, démon de la vengeance !

SCÈNE VI.

Les Précédens, LE HÉRAUT D'ARMES qui entre seul.

ALY.

Ah !

ZORAIDÉ.

Seul !

LE HÉRAUT D'ARMES.

Un combattant se présente, seigneur.

INÈS.

Dieu !

ZORAIDE.

Pourtant !

ALY.

Je croyais....

IBRAHIM, au Héraut d'armes.

Quel est ce défenseur ?

ACTE V, SCÈNE VI.

LE HÉRAUT D'ARMES.

Un des chefs espagnols profitant de la trêve ;
Lui seul à ce combat veut consacrer son glaive.

ZORAIDE, étonnée.

Un Castillan !

IBRAHIM, au Héraut d'armes.

Sait-on quel est ce chevalier ?

LE HÉRAUT D'ARMES.

On l'ignore, aucun mot n'est sur son bouclier ;
En vain à son armure on voudrait le connaître.
La visière baissée ici peut-il paraître ?
Voilà ce que pour lui demande un écuyer.

IBRAHIM, au Héraut d'armes.

Eh pourquoi pas ? Retourne, et dis à ce guerrier
Qu'il entre !

ALY, à part.

Que veut dire un semblable mystère ?

IBRAHIM, au Héraut d'armes.

Qu'attends-tu donc ?

LE HÉRAUT D'ARMES.

Seigneur, pour que chaque adversaire
D'attaque et de défense ait un égal moyen,
L'écuyer qui le suit apporte un casque.

IBRAHIM.

Eh bien !
Qu'il vienne ! quels que soient son nom et son visage,
Qu'il les cache, et ne montre ici que son courage !
Héraut, la loi permet qu'il demeure inconnu.
Qu'il entre, Dieu l'envoie, il est le bien venu !

(Aly doit laisser voir beaucoup d'émotion.)

SCÈNE VII.

Les Précédens, excepté le Héraut d'armes.

ZORAIDE.

Quoi ! c'est un ennemi qui me défend !

INÈS.

Madame,
Que le calme et l'espoir soient encor dans votre âme !
Ce n'était pas en vain que nous priions pour vous ;
Vous le voyez.

SCÈNE VIII.

Les Précédens, le Héraut d'armes, un Chevalier espag
un Ecuyer espagnol portant un casque.

IBRAHIM, au chevalier espagnol.

Approche, et ne crains rien de nous.
Accepté par la loi, combats sans défiance.
 (Il lui montre Aly.)
Voici ton adversaire.
 (Le chevalier espagnol s'incline devant Zoraïde.)

ZORAIDE, au chevalier.

O vous ! dont la vaillance
Vient ici disputer une femme au trépas,
Guerrier, défendez-moi. Si dans de tels combats,
La justice est toujours du parti de la gloire !
Je sens que je vous puis assurer la victoire ;
Chevalier, ma vertu m'en répond.

ALY, à part.

On verra.
Un chef des Espagnols! et si c'était Lara?
Ou plutôt....

IBRAHIM, aux gardes du champ-clos.

Qu'à l'instant on ouvre la barrière.
(A Aly, lui montrant l'écuyer qui tient le casque.)
Prends ce casque, Zégri! baisses-en la visière.
(Aux gardes du champ-clos.)
Et vous, laissez aller.

ALY passe devant le chevalier espagnol, et avant de prendre le casque, regarde son adversaire et dit :

Allons, puisqu'il le faut.
(Au chevalier espagnol.)
Ton front se cache en vain, nous te verrons bientôt ;
Etrange combattant, par mon glaive arrachée
Ta visière au combat va tomber détachée ;
Mystérieux guerrier, nous saurons ton secret.
(Aly ôte son turban avec colère, prend le casque qu'il enfonce avec rage. Il regarde à sa ceinture, et voit qu'il a un poignard de plus que le chevalier ; il le jette loin de lui.)
Armes égales! viens, viens donc! me voilà prêt.
(Il ouvre la barrière de la lice où il s'élance, le chevalier espagnol le suit.)

SCÈNE IX.

Les Précédens, excepté les Combattans.

IBRAHIM.

Prononce, ô Dieu du ciel! ta suprême sentence.

ZORAIDE.

Saura-t-on sur la terre enfin mon innocence ?

(Avec un cri d'effroi.)
Mon père, regardez ! déjà mon défenseur
Chancèle !.... Si le monstre allait être vainqueur !

IBRAHIM.

Calmez-vous !...

INÈS.

Mais voyez, madame, il se relève.
Du traître qu'il poursuit il va briser le glaive ;
Corps à corps tous les deux ils s'ébranlent plus fort ;
Aly va céder...

ALY, dans la coulisse.

Non ! c'est jusqu'à la mort...

ZORAIDE, jetant un cri.

Ah !

INÈS, regardant toujours le combat.

Son casque est emporté, le glaive est sur sa tête,
Son sang coule....

SCÈNE X.

Les Précédens, ALY et le Chevalier.

ALY, repoussé par le chevalier espagnol, se rejette en arrière
barrière de la lice. Il est blessé et tombe, son glaive brisé écha
mains.)

Jamais!

ZORAIDE.

Vaincu !

INÈS.

Sauvée !

IBRAHIM, au chevalier espagnol.

Arrête!

ACTE V, SCÈNE X. 419

Le ciel a prononcé contre l'accusateur,
Et la loi du combat te déclare vainqueur :
Mortels, reconnaissez la céleste justice.
(Aux esclaves.)
Qu'on détruise à l'instant les apprêts du supplice !
(Les nègres emportent leurs torches, des esclaves défont le bûcher.)
Mais, ce Zégri se meurt; soutenez-le, soldats;
Le monstre doit l'aveu de ses noirs attentats.
(Les soldats s'approchent d'Aly qui les repousse et fait un effort pour se redresser.)
Aux yeux de l'Eternel lorsque tu vas paraître,
Zégri, la vérité doit se faire connaître;
Je la demande au nom du ciel et de la loi.
J'attends.

ALY.

Oui, cette femme a respecté sa foi.
Je l'aimais. C'est moi seul dont la flamme jalouse
Voulut de Boabdil déshonorer l'épouse.
Et ses nobles refus ont doublé ma fureur.
Comme elle, son amant fut fidèle à l'honneur ;
Et si devant Jaën, dans l'attaque dernière,
Abenhamet vaincu perdit notre bannière,
Eh bien ! c'est que j'avais, trahissant mon pays,
Découvert en secret sa marche aux ennemis.
(Ici le chevalier qui est resté contre la barrière, pousse un cri étouffé.)

IBRAHIM, aux gardes.

Qu'on aille délivrer le chef abencerrage.
De l'arrêt qui l'atteint cet aveu le dégage.
Qu'on vole à sa prison !

ALY.

Il n'en est pas besoin,
Tu peux leur épargner cet inutile soin.

IBRAHIM.

Comment ?

ALY.

Loin de ces murs en protégeant sa fuite,
Je l'ai fait échapper, pour l'immoler ensuite.
Il n'est plus !

ZORAIDE, à part.

Dieu !

ALY, commençant à parler avec peine.

J'ai dû m'assurer aujourd'hui
Que ma mort deviendrait inutile pour lui.
Et ce secret qu'ici ma bouche vous révèle,
Avec moi descendu dans la nuit éternelle,
S'il existait encor, vous ne le sauriez pas.

IBRAHIM.

Malheureux !

ALY, faisant tous ses efforts pour se faire entendre.

Mais déjà, pour entraîner mes pas,
L'ange du noir séjour et m'appelle et s'avance.
Jusqu'au dernier instant fidèle à ma vengeance,
J'ai vécu pour la haine et j'ai rempli mon sort.
(Il se tait un moment, se soulève, et, rassemblant toutes ses forces, dit :
Adieu donc à la vie ! et salut à la mort !
(Il tombe.)

IBRAHIM.

Esclaves, approchez ; hors d'ici qu'on l'entraîne !
(Les esclaves emportent le corps d'Aly.)

SCÈNE XI.

Les Précédens, excepté ALY.

IBRAHIM, se retournant vers le chevalier qui est contre la lice.

Et toi, qui rends leur gloire aux vertus de la reine....
(Ici le chevalier fait un mouvement, et tombe appuyé contre la lice.)

ACTE V, SCÈNE XI.

ZORAIDE, en voyant tomber le chevalier.

Grand Dieu ! mon défenseur !... S'il était mort pour moi !... Courez donc !

IBRAHIM, aux esclaves.

Détachez son casque.

LES ESCLAVES, qui entourent le chevalier lui détachent son casque, et, reculant de surprise, disent :

C'est le roi !

(Zoraïde qui est descendue de l'échafaud, Ibrahim et Inès s'approchent de Boabdil qui revient à lui.)

IBRAHIM.

Boabdil !

ZORAIDE.

Mon époux !

INÈS.

Le roi !

ZORAIDE, à Boabdil.

Vous ?

BOABDIL.

Oui, moi-même ;
Moi, qui pus un moment, dans mon délire extrême,
Outrager ta vertu par un affreux soupçon ;
Moi qui suis à tes pieds et demande pardon !

IBRAHIM, à part.

O vertu ! dans son cœur tu n'étais donc pas morte ?...

ZORAIDE, avec intérêt.

Vous n'êtes pas blessé ?

BOABDIL, se relevant.

Non ! mais d'ailleurs, qu'importe,
Quand c'est l'âme qui souffre, une blessure au corps ?

IBRAHIM.

Roi, qui put t'inspirer ce dessein ?

BOABDIL.

Mes remords.

ZORAIDE.

Quoi ! par vous aujourd'hui ma gloire m'est rendue !
Vous me pensiez coupable, et m'avez défendue !

BOABDIL.

J'avais appris déjà la mort de mon rival.
Malgré moi, poursuivi par un doute fatal,
Je ne me sentais plus convaincu de ton crime.
D'un horrible complot je te pensais victime ;
Mais enfin, innocente ou coupable envers moi,
J'étais du moins certain, en combattant pour toi,
Ou de ne pas survivre à ma gloire outragée,
Ou de te retrouver innocente et vengée.
Tu l'es ! daigne oublier ma trop funeste erreur.

ZORAIDE.

Aux yeux du monde enfin j'ai recouvré l'honneur ;
Je puis donc l'emporter au tombeau !

BOABDIL.

Zoraïde,
Que dis-tu ?

ZORAIDE, lui montrant son anneau.

Regardez, voyez cet anneau vide ;
La mort qu'il contenait a passé dans mon sein.

BOABDIL.

Empoisonnée !

INES.

Oh ciel !

ACTE V, SCÈNE XI.

BOABDIL, criant.

Du secours!

ZORAIDE.

C'est en vain,
Ma tombe s'est ouverte, et je vais y descendre.

BOABDIL, égaré.

Tout ce que je possède à qui peut me la rendre!
Du secours!

ZORAIDE.

Je vous dis qu'on n'en pourrait trouver.
Aucun art des humains ne peut plus me sauver.
J'ai compté les momens ; une horrible souffrance
Me dit que le dernier de ces momens s'avance.

(Elle s'appuie sur Inès.)

INÈS.

Pauvre maîtresse !

ZORAIDE.

Inès, tes soins sont superflus......
Asseyez-moi.... déjà, je ne me soutiens plus.

(On l'assied sur l'échafaud, Boabdil est jeté sur les marches et lui tient les mains.)

IBRAHIM.

On outrage le ciel, quand on en désespère ;
Reine, qu'avez-vous fait ?

ZORAIDE.

Moi, je n'ai point, mon père,
Douté du saint arrêt rendu par l'Eternel.
Quand je m'empoisonnais, je savais que le ciel
Devait au défenseur accorder la victoire ;
Mais je voulais mourir, en recouvrant ma gloire.
Hé bien ! pourquoi pleurer ? je ne vais plus souffrir

BOABDIL, avec délire.

Oh ! par pitié pour moi, tu ne vas pas mourir ;
Non, tu vois les tourmens qui dévorent mon âme.
Tu ne vas pas mourir.... Zoraïde.... ma femme !

ZORAIDE.

Quelle affreuse douleur !

BOABDIL, éperdu.

Dis-moi que tu vivras !
Zoraïde, ô mon Dieu ! ne meurs pas, ne meurs pas !

ZORAIDE.

Un reste d'existence, une souffrance horrible,
Se livrent dans mon sein une lutte pénible.
Dieu !

BOABDIL, abattu.

Je n'ose pas même implorer mon pardon,
Tu le refuserais, tu me détestes ?...

ZORAIDE est long-temps à dire ce dernier couplet, peu à peu sa voix s'ét<

Non !
Zoraïde au tombeau n'emporte pas de haine.
Reviens de ce transport où la douleur t'entraîne.
Non, je ne te hais pas. Un indigne imposteur
Fit entrer malgré toi le crime dans ton cœur....
Qu'il en sorte !... qu'enfin, la vertu soit ton guide !...
Boabdil... je pardonne !... Oui !... je meurs !

(Sa tête retombe.)

BOABDIL, se jette à ses pieds en criant.

Zoraïde !!!
(Sa tête retombe sur les genoux de Zoraïde.)
(La toile tombe.)

FIN DU CINQUIÈME ET DERNIER ACTE.

DÉTAILS

SUR

LA LECTURE DE MA TRAGÉDIE

AU THÉATRE-FRANÇAIS (1).

Le 27 juillet 1830, je devais avoir une lecture au Théatre-Français; trois jours avant, l'avis m'en avait été donné par M. Samson, acteur de ce théâtre. La révolution empêcha cette lecture. Pendant plus de dix mois, les membres du comité suspendirent leurs fonctions, et ils ne les reprirent que lorsque M. Taylor revint d'Egypte. Je ne le connaissais pas ; seulement, d'après le conseil qu'on m'en avait donné, comme devant le disposer en ma faveur, je lui avais envoyé un volume de mes poésies avant son départ pour l'Egypte. A son retour, nous fûmes le voir, maman et moi; je lui dis que M. Royer-Collard devait lui écrire pour le prier de m'accorder une lecture. M. Taylor me répondit fort poliment que je n'avais pas be-

---

(1) Je dois faire part ici du motif qui m'a engagée à écrire ma lecture au Théâtre-Français.

M. le comte d'Argout, qui était ministre du commerce et des travaux publics lorsque nous lui fûmes présentées maman et moi, me dit qu'il avait un grand désir de lire ma tragédie. Il me demanda si je voulais bien avoir l'obligeance de la lui prêter, et d'y ajouter les détails et le résultat de

soin de protecteur, que mon nom était une recommandation plus que suffisante, et que j'obtiendrais une lecture la semaine suivante. M. Royer-Collard ayant, comme il me l'avait promis, écrit à M. Taylor, pour lui demander de m'accorder une lecture de ma tragédie, ainsi que le tour de faveur, il répondit que je l'aurais si j'étais reçue par le comité. M. Royer-Collard, pour m'encourager à lire ma tragédie sans crainte, m'envoya la réponse de M. Taylor; je l'ai encore. Je reçus bientôt un rendez-vous pour ma lecture (1); mais, au jour indiqué, M. Joanny se trouvant malade, je fus remise au mardi suivant, 3 mai 1831. J'avais prié plusieurs acteurs que je connaissais d'assister à cette lecture; un arrêté de M. Taylor défendit à tous ceux qui n'étaient pas du comité d'y entrer sans y être appelés. Lorsque M. Taylor me dit de lire, MM. Monrose, Joanny et Granville se placèrent à la table pour m'entendre; je me disposais à commencer, lorsque M. Monrose appela un garçon de théâtre, et lui dit de faire monter les autres membres du comité; M. Taylor s'y opposa : sur l'observation que lui fit M. Monrose, que le comité n'était pas complet, il répondit que, complet ou non, la lecture aurait lieu (2). M. Monrose parut extrêmement surpris de cette réponse peu convenable, et me dit :

« Allons, mademoiselle, puisqu'il en est ainsi, lisez. »

(1) Nous y étions depuis une heure avec M. Varsavaux, un des députés de Nantes, et quelques messieurs qui avaient désiré nous accompagner. M. Monrose vint seul. Il fut fort étonné de ne point trouver les autres membres du comité ; il alla chercher M. Taylor. Celui-ci vint avec une lettre de M. Joanny, qui affirmait qu'il était retenu au lit par une forte migraine. M. Monrose gronda fortement M. Taylor de m'avoir laissée venir inutilement au comité. « Si vous n'étiez pas sans pitié, lui dit-il, vous auriez pensé à la fièvre que doit avoir cette pauvre jeune fille. » M. Varsavaux fut si affligé de ce manque de procédé de la part de M. Taylor qu'il n'osa pas revenir le mardi suivant à ma lecture, car il prévit tout ce que j'avais à redouter de cet homme.

(2) M. Taylor avait eu soin de mettre la répétition générale de *Camille Desmoulins* au moment de la lecture d'Elisa.

Après que j'eus fini, MM. Monrose, Joanny et Granville me donnèrent de grandes louanges sur mon ouvrage. M. Taylor ne m'en donna que sur la manière dont j'avais lu ma pièce. Je lui demandai quel était le résultat de ma lecture, il me dit qu'il me le ferait savoir le lendemain. J'attendis en vain cette décision. Voyant que trois jours s'étaient écoulés sans que je susse mon sort, nous nous hasardâmes, maman et moi, à aller chez M. Taylor; nous ne le trouvâmes point. Ne pouvant supporter plus long-temps cette incertitude, nous fûmes chez M. Joanny; je lui demandai quel était l'arrêt porté sur ma tragédie. Il parut étonné que je n'eusse point reçu de réponse. Voici ce que me dit M. Joanny :

« Je vais vous apprendre une chose que vous ignorez sans doute, mademoiselle; M. Taylor vous a forcée à lire devant un comité de trois membres.

— Mais, monsieur, dis-je à M. Joanny, vous étiez cinq, cependant.

— Nous n'étions que trois membres, mademoiselle; car M. Taylor et son secrétaire n'ont pas de voix. Songez qu'un comité doit être de sept ou de cinq. Nous vous avons donné tous les trois notre suffrage; M. Taylor s'est seul opposé à la réception de votre tragédie. Il voulait que nous fissions comme lui; mais, voyant que nous persistions à recevoir votre pièce, et que nous lui déclarions que nous, théâtre littéraire, nous ne pouvions dans notre âme et conscience refuser une œuvre littéraire, qu'il fallait que votre tragédie fût acceptée, et que, reçue, elle devait être jouée, parce que ce n'était point un ouvrage de ce mérite que l'on devait renfermer dans des cartons, alors il nous a dit que seize ans auparavant on avait joué à Feydeau un opéra sur les Abencerrages, qu'il avait eu beaucoup de succès, et que cela pouvait avoir usé le sujet. Comme M. Taylor ne vous a donné que la minorité du conseil, nous n'avons pas le droit de décider; mais voici la marche que vous avez à suivre. Si M. Taylor vous dit que votre tragédie est acceptée, tenez-vous-en là. Mais, s'il vous dit qu'elle est refusée, voici ce que vous avez à faire : vous lui demanderez une autre lecture devant un comité de sept membres ; s'il vous la refuse, menacez-le d'en appeler à l'autorité supérieure, pour faire casser tout ce qu'il a fait, comme étant illégal. Je puis vous assurer qu'il ne résisterait pas à un ordre d'en haut. En vous donnant ce conseil, mademoiselle, je crois servir les intérêts de mes confrères, tout comme les vôtres. »

Nous quittâmes M. Joanny et nous nous rendîmes chez M. Monrose, qui parut fort surpris de ce que M. Taylor ne m'avait pas fait de réponse. Il me dit aussi qu'il fallait que j'eusse une autre lecture, mais qu'il me conseillait d'attendre que Camille Desmoulins fût joué, pour qu'aucun des membres du comité ne manquât ; que ma pièce était trop importante pour être lue devant un comité illégal....

« Mais qu'avez-vous donc fait à M. Taylor, mademoiselle, pour qu'il vous soit si défavorable ?

—Rien, que je sache, monsieur ; je ne l'avais jamais vu, et, par conséquent, je ne pouvais l'avoir offensé. »

M. Monrose me dit qu'il allait voir M. Taylor, et qu'il allait le faire m'écrire. Effectivement, je reçus dans la journée une lettre du secrétaire de la Comédie Française. Il me priait de passer au théâtre le dimanche suivant, M. Taylor désirant m'entretenir. Deux messieurs, qui étaient venus avec nous à ma lecture, eurent la complaisance de nous accompagner le dimanche au rendez-vous que venait de nous faire donner M. Taylor. Nous le trouvâmes ; je lui demandai des nouvelles de ma tragédie : il me dit que c'était pour m'en parler qu'il m'avait fait prier de passer.

« Eh bien ! monsieur, saurai-je enfin ce que ces messieurs pensent de ma pièce ?

—Ces messieurs, mademoiselle, en trouvent le plan parfait ; ils admirent la beauté des vers, la rapidité du dialogue, ainsi que la vérité des passions que vous y avez traitées. Ils trouvent la mise en scène magnifique, et votre cinquième acte du plus grand effet.

SUR LA LECTURE DE MA TRAGÉDIE.

— Suis-je acceptée, monsieur?

— Non, mademoiselle, ces messieurs vous refusent. Moi seul ai été pour vous ; mais une voix ne pouvait l'emporter sur celles de ces messieurs. Ils ont signé une lettre de refus : je me suis opposé à ce qu'elle vous soit envoyée, j'ai préféré, par égard pour vous, mademoiselle, vous dire moi-même ce qu'ils ont décidé, car je ne suis pas dans l'habitude d'instruire verbalement les auteurs de la décision du comité.

— Quel est le sujet du refus, monsieur?

— Mademoiselle, c'est au génie à le deviner.

— Mais, monsieur, il me semble qu'un refus doit être motivé ; et, puisque vous refusez de m'en instruire, je vous dirai que je sais que MM. Monrose, Joanny et Granville, ont accepté ma tragédie, et que vous seul avez été contre moi.

— Vous avez donc vu quelqu'un, mademoiselle? s'écria-t-il tout troublé. »

Cette phrase maladroite l'accusait ; mais je crois qu'il la prononça malgré lui.

« Je sais encore, monsieur, qu'un comité doit être de sept ou de cinq ; je demande une autre lecture.

— Vous l'aurez, mademoiselle, si vous croyez qu'on n'ait pas agi légalement avec vous. Cependant un membre, souvent, suffit pour accepter une pièce.

— Si un membre suffit, comment se fait-il que vous trouviez incompétens les trois qui m'ont acceptée? Eh bien! monsieur, si j'ai la majorité du comité?...

— Eh bien! mademoiselle, vous serez acceptée.

— Me ferez-vous jouer, monsieur?

— Non, mademoiselle.

— Et pourquoi, s'il vous plaît?

— Parce que je ne suis pas convaincu que vous puissiez attirer la foule.

— Mais, monsieur, mon nom est déjà bien connu, et vous-même m'avez dit que c'était une puissante recommandation.

— Cela ne fait rien, mademoiselle.

— Cependant le nom d'une femme a valu un brillant succès à la *Belle Fermière*.

— Vous êtes dans l'erreur, mademoiselle, c'est que la *Belle Fermière* est une pièce du plus grand mérite, et que c'est à ce mérite qu'elle a dû les huit cents représentations qu'elle a eues aux Français.

— Eh bien ! monsieur, si ces considérations ne sont rien, je pense que la magnificence des décors et la pompe de la représentation sont quelque chose pour le public.

— Non, mademoiselle.

— Quoi ! monsieur, tout le luxe oriental, uni à ce magnifique palais de l'Alhambra, ce jardin du généralif, si vanté, et cette belle place de l'Albaysin, ne pourraient piquer la curiosité de personne?

— Non, mademoiselle ; je vous mettrais tout Grenade sur la scène que pas une personne ne sortirait de chez elle pour l'aller voir.

— Mais si ma tragédie réunit les avantages que lui ont trouvés ces messieurs, c'est pourtant une chance de succès.

— Vous êtes dans l'erreur, mademoiselle, cela ne fait rien.

— Alors, monsieur, soyez donc assez bon pour m'indiquer les corrections qu'il faut que je fasse à ma pièce, afin que vous ne vous opposiez plus à sa représentation.

— Je ne m'y opposerais pas, mademoiselle, si je pouvais me persuader qu'elle pût me faire faire de l'argent.

— Eh ! pourquoi en douter, monsieur?

— C'est qu'il n'y a pas conviction chez moi, mademoiselle.

— Oh ! ne soyez pas insensible à la prière d'une pauvre jeune fille qui vous implore pour sa mère; songez que je suis son seul soutien....

— Mademoiselle, je n'ai plus rien à vous dire.

Maman, qui pendant toute cette scène avait gardé le silence, me dit alors :

« Sortons; tu ne parviendrais pas à convaincre monsieur.

— Madame, répondit M. Taylor, taisez-vous, vous n'avez

pas le droit de parler ; dans un procès, vous ne seriez pas entendue, car tous les oiseaux trouvent leur nid beau. »

Maman obéit à cet ordre insolent de M. le baron Taylor. Avant de sortir, je lui redemandai s'il était bien vrai qu'une lettre de refus avait été écrite et signée par MM. Monrose, Joanny et Granville.

« Je vous le répète encore, mademoiselle, me répondit-il ; c'est moi qui, par égard pour vous, n'ai pas voulu qu'on vous l'envoyât. »

Comme il achevait ces mots, la porte du comité s'ouvrit, et M. Monrose entra. Il vint à moi d'un air riant.

« Monsieur, lui dis-je, je viens de prendre un arrangement avec M. Taylor : j'aurai une seconde lecture devant un comité de sept membres.

— Il le faut bien, dit M. Monrose, cela ne peut pas être autrement.

— Monsieur, lui dis-je, vous avez donc refusé ma tragédie ?

— Non, mademoiselle, nous l'avons acceptée tous trois.

— Comment se fait-il donc, monsieur, que vous ayez signé une lettre de refus ?

— Qui vous a dit cela, mademoiselle ?

— M. Taylor que voici... »

Alors M. Monrose croisa les bras, passa devant M. Taylor, et frappant du pied :

« Qu'avez-vous dit, monsieur ? Nous avons signé une lettre de refus ! Cela n'est pas ; nous avons tous trois accepté la tragédie de mademoiselle ; c'est vous, monsieur, qui vous êtes opposé à la réception. Permettez-moi, monsieur, de vous dire que tout ce que vous avez fait jusqu'ici est fort ridicule et surtout fort inconvenant. Ayez soin qu'à la seconde lecture de mademoiselle il ne manque personne au comité ; prenez vos précautions, monsieur. Vous aurez la bonté de laisser passer Camille Desmoulins, afin que nous ne soyons détournés par rien. La tragédie de mademoiselle est trop importante pour être entendue légèrement. »

M. Taylor ne répondit pas un mot : il était anéanti. M. Monrose me parut alors un géant, M. Taylor ne me sembla plus qu'un nain. Nous sortîmes. Toute cette scène s'est passée devant les deux messieurs qui nous accompagnaient. J'ai su depuis que M. Taylor avait dit à MM. Monrose, Joanny et Granville qu'il prendrait sur lui de me dire qu'ils avaient refusé ma tragédie. M. Monrose lui répondit que s'il le faisait, lui et ses camarades lui en donneraient le démenti partout où ils le trouveraient. M. Taylor, malgré cette menace, a fait le mensonge; et M. Monrose a tenu sa promesse, en lui donnant devant moi ce démenti. Je n'ai pas sollicité d'autre lecture, je m'en suis tenue là jusqu'ici, car je suis persuadée qu'aucun moyen ne doit répugner à M. Taylor lorsqu'il veut empêcher une pièce de paraître.

M. le docteur C. B. ayant fait, pour le journal du *Temps*, un article sur ma tragédie, dans lequel il disait qu'il serait odieux aux directeurs de me faire éprouver le moindre obstacle, M. Taylor, qui a des agens dans tous les bureaux de journalistes, averti avant l'impression de l'existence de cet article, fut prier à mains jointes le rédacteur de ne pas l'insérer. Celui-ci parut étonné, et lui fit connaître qu'on savait ce qu'il m'avait fait. M. Taylor se défendit le mieux possible, mais ne put obtenir, malgré toutes ses supplications, que le retranchement du passage où il était question des directeurs.

Je joins ici les copies des lettres dont parle Elisa dans sa lecture. Je conserve ces autographes avec grand soin.

LETTRES.

MINISTÈRE DE L'INTÉRIEUR.

Direction des Beaux-Arts et Belles-Lettres.—Cabinet du directeur

Vendredi, 15 avril 1831.

Je m'empresse d'envoyer à mademoiselle Elisa Mercœur la lettre que vient de m'adresser M. Taylor. Je la prie de croire à mon entier dévouement, et d'agréer l'assurance de ma considération distinguée.

Son très humble et très obéissant serviteur,

Hipp. ROYER-COLLARD.

COMÉDIE FRANÇAISE.

Monsieur,

Mademoiselle Mercœur aura une lecture la semaine prochaine, le tour de faveur dépendra naturellement de la réception (1).

---

(1) Et ce fut probablement pour ne pas être obligé de donner le tour de faveur, qui dépendait de la réception de la tragédie, que le baron Taylor jugea à propos de ne la pas recevoir. Il a toujours ignoré qu'Elisa possédât sa lettre.

Je lui dirai que j'ai reçu votre recommandation (1), et ne doutez pas, monsieur, de tout le plaisir que j'aurai toujours à faire ce qui pourra vous être agréable.

Mille assurances de dévouement et des sentimens de la plus haute considération.

TAYLOR.

Jeudi.

MINISTÈRE DU COMMERCE ET DES TRAVAUX PUBLICS.

Paris, le 25 avril 1831.

MADAME,

Je désirerais vivement assister à la lecture de l'ouvrage de mademoiselle votre fille, au comité du Théâtre-Français, et je le désirerais doublement, puisque vous pensez que ma présence pourrait avoir quelque influence sur les membres du comité; mais malheureusement mes occupations nombreuses me privent de ce plaisir. Soyez, je vous prie, l'interprète de tous mes regrets auprès de mademoiselle votre fille, et assurez-la de toute la part que je prendrai à ses succès.

Recevez, madame, l'hommage de ma respectueuse considération,

Votre très humble et très obéissant serviteur,

Hipp. ROYER-COLLARD.

---

(1) Il se garda bien d'en parler. Promettre et tenir ne sont pas tout un chez M. Taylor.

CABINET DU MINISTRE DU COMMERCE ET DES TRAVAUX PUBLICS.

Paris, le 23 octobre 1832.

Mademoiselle,

J'ai lu avec beaucoup d'intérêt votre tragédie de *Boabdil*. Vous avez peint avec vérité les mœurs si originales des Arabes conquérans de l'Espagne, et vous avez su tirer un grand parti des traditions historiques. Veuillez, mademoiselle, agréer mes félicitations bien sincères, et recevoir l'assurance des sentimens de la considération la plus distinguée.

Le pair de France, ministre du commerce et des travaux publics,

Comte D'ARGOUT.

Mademoiselle Elisa de Mercœur, rue du Bac, 43.

NOTICE

SUR JANE GRAY.

Il n'y avait pas encore un mois que nous étions à Paris, quand Elisa, d'après le conseil de M. S....., un grand ami du docteur Alibert, entreprit de faire une tragédie sur Jane Gray.

« Vous avez un talent si éminemment dramatique, mademoiselle Mercœur, lui dit M. S..... dans une visite qu'il nous fit, que je suis persuadé que vous réussiriez parfaitement à faire une tragédie..... Jane Gray est un sujet que j'ai toujours désiré de voir traiter par une femme... Vous devriez l'essayer... Faites un plan, et si vous avez assez de confiance en moi.

pour me le communiquer, je vous promets de vous dire franchement ce que j'en penserai. »

Quelques jours après, munies du plan bien détaillé, nous nous rendîmes chez M. S..... ; il le lut avec une grande attention, non sans cependant secouer la tête et sans froncer les sourcils, ce qui ne parut pas à Elisa devoir être d'un fort bon augure.

« Vous n'avez pas fait Marie d'Angleterre rivale d'amour de Jane Gray, mademoiselle Mercœur; vous n'avez pas de pièce...

— Et moi, monsieur, j'ai pensé au contraire que je n'en aurais pas si j'établissais entre Jane et Marie une autre rivalité que celle du trône. Car enfin, Jane Gray ne deviendrait qu'une pâle et froide imitation de Marie Stuart... d'Elisabeth... d'Olga... de...

— Eh! qu'importe, mademoiselle Mercœur, que ce soit imitation ou non, l'essentiel est que votre tragédie puisse être jouée, et vous n'avez que ce seul moyen... Ne soyons, croyez-moi, pas plus scrupuleux que nos pères : ils imitaient les pièces des anciens, imitons les leurs, et nos neveux imiteront les nôtres à leur tour.

— Mais, monsieur, si toutes les générations ne font que s'imiter, qui donc se chargera de la création? A quoi nous servirait, je vous prie, cette noble faculté de l'âme que Dieu nous a départie : la pensée! si nous ne devions répéter de père en fils que les pensées d'un certain nombre? Songez donc que nous ne serions que de véritables perroquets... Nos pères ont imité, dites-vous; je le sais; mais vous devez savoir aussi qu'ils mettaient après le titre des pièces qu'ils imitaient : imitation de tel ou tel, et que, par conséquent, ils pouvaient sans scrupule, ils le devaient même, prendre tout ce qui leur semblait susceptible de produire de l'effet; tandis que moi, qui ne pourrai présenter ma Jane Gray comme une imitation, si je dérobe à droite et à gauche des situations qui ont assuré le succès des auteurs qui les premiers ont su les faire naître ou les placer à propos, on me traitera de plagiaire; et je vous avoue que ce reproche me serait on ne peut plus pénible, car il n'entre point dans mes principes d'exploiter à mon profit les pensées des autres.

— Eh! mon Dieu! mademoiselle Mercœur, faites Jane Gray sans vous arrêter à toutes ces considérations; si elle réussit, on ne vous demandera pas où vous aurez pris les situations auxquelles elle devra son succès, croyez-en ma vieille expérience... Refaites donc votre plan, et n'oubliez pas surtout que sans rivalité d'amour, point de pièce. »

Un ami de M. S....., qui était présent et qui sortit en même temps que nous, dit à Elisa, chemin faisant :

« Vous ne me paraissez pas bien convaincue, mademoiselle, de la possibilité de faire une bonne tragédie avec la rivalité d'amour.

— Ce n'est pas la conviction qui me manque, monsieur, croyez-le bien, je ne manque que de goût pour l'imitation, voilà tout ; car vous sentez bien qu'il n'y a pas de moyen de conserver de doutes sur la possibilité de faire une bonne pièce avec la rivalité d'amour, puisque ce sentiment irrésistible, véritable vautour du cœur, est le pivot de tant de chefs-d'œuvre que les siècles ont consacrés, et dont les continuels succès donneraient un démenti formel aux plus incrédules... Mais, vous le savez, tous les écrivains ne réussissent pas également dans le même genre, chacun a le sien... Les uns traduisent, imitent... les autres créent... Moi, je me crois plus de dispositions pour créer que pour imiter ; et si ce n'était la crainte que M. S....., dont j'admire le beau talent dramatique, ne s'imaginât que je dédaigne ses avis, ou que je suis trop hautaine pour les vouloir suivre, je laisserais là Jane Gray que je ne pourrai jamais, malgré tous mes efforts, rendre digne de fixer l'attention de qui que ce soit.

— Et moi, je pense, mademoiselle, que vous saurez la rendre l'objet de l'intérêt de tous, et qu'il ne vous faudra que le vouloir pour le pouvoir... Prenez donc la plume sans trembler, et persuadez-vous bien que lorsqu'on possède un génie comme le vôtre, il n'est point de genre qui lui résiste...

— On a tant et si bien fait dans celui de l'imitation, monsieur; on a été si loin que je crains de me laisser choir sur la route que tant d'habiles écrivains ont parcourue, et je vous avoue franchement que la pensée d'une chute me fait peur...

— Rassurez-vous, mademoiselle, vous n'aurez point à craindre un tel malheur... Mais comme l'expérience est nécessaire en tout, vous ne feriez pas mal, je crois, de vous laisser guider par celle de M. S....., vous n'en sauriez trouver qui connût mieux les localités.... D'ailleurs, M. S..... s'intéresse si vivement à vos succès que vous pouvez compter qu'il fera tout ce qui dépendra de lui pour vous faire obtenir celui que vous mériterez sans nul doute... Je vous engage donc, mademoiselle, à ne rien faire sans le consulter, et lorsque votre tragédie sera achevée, s'il ne lui trouvait pas toute la perfection qu'exige une œuvre de cette importance et qu'il jugeât à propos d'en élaguer un et même deux actes, faites-le, croyez-moi sans hésiter, c'est l'homme qui possède le mieux l'entente de la scène...

— L'idée d'un pareil sacrifice, monsieur, suffirait pour me décourager à jamais, car je trouve que c'en est un déjà bien grand que de renoncer au plan que j'ai tracé, non seulement d'après mes sensations, mais d'après les mille et une combinaisons qu'il m'a fallu faire pour trouver des situations neuves et dramatiques, dont l'intérêt toujours croissant amène un dénoûment heureux et non prévu... — En vous disant, monsieur, que j'ai le malheur, je dis malheur, puisqu'il m'y faut renoncer, d'être contente de mon plan, dont le dénoûment me plaît, c'est vous dire combien le sacrifice m'en est pénible, et combien aussi il me serait pénible d'être obligée de me familiariser avec la pensée de n'écrire que pour le néant, conséquence inévitable lorsque l'inspiration ne vous a pas mis la plume à la main. Enfin, dit-elle, je vais demander à Dieu de m'inspirer des pensées des autres... Marie d'Angleterre devra, m'a dit M. S....., obliger sa jeune rivale à renoncer à son titre d'épouse; mais comme Marie saura bien qu'en brisant les nœuds qui unissent Jane Gray à Gilfort elle ne fait que resserrer plus fortement ceux de leur cœur, elle fera assassiner Jane par un jeune fanatique qu'elle aura endoctriné... C'est à peu près, je crois, ce que m'a dit M. S......

— C'est cela même, mademoiselle; mais, dites-moi, est-ce que vous ne trouvez pas ce dénoûment bien dramatique?

— Pardonnez, monsieur, seulement je trouve qu'on s'en sert trop souvent, car vous n'ignorez pas comme à la scène l'ambition, la jalousie et le fanatisme vous mettent facilement le poignard à la main, et M. S..... a beau dire que, sans rivalité d'amour point de pièce; moi, je crois cependant que j'en aurais fait une sans cela, et mon dénoûment du moins aurait été neuf (1);

(1) Voici à peu près autant, que je puis me le rappeler, le dénoûment d'Elisa auquel la pauvre enfant tenait tant, et qu'elle brûla pour ne pas céder à la tentation de le prendre pour guide, et ce dont elle a eu bien du regret depuis !

Jane Gray, à la vue des bourreaux prêts à laisser tomber le fer

mais vous ne pouvez m'en dire votre sentiment, puisque M. S..... a lu mon plan tout bas. »

Quoique Elisa regrettât vivement son plan, elle ne laissa pas cependant que d'en combiner un autre sur les données de M. S..... Il le trouva bien. Alors Elisa commença sa tragédie, c'est-à-dire qu'elle fit des vers, de beaux vers et beaucoup, mais sans résultat, sans arrêter un acte, une scène. Elle fit et repoussa successivement plusieurs expositions (1), parce que, comme elle l'avait dit à l'ami de M. S....., elle manquait de goût pour l'imitation, et qu'elle y trouvait toujours quelque rapport avec ce qui avait été fait; ce qui la mettait dans un état d'irrésolution désespérant pour un poète... Un jour qu'elle avait

sur la tête de l'époux qu'elle idolâtre si elle n'embrasse la religion de Marie, ne peut se résoudre, pour sauver les jours de l'époux pour lequel elle sacrifierait mille vies si elle les avait, à abjurer sa croyance religieuse, et, à genoux, les bras tendus vers cet époux que son refus condamne à mourir, lui demande pardon de ne pouvoir le préférer à Dieu. Puis, se relevant, et avec cette dignité que donne le sentiment intime de la conscience dit à Marie qui est assise sur le trône d'ordonner à ses bourreaux de frapper ses deux victimes : Que Dieu l'emporte!!!

Jane Gray a dix-sept ans; luttant ainsi entre la religion et l'amour, et la religion l'emportant, présentait, selon Elisa, un intérêt beaucoup plus puissant et beaucoup plus dramatique que Jane Gray assassinée lorsqu'il n'a pu dépendre d'elle de ne pas l'être.

(1) Elles se trouvent à la fin de cette notice.

rejeté et repris vingt fois la plume, un élève de Talma, homme de beaucoup de talent et d'esprit que nous avions connu à Nantes où il avait joué les premiers rôles avec un grand succès, vint nous voir...

— Que faites-vous depuis que vous êtes à Paris, mademoiselle Mercœur? dit-il à Elisa.

— Rien, monsieur Mainvielle (1), rien... C'est-à-dire que je travaille sans rien faire...

Alors Elisa lui raconta qu'on lui avait conseillé de faire une tragédie sur Jane Gray; qu'elle avait fait un plan qui, selon elle, était bien, et dont le dénoûment surtout lui plaisait infiniment; que l'ayant soumis à la personne qui lui avait donné le conseil de faire Jane Gray, cette personne avait repoussé le plan dont elle lui parlait, parce qu'elle n'y avait pas fait Marie d'Angleterre rivale d'amour de Jane Gray; qu'elle avait refait un autre plan sur les idées qu'on lui avait données, et que c'était d'après

(1) M. Mainvielle est beau-frère de la célèbre cantatrice madame Fodore-Mainvielle. M. Mainvielle jouissait, à Nantes, d'une grande considération et pour son talent et pour sa personne. Lorsque Talma vivait, M. Mainvielle le suivait dans ses voyages. Cet inimitable acteur se trouvait heureux d'être secondé par son élève.

ce plan qu'elle travaillait, ou plutôt qu'elle ne faisait rien, puisque, malgré tous les vers qu'elle avait composés, elle n'était pas plus avancée que le premier jour, ne pouvant s'arrêter à rien, étant toujours mécontente de ce qu'elle faisait.

« Ecoutez, lui dit M. Mainvielle, je connais beaucoup d'auteurs qui tous m'ont assuré qu'ils n'est point, dans tout Paris, un meilleur conseil pour un plan dramatique que M. Tissot. C'est un homme qui a de grandes connaissances et qui, dit-on, est fort bon; je suis persuadé qu'il se fera un plaisir de vous indiquer le moyen d'amener votre Jane Gray à bien; je ne sais pas son adresse, mais il vous sera aisé de vous la procurer... »

Nous nous présentâmes donc chez M. Tissot; ainsi que M. Mainvielle l'avait prévu, il accueillit Elisa avec bonté et écouta fort attentivement le détail du plan de la tragédie qu'elle faisait.

« Vous avez fait Marie d'Angleterre rivale d'amour de Janne Gray, mademoiselle Mercœur, vous n'avez pas de pièce, car cela ressemblera à Marie Stuart, à Olga, à Elisabeth, etc., etc...

— Je le pense aussi, monsieur; mais, n'osant

m'en rapporter à mon inexpérience, je suis venue vous prier de m'éclairer de vos sages conseils, et je dois bien de la reconnaissance à la personne qui m'a engagée à m'adresser à vous; car vous venez, dans un instant, de trancher toutes mes irrésolutions.

— Eh bien ! maman, me dit Elisa, lorsque nous eûmes quitté M. Tissot, suis-je au moins dans une situation assez embarrassante... Tu le vois, j'ai consulté pour ma tragédie de Jane Gray les deux hommes qui ont le plus de connaissances dans ce genre; et, certes, il est impossible d'être d'un avis plus opposé. Que dis-tu de cela?...

— Je dis, ma chère mignonne, que tu connais la fable du Meunier, son Fils et l'Ane, et que tu feras bien d'en mettre la morale en pratique; j'ajouterai même que Jane Gray n'étant pas de ton goût (1), tu ne dois te faire aucun scrupule de l'abandonner; et que si tu te sens des dispositions pour le genre tragique et que tu croies pouvoir y réussir, je t'engage à revoir le sujet que dès l'âge de six ans tu voulais mettre en tra-

(1) Elisa pensait qu'on ne pouvait faire de Jane Gray qu'une tragédie en trois actes.

gédie (1) et qui, douze ans après, vint se poser devant ta pensée comme au premier jour. Car, tu sais bien que l'an dernier, lorsque Ligier vint à Nantes donner des représentations, que tu me dis en lui voyant jouer Othello, frappée de la manière dont il rendait la scène de jalousie : « Je veux faire aussi moi une tragédie africaine dont le premier rôle sera pour Ligier; mais je prendrai le sujet qui me plaisait tant étant enfant. » Alors tu arrangeas un plan pendant que l'on jouait la seconde pièce; et lorsque nous fûmes rentrées, tu fis quatre-vingts vers avant de te mettre au lit. Un sujet qui s'est si fortement gravé dans ton souvenir à l'âge où les sensations laissent si peu de traces et que les années n'ont pu effacer, mérite, selon moi, d'être examiné avec attention; ainsi, ma chère enfant, réfléchis, crois-moi, sur l'avis que je te donne, pèses-en toutes les conséquences, et si tu te décides à traiter ce sujet, n'oublie pas surtout que tu as déjà quatre-vingts vers de faits qui trouveront place dans ta tragédie.... » Un mois après ce que je viens de rapporter, Élisa achevait le se-

(1) Ce fut à l'âge de six ans qu'Elisa eut la pensée de faire une tragédie sur Boabdil, roi de Grenade, dont j'ai donné les détails dans les Mémoires qui sont en tête de ce volume.

cond acte de Boabdil, roi de Grenade, qui précède cette notice; elle n'avait mis que dix-sept jours à faire le plan et le premier acte : il est vrai que les quatre-vingts vers y étaient entrés... Joyeuse d'être dispensée de faire Jane Gray, elle jeta son plan au feu en disant : « J'ai eu le courage de livrer aux flammes le premier plan que j'ai écrit, quoiqu'il me plût; périsse ainsi le second et le dernier, car je n'en écrirai de ma vie. »

Je regrette beaucoup de ne pouvoir joindre à cette notice tout ce qu'Élisa a fait de Jane Gray; mais la pauvre enfant attachait si peu d'importance aux vers qu'elle faisait, que, dès qu'ils ne convenaient pas au sujet pour lequel elle les avait composés, elle les déchirait. Tous ceux de Jane Gray auraient eu probablement même destin si je ne m'étais aperçue qu'elle les employait à se mettre des papillotes; je la grondai; mais elle me dit de me consoler, qu'elle en ferait d'autres; que ceux-là ne valaient pas un regret. Comme elle travaillait sans suite à cette tragédie, elle passait d'un acte à l'autre sans rien terminer. Elle avait fait des choses charmantes pour le cinquième acte. Il n'en est réchappé que huit vers; car elle déchirait au premier endroit venu. Ainsi il m'est impossible de donner autre chose que des fragmens.

Ve Mercoeur,
Née Adélaïde Aumand.

JANE GRAY,

TRAGÉDIE EN CINQ ACTES ET EN VERS.

ACTE PREMIER.

La scène représente une galerie de chevaliers, des bannières, des instrumens de chasse. Jane et Gilfort sont assis contre une table l'un près de l'autre ; le bras de Gilfort est appuyé sur le fauteuil de Jane. Jane, dont un bras est appuyé sur la table, a son autre main sur ses genoux posée dans celle de Gilfort.

SCÈNE PREMIÈRE.

JANE, GILFORT.

JANE.

Ami, que parles-tu d'une autre destinée
Pure comme nos cœurs s'écoulant fortunée ?
Quand ma vie est unie à celle de Gilfort,
Puis-je dans mes désirs rêver quelque autre sort ?
Je trouve l'univers auprès de ce que j'aime.
Ah ! contre le pouvoir, contre le sceptre même,
Va, je ne voudrais pas échanger mon bonheur.

GILFORT.

Je connais, comme toi, ce qu'éprouve ton cœur.
Non, tu n'as pas besoin que l'éclat l'environne ;
Pourtant qu'il serait beau, paré d'une couronne,
Ce noble front empreint d'amour et de candeur.

JANE.

Mon ami, le repos fuit loin de la grandeur.
Si le ciel avait dû m'asseoir au rang suprême,
Si je devais sentir le poids d'un diadême,
Lorsque mille tourmens me viendraient alarmer,
Pourrais-je consacrer tous mes jours à t'aimer ?
Malgré soi, la puissance est toujours inquiète ;
Le trône ne vaut pas le prix dont on l'achète,
Mais toi, qui t'a dicté ce langage inconnu ?
Quel vœu d'ambition dans ton âme est venu ?
Toi qui, ne désirant qu'une obscure fortune,
Voyais dans la grandeur une charge importune,
Qui, fier et satisfait du nom de mon époux,
N'avais trouvé que moi dont tu fusses jaloux ?

GILFORT.

Pourquoi donc m'accuser ? Ton ami trouve encore
L'objet de son orgueil dans celle qu'il adore ;
Contemplant enivré tant de grâce et d'attraits,
Gilfort te semble-t-il, lorsqu'il t'aime à jamais,
Coupable de penser en voyant son amante
Qu'il manque une couronne à sa tête charmante ?
De beautés, de vertus, assemblage parfait,
Pour être à tes genoux, le monde semble fait.
Je voudrais, ah ! pardonne au respect qui m'entraîne,
Comme épouse, t'aimer, te servir comme reine,
Comme amant et sujet, obéir à tes lois.

JANE.

Que vois-tu de si doux dans le destin des rois ?
Laissons là, mon Gilfort, tes songes de puissance,
Vieillissant tous les deux dans une humble existence,
Loin des mille complots et du faste des cours,
Atteignons en aimant le dernier de nos jours.

GILFORT.

. . . .
. . . .

(Gilfort sort.)

SCÈNE II.

Les Précédens, ROGER ASCHAM.

JANE.

Eh ! quoi, c'est vous ; le ciel comble enfin mon espoir !
Mon père, j'éprouvais un besoin de vous voir ;
De craintes, de soupçons toujours inquiétée,
Quels soins depuis un mois ne m'ont point agitée !
Chaque jour m'a semblé tout un siècle d'ennui ;
Combien de vos conseils, j'ai regretté l'appui !
Qu'ils m'eussent été chers !

ROGER ASCHAM.

Vous m'effrayez, ma fille !
Quel malheur atteignant notre noble famille,
Est venu la frapper d'un coup inattendu ?
Aucun bruit jusqu'à moi ne s'en est répandu.
Parlez ! que pouvez-vous ou regretter ou craindre ?
Epanchez-vous dans moi, mon cœur saura vous plaindre.
Il s'ouvre à vos chagrins comme un cœur paternel :
Le mal qu'on veut cacher en devient plus cruel...

JANE.

Combien, depuis un mois, je l'ai senti, mon père ;
Car mon âme se fait un tourment du mystère ;
Je ne puis déguiser ma peine ou mon bonheur,
Je ne sais pas cacher ce qu'éprouve mon cœur.
Non, jamais, je n'ai feint la joie ou la souffrance.
Vous, de qui l'amitié reçoit ma confidence,
Le croirez-vous, déjà tout est changé pour moi ;
Mon avenir me cause une espèce d'effroi.
Naguère, aux premiers jours d'un heureux hyménée,
Quand chaque heure pour moi, s'écoulant fortunée,
Loin du faste des cours s'enfuyait doucement,
Tout était dans ma vie espoir, enchantement ;
On me sut arracher à mon paisible asile.
Je vins chercher à Londre un destin moins tranquille ;
Chacun, hélas ! mon père, en ce brillant séjour,
Rêve d'ambition même en parlant d'amour.
Gilfort qu'elle séduit, Gilfort n'est plus le même ;
Et lorsque ses remords disent encor qu'il m'aime,
Sa bouche m'entretient de pouvoir, de splendeur ;
Sa chimère poursuit un songe de grandeur.
Autour de moi, chacun à l'envi me prodigue
Des honneurs, un respect dont l'excès me fatigue.

HASSAN.

. . . .
. . . .

JANE.

J'oubliais ; dites-moi, savez-vous (car peut-être
Avant de me l'apprendre, on vous l'a fait connaître)
Ce secret qu'aujourd'hui l'on doit me révéler ?
Un secret, ce mot seul m'a fait, hélas ! trembler.
Comme un pressentiment d'un avenir funeste,
J'ai craint que du bonheur j'eusse épuisé le reste :

Dieu sait qu'à sa bonté je ne demande rien.
Quel autre sort peut être aussi doux que le mien?
J'ai peur d'un changement, j'ai peur de ce mystère !

SCÈNE III.

Les Précédens, NORTHUMBERLAND, CECIL, ARUNDEL, PEMBROCK, Chevaliers.

NORTHUMBERLAND.

Permettez que ma voix, au nom de l'Angleterre,
Ma fille, dans ces lieux, vous exprime en ce jour
Son hommage, ses vœux, son respect, son amour.
Souffrez!....

JANE.

Que parlez-vous de respect et d'hommage ?
Je ne m'explique pas, seigneur, votre langage,
Ces honneurs qu'on me rend ; je me demande en vain...

NORTHUMBERLAND.

Eh bien ! il en est temps, sachez votre destin ;
Jusqu'à présent encor vous n'avez pu m'entendre.
Les augustes secrets que je vais vous apprendre
Vous pourront étonner, ma fille ; écoutez-moi.
Le cercueil s'est ouvert pour enfermer le roi.
Edouard ne vit plus !

JANE.

Quoi ! déjà dans la tombe !
Pauvre Edouard, faut-il que si jeune on succombe !
Hélas ! qu'ont de commun son trépas et mon sort ?

NORTHUMBERLAND.

Nous appelant un jour près de son lit de mort,
« Venez, dit-il, je veux en quittant l'existence,

Du bonheur de mon peuple emporter l'assurance.
Je meurs, je veux régner pour la dernière fois.
De mes sœurs à mon trône, on proclame les droits,
Je le sais ; mais enfin quelque loi qu'on m'oppose,
Mon sceptre m'appartient. Ce bien dont je dispose,
Après moi que l'on veuille ou non le disputer,
Je le laisse à qui peut dignement le porter.
Oui, c'est à la vertu que l'amitié le donne ;
A Jane de Suffolk, je lègue ma couronne.
Elle est mon héritière et par mon libre choix. »
Nous avons fait serment de respecter vos lois ;
Ici, nous le jurons à notre souveraine.
En fidèles sujets, saluez votre reine ;
Chevaliers, avec moi tombez à ses genoux.

(Ils tombent tous aux genoux de Jane.)

JANE.

Ah ! j'étais trop heureuse. Oh ciel ! relevez-vous.
Moi votre reine, oh ! non ; c'est quelque songe horrible
Offrant à mon esprit une image terrible.
Non, non, je ne suis pas votre reine. Pourquoi
Semblez-vous vous complaire à m'agiter d'effroi,
Vous qui jetez ainsi le trouble dans mon âme ?
Que vous ai-je donc fait ?

CECIL.

Ah ! calmez-vous, madame ;
Croyez que ce n'est point un récit mensonger.

JANE.

Mon Dieu ! ferme l'abîme où l'on veut me plonger.
Par pitié, laissez-moi dans mon humble fortune :
La grandeur n'est, hélas ! qu'une charge importune ;
Je la paîrais du prix de ma tranquillité.
Laissez-moi, laissez-moi dans mon obscurité.
Le voilà dévoilé ce funeste mystère.
Quoi ! vous pensez qu'assise au trône d'Angleterre,

ACTE I, SCÈNE III.

Contre un peu de pouvoir échangeant mon bonheur,
J'irai charger mes mains d'un sceptre usurpateur !
Non, mon cœur sait haïr l'injustice et la honte.
Quel droit ai-je à ce trône où l'on veut que je monte ?
Le diadême est-il à vous pour le donner ?
Laissez-moi, laissez-moi, je ne veux pas régner.

NORTHUMBERLAND.

Du fils de Henri-Huit, vous êtes l'héritière ?

JANE.

Seigneur, lorsqu'il touchait à son heure dernière,
Lorsque dans sa douleur sans doute il délirait,
Edouard savait-il ce qu'alors il pensait.
Ah ! j'ose croire ici qu'abusant sa jeunesse,
Un indigne conseil a surpris sa faiblesse (1).

(1) Voilà une exposition si mauvaise, me dit Elisa, que je t'assure bien, maman, qu'elle ne me servira pas... Et elle fit celle qui suit.

JANE GRAY,

TRAGÉDIE EN CINQ ACTES ET EN VERS.

ACTE PREMIER.

La scène représente le cabinet de Jane Gray.

SCÈNE PREMIÈRE.

JANE, HASSAN.

HASSAN, *refermant le livre.*

Ainsi livrant l'espace à son intelligence,
Platon jadis, ma fille, expliquait l'existence ;
Et séparant en nous deux principes divers,
Au poids de sa raison en pesant l'univers,
Comprenait qu'il était une seconde vie,
Que notre âme au trépas n'était point asservie,
Et le doute tombant devant la vérité,
Lui laissait voir alors l'homme et l'éternité.

JANE.

Comme lui, dès long-temps, je me suis dit, mon père,
Qu'il était d'autres jours après ceux de la terre,

ACTE I, SCÈNE I.

Que, comme un feu mortel, le cœur ne s'éteint pas,
Et que l'on aime aux cieux comme on aime ici-bas.

HASSAN.

Dans l'asile suprême, oui, nos pensers nous suivent;
Mais comme nos vertus, nos remords nous survivent.
Ah! des biens passagers détachons notre amour :
On voit de grands palais s'écrouler en un jour;
Du bonheur tombe ainsi le fragile édifice.
Plus d'un buisson de fleurs nous cache un précipice.

JANE.

Mon père, quoi! faut-il que ma jeune raison
Cherche quelque nuage au lointain horizon?
Faut-il, quand je n'ai vu que l'aurore de l'âge,
Trembler que vers le soir il éclate un orage?
M'effrayer de l'hiver quand je suis au printemps?
Oh! non, je suis heureuse, et n'ai pas peur du temps.
Oh! non....

HASSAN.

Comme au matin toute existence est belle!
On ne croit qu'au bonheur quand la vie est nouvelle.
Quand j'étais jeune aussi, comme vous j'y croyais;
Mes jours calmes et purs s'écoulaient tous en paix.
J'ai comme vous crédule, enivré d'espérance,
Long-temps fier de mon sort, défié la souffrance.
Elle vint cependant, elle m'a détrompé
Comme un adroit esclave à sa chaîne échappé;
J'ai chassé loin de moi tout prestige éphémère,
J'ai cherché dans les cieux un flambeau tutélaire,
J'ai rejeté l'erreur, j'ai trouvé la raison,
J'ai reçu du malheur ma première leçon.
A sa terrible école, il vous attend sans doute;
Mais à peine avez-vous commencé votre route,

Vous riez en marchant, lorsque vieux voyageur,
Je sais qu'à chaque pas, on effeuille une fleur.

JANE.

Cessez de m'annoncer l'heure de la tempête.
Laissez-moi voir la vie ainsi qu'un jour de fête,
Laissez-moi l'embellir de tendresse et d'espoir,
M'enivrer de bonheur. Je ne veux pas savoir
Ce qu'ici-bas pour moi le sort, hélas! prépare :
Le mal qu'on a prévu voit-on qu'on le répare?
Quand j'offre mes pensers à Dieu qui les entend,
Je ne veux pas savoir quel avenir m'attend (1).

(1) Après avoir écrit la scène ci-dessus, Elisa me demanda comment [je la] trouvais. « Pleine de pensées, ma chère mignonne; mais il me semble [que] Jane Gray ne devait point avoir le caractère léger que tu lui donnes, [la] profonde instruction faisait, selon moi, de Jane un philosophe p[lutôt] qu'une jeune fille gaie et insouciante... — Tu as raison, me dit-elle, [mille] fois raison; mais je me suis laissé aller sans réflexion au plaisir de fair[e des] vers gracieux, mais tout-à-fait, comme tu le dis, en opposition av[ec le] caractère de Jane. Ainsi voilà du temps perdu. »

JANE GRAY,

TRAGÉDIE EN CINQ ACTES ET EN VERS.

ACTE PREMIER.

La scène représente un salon gothique orné de statues de chevaliers, de bannières, d'armes et d'instrumens de chasse. Une porte au fond. Jane et Hassan sont près d'une table où est un gros livre. Jane est assise; elle a le coude appuyé sur la table et la tête appuyée sur sa main; elle regarde Hassan comme quelqu'un qui écoute attentivement. Au lever de la toile, Hassan doit fermer le livre, ce qui doit mieux faire remarquer son silence à Jane qui est censée écouter.

SCÈNE PREMIÈRE.

JANE, HASSAN.

JANE.

Quoi ! plus rien ! J'écoutais : parlez encor, mon père ;
J'aime quand votre voix ou paisible ou sévère,
Comme un son retrouvé des accens de Platon,
Explique l'univers à ma jeune raison.
Eveillant tour à tour ma crainte et mon courage,
Vous êtes un flambeau dans la nuit de mon âge,

Et je sens avec vous ce que je ne vois pas
Dans le chemin du monde où vous guidez mes pas.

HASSAN.

Oui, ma fille, j'ai vu ce monde, ce dédale;
J'en ai payé bien cher la science fatale;
De ce qu'il m'en coûtait, à la fin consolé,
Pour mieux l'apercevoir, je m'en suis reculé.
Alors j'ai vu qu'un fils peut rougir de sa mère,
Que l'époux s'enrichit d'un présent adultère,
Que l'homme peut changer vingt masques en un jo
Qu'on vend impunément sa haine et son amour,
Qu'on osait trafiquer du nom de ses ancêtres,
Que l'esclave souvent commandait à ses maîtres,
Et que le courtisan, adroit caméléon,
Tenant prêts dans ses mains l'encens et le poison,
Flattant ou déchirant ce qu'on flatte ou déchire,
Se tait quand on se tait, rit quand on veut sourire
Et, toujours inconstant comme l'est le destin,
S'en va briser le soir l'idole du matin.
J'ai vu que l'on s'élève à force de bassesse,
Et j'ai vu le poignard dans la main qui caresse.

JANE.

Non!... ce funeste aspect épouvante mon cœur.
Si vous avez dit vrai, mieux vaut cent fois l'erreur
Ah! si c'est là du monde une image sincère;
Mon père, la vertu n'est donc plus sur la terre.

HASSAN.

Hélas! comme la honte, elle se cache au jour.
Heureux qui sait pourtant lui garder son amour.
A ce dieu blasphémé que le sage révère,
Heureux qui peut donner son cœur pour sanctuaire

ACTE I, SCÈNE I.

JANE.

Comme un pressentiment votre voix me fait peur ;
Je crains de me tromper en croyant au bonheur,
En contemplant la vie ainsi qu'un jour de fête.

HASSAN.

Trop souvent un ciel pur a couvé la tempête.
Ma fille, à vos regards il semble encor serein,
Comme il l'est aujourd'hui le sera-t-il demain ?
Peut-être le malheur vous attend pour victime,
Peut-être il n'est qu'un pas entre vous et l'abîme.
Que de fois....

JANE.

Ecoutez !... un confus souvenir...
Un songe... (s'il m'avait annoncé l'avenir !...)
Oh ! non... depuis ce temps comme autrefois heureuse,
Rien ne m'a rappelé cette pensée affreuse ;
Mais... qui donc la réveille ?... Elle vient... elle est là...
Je la sens... Attendez... un moment... la voilà.
Jadis, je n'y crus pas, et malgré ma jeunesse,
De m'en épouvanter je n'eus pas la faiblesse.
Ce rêve, cet enfant d'un esprit éperdu,
Ce sombre souvenir je le croyais perdu.
Pourquoi donc maintenant ma mémoire cruelle
Est-elle encore, hélas ! horriblement fidèle ?
C'était quand pour jamais le roi fermant les yeux,
Edouard au tombeau rejoignit ses aïeux.
Je dormais : je crus voir une antique chapelle...
D'une expirante voix qui tout à coup m'appelle :
Viens, Jane, me dit-on, viens, approche, il est temps,
C'est l'heure ; au rendez-vous, tu tardes bien long-temps.
Dans mon effroi, docile, étonnée et timide,
Je marche en écoutant cet accent qui me guide.

C'est Edouard vêtu de la pompe du deuil.
Je monte en frémissant les degrés du cercueil.
Une majesté sombre est là qui l'environne ;
Soudain me découvrant un sceptre, une couronne :
Dans ma tombe, pour toi, je les avais cachés,
Me dit-il ; prends. Ses bras vers moi se sont penchés.
Alors j'ai cru sentir, dans ma frayeur extrême,
Se poser sur mon front comme un froid diadême.
Oui, j'eus froid, oui... Je fuis ce temple de la mort.
Je m'élance, je vois qui ? Mon père et Gilfort.
Un peuple répétant mon nom qu'il vocifère,
Me proclame à grands cris reine de l'Angleterre.
Mon époux le premier s'incline devant moi.
Je m'assieds à la place où fut le dernier roi.
Bientôt (à ce penser, mon père, je frissonne)
Je cherche, je regarde et ne vois plus de trône ;
Seulement il s'élève un immense échafaud.
Je vois, je vois briller la hache du bourreau.
Je me débats pour fuir l'épouvantable fête,
De Gilfort à mes pieds soudain bondit la tête.
Je tombe... Un cri de mort est encore entendu...
C'était le mien, mon père, et je n'ai plus rien vu.
J'avais jusqu'à présent considéré ce songe
Comme une vague erreur, un futile mensonge.
Ce rêve en mon esprit revenu malgré moi,
M'inspire comme un trouble, une espèce d'effroi (1).

(1) Allons, voilà encore du travail inutile ; tout le monde a fait des songes... Et Elisa condamne le sien à ne pas voir le jour.

JANE GRAY,

TRAGÉDIE EN CINQ ACTES ET EN VERS.

ACTE PREMIER.

Au lever de la toile, Northumberland est assis ; il se lève.

SCÈNE PREMIÈRE.

NORTHUMBERLAND, seul.

Je l'emporte ! asservis au joug de ma puissance,
Mes rivaux, abaissés jusqu'à l'obéissance,
Viendront, tout en doutant que je daigne les voir,
Déposer à mes pieds leur crainte et leur espoir ;
Leur égal d'autrefois est maintenant leur maître.
De ce rang, de ce nom, je suis digne peut-être.
Sommerset, j'ai compris la leçon de ta mort ;
En découvrant l'écueil, tu m'as montré le port.
N'opposant aucun voile à ton orgueil suprême,
Tu ne t'abandonnais qu'à la foi de toi-même ;
Tu bravais le torrent dont le cours t'entraînait ;
Moi, je me suis plié quand le vent me courbait.

Souvent simple flatteur d'un roi dont la jeunesse
De son docile esprit me livrant la faiblesse,
Croyait sans se douter que je lui commandais,
Me guider vers le but où je le conduisais.
Cédant ainsi, j'ai su, conjurant la tempête,
De degrés en degrés monter jusques au faîte.
J'y suis... Des faux dehors dépouillons le manteau,
Naguère nécessaire, aujourd'hui vain fardeau.
Celle à qui mon adresse assura la couronne
N'oubliera pas quelle est la main qui la lui donne ;
Voyant avec mes yeux, parlant avec ma voix,
Reine, elle deviendra l'esclave de mes lois.
Oui! pourquoi sans cela, déshéritant pour elle
Celle enfin qu'à ce trône un juste droit appelle,
M'aurait-on vu sans fruit, infidèle à nos rois,
Sur elle d'Edouard faisant tomber le choix.
J'ai pour me l'enchaîner choisi ma souveraine;
Jane, à moi le pouvoir, à toi le nom de reine.

SCÈNE II.

NORTHUMBERLAND, CECIL, ARUNDEL, PIMBROCK.

NORTHUMBERLAND.

Venez, seigneurs, je veux, arrêtant nos projets,
Agiter avec vous de sacrés intérêts.
Enfin voici l'instant où le sort se déclare;
Pour la dernière fois, l'orage se prépare,
Il gronde. A sa fureur sachons en liberté
D'un généreux courage opposer la fierté.
Du destin qui l'attend trop incertain encore,
De soi-même ennemi quand l'état se dévore;
S'il tombe de sa chute, osons le relever :
C'est quand il va se perdre à nous de le sauver.

ACTE I, SCÈNE II.

ARUNDEL.

. . . .
. . . .
. . . .
. . . .
. . . .
. . . .
. . . .

NORTHUMBERLAND.

Quoi ! n'ose-t-on déjà s'en rapporter à moi,
Seigneurs ; et vous aussi doutez-vous de ma foi ?
Marie à peine arrive, on craint déjà pour elle,
Je dois vous l'avouer, m'étonner de ce zèle ;
Tremblant en sa faveur, c'est moi qu'on a prié.
Qu'a-t-elle donc enfin tant besoin de pitié ?
Dans ce soudain effroi je ne vous puis comprendre.
Elle vient, mon devoir est ici de l'attendre.
C'est en fille de roi que je la recevrai,
Seigneurs ; et s'il le faut, que je la défendrai.

ARUNDEL.

Oui, comme on doit la voir vous la verrez peut-être ;
Mais du peuple inconstant jurez-vous d'être maître ?
Lorsqu'il saura qu'au trône elle a perdu ses droits,
En elle verra-t-il la fille de ses rois ?
Son respect au malheur n'est pas long-temps fidèle ;
Mais un autre intérêt près de vous nous appelle.
Seigneur, depuis trois jours le roi dort au cercueil ;
Seuls toujours en secret porterons-nous son deuil ?
Prolongeant son erreur combien de temps encore
Voulez-vous le cacher au peuple qui l'ignore ?
Quand Édouard n'est plus, combien donc voulez-vous,
Que du sein de la tombe il règne encor sur nous ?

NORTHUMBERLAND.

Ce secret, ce retard que j'ai cru nécessaire
Aux ligues des partis dérobe l'Angleterre.
Du monarque espagnol déjà l'ambassadeur
D'Edouard pour Philippe a demandé la sœur.
En elle, Charles-Quint voit notre souveraine,
Pour dot voulant un sceptre, et pour fille une reine
Qu'on l'accorde sans trône, il ne l'accepte pas.
Du fils de Henri-Huit il attend le trépas.
S'il apprend qu'Edouard a fermé la paupière,
Qu'il s'est au lit de mort choisi son héritière,
Voudra-t-il, de Marie abandonnant les droits,
Laisser une autre assise au trône de nos rois?
Déjà si je n'avais écouté la prudence,
Nous le verrions ici l'aider de sa puissance.

PIMBROCK.

. . . .
. . . .

(Arundel et Pimbrock sortent

SCÈNE III.

NORTHUMBERLAND, CECIL.

NORTHUMBERLAND.

Oui, le sort, cher Cecil, est enfin mon esclave;
Vainement on m'oppose une dernière entrave.
Je saurai la détruire, et l'instant est venu,
Où, jusques au sommet par degrés parvenu,
Je verrai l'Angleterre en son obéissance,
Sur le trône d'un autre adorer ma puissance.
Mais du conseil des lords vous sortez; dites-moi,
Est-il muet toujours sur le destin du roi?

ACTE I, SCÈNE III.

CECIL.

Loin qu'il ait soupçonné le trépas qu'il ignore,
Dans les secours du ciel le peuple espère encore,
Et pense qu'aujourd'hui le danger moins pressant,
Laisse enfin respirer le roi convalescent.

NORTHUMBERLAND.

Quelques heures encore il suffit qu'il le croie.
Eh! qu'il témoigne après sa tristesse ou sa joie,
N'importe, libre à lui. J'aurai dans mon pouvoir
Consolidé le siége où je prétends m'asseoir.
Remettant dans mes mains sa grandeur souveraine,
Jane, que parera son vain titre de reine,
Voyant avec mes yeux, parlant avec ma voix,
N'apposera son nom que pour signer mes lois.
Je puis le dire à vous, négligeant la contrainte,
J'éloigne en vous parlant toute inutile feinte.
Dans mes projets, Cecil, vous m'avez entendu,
Seul, vous saviez le but où j'ai toujours tendu;
Connaissant qui m'excite, ou m'arrête, ou m'enflamme,
Sans voile à vos regards je puis montrer mon âme (1).

(1) Mais ne suis-je pas bien malheureuse, maman, me dit Elisa après avoir terminé les vers ci-dessus; conçois-tu que je ne puisse pas faire un bon début? Celui-là aura le même sort des autres, je le mettrai au rebut.

ACTE V.

Le théâtre représente un cachot. Jane est seule ; elle a la tête posée sur la table dans l'attitude d'une personne endormie. Elle lève en criant et cherche sur son front.

SCÈNE PREMIÈRE.

JANE, seule et criant.

Otez ce diadème, ôtez-le, ôtez-le-moi !
(Elle cherche sur son front.)
Ah !... mais je n'en ai plus, c'était un vain effroi.
J'ai cru que vers le trône il me traînait encore.
C'était un songe horrible.... O Dieu ! toi, que j'implore,
Donne-moi le courage, oubli de la douleur ;
Ton immortel regard voit au fond de mon cœur.
Tu le sais, de ses vœux la paisible innocence
Ne t'a jamais, hélas ! demandé la puissance.
Ciel ! Marie... (1).

(1) Voilà tout ce que j'ai retrouvé des derniers actes, quoiqu'il y en beaucoup de fait ; mais Elisa avait tout déchiré.

MÉLANGES.

A M. GUIZOT, MINISTRE DE L'INSTUCTION PUBLIQUE.

  Dans une route défleurie,
Sous un ciel froid qu'oublié un soleil bienfaisant,
  Je n'ai rencontré, pour ma vie,
Qu'indigence, regrets, vains désirs... et pourtant
J'ai peur de la quitter cette existence amère,
Et je viens vous crier : Sauvez-moi pour ma mère !
Pour elle qui, sans moi, ployant sous son chagrin,
Seule au monde de l'âme, à ceux dont sa misère
En cherchant la pitié trouverait le dédain,
  Irait, dans sa douleur cruelle,
Dire : « Ma fille est morte ! ô donnez-moi du pain !
Du pain, je n'en ai plus, pauvre enfant! c'était elle
  Dont le sort faisait mon destin (1). »
Ah ! que ce cri jamais à ses lèvres n'échappe,
Quelque acéré que soit le glaive qui me frappe,
  Que Dieu ranime dans mon sein
Le pâlissant flambeau de ma triste existence ;
Que, rendue à ma mère, et calmant sa souffrance,
Je lui donne mes soins, je charme ses vieux ans,
On prenne dans mon cœur ma part de ses tourments !

(1) Le coup d'œil qu'Elisa jetait sur elle mourant à la fleur de l'âge, sur le sort de sa pauvre mère réduite à mendier son pain, lui causa une émotion si violente, qu'il lui prit un vomissement de sang qui pensa lui ôter la vie.

Je n'ose dire aussi : sauvez-moi pour la gloire ;
Fier objet de mes vœux, ma noble idole... Hélas !
Pour aller à mon nom chercher une mémoire,
Le fardeau de ma chaîne alourdit trop mes pas.
Cependant si, trouvant votre appui tutélaire,
J'obtenais du Destin un regard moins sévère,
Comme le naufragé qui touche enfin le port,
Recueillant sa pensée, à genoux sur le bord,
Vers Dieu qui l'a sauvé, fait monter sa prière,
Ainsi, par vos secours recouvrant la lumière,
   Pour célébrer mon protecteur,
   De votre noble bienfaisance
   Le souvenir inspirateur
   Saurait, dans ma reconnaissance,
Féconder à la fois mon esprit et mon cœur.(1)
         Elisa Mercœur.

Avril 1834.

A S. A. R. MADAME, DUCHESSE DE BERRI.

. . . . (2)
Incertain des baisers d'Auster ou de Zéphire,
Inhabile pilote, au vent douteux du sort
   Confiant mon léger navire,
Je disais : qui l'attend de l'écueil ou du port ?

Et je cherchais aux cieux quelque brillante étoile
Dont la clarté guidât mon fragile vaisseau ;
Mais dans l'ombre glissait ma passagère voile,
Sous le dôme d'azur n'était pas un flambeau.

(1) Comme je l'ai dit dans les Mémoires, M. Guizot ne fut point insensible au cri poussé par le cœur de ma bonne fille.
(2) Les points marquent les endroits où était la prose.

Et mon âme docile à l'effroi du naufrage,
Infidèle à l'espoir ne rêvait qu'un écueil,
Plus avançait l'esquif, plus fuyait le rivage,
  Chaque souffle était un orage,
  Chaque flot était un cercueil.

. . . .

  Quand votre influence propice (1),
Combattant mon destin peut vaincre sa rigueur,
Daignez de mes projets devenir la complice,
Avec moi conspirer ma gloire et mon bonheur !
  Et lorsque je livre ma voile
  Au vent capricieux du sort,
Daignez être pour moi la salutaire étoile
Dont la clarté me guide et me conduise au port !

       Elisa Mercoeur.

Avril 1828.

(1) On sera sans doute étonné que la dernière strophe de la pièce ci-dessus ait eu un double emploi, et que cette pièce ne soit pas par ordre de date dans ce volume ; mais tout étonnement cessera quand on saura qu'il était imprimé depuis long-temps lorsque je l'ai trouvée, ce qui m'a obligée de la placer à la fin, et qu'ayant dans la mémoire la strophe dont je viens de parler et que je croyais être un à propos qui terminait ce qu'Elisa avait adressé à la princesse de Bagration à l'occasion de la lecture de sa tragédie, je l'ai placée où on l'a vue, et n'ai reconnu mon erreur qu'en trouvant les vers que l'on vient de lire.

TABLE
DU PREMIER VOLUME

A l'Echo.	III
Introduction.	VII
Mémoires sur la vie d'Elisa Mercœur.	XVII
A Elisa Mercœur.	1
A M. de Chateaubriand.	7
POÉSIES DIVERSES. — Dors, mon Ami.	15
Elégie.	17
Ne le dis pas.	21
Le Réveil d'une Vierge.	25
Le Chant du Barde écossais.	29
Le Jeune Mendiant.	33
Le Déclin du jour.	39
L'Avenir (ode).	45
Une Nuit (élégie).	53
Stances.	59
La Feuille flétrie.	63
Le Cimetière.	67
Un An de plus.	73
Le Songe ou les Thermopyles.	77
La Pensée.	87
L'Amour.	95
L'Ombre.	99
Le Clair de Lune (élégie).	103
Tout est passé (stances).	107
Adieux à l'Existence.	113
Au Léthé.	119
Incertitude.	125
Le Sublime (ode).	131
L'Illusion.	139
La Gloire et l'Indigence (ode).	147
Annibal mourant.	153
Demain.	161
Rêverie.	165
La Gloire.	169

Childe-Harold.	179
La France littéraire. A M. le vicomte de Martignac.	183
Le Dôme des Invalides.	191
Poésies inédites.—Les 5 et 6 juin 1832.—A S. M. Louis-Philippe Ier.	199
A S. M. Amélie, Reine des Français.	207
A madame la princesse Bagration.	211
A S. A. R. monseigneur le duc d'Orléans.	217
Souhaits à la France.	221
La Neige.	225
A M. M.....x, sur la mort de mon père.	227
A mademoiselle Mars.	229
A mademoiselle Delphine Gay.	231
Paysage.	235
Annibal à Capoue.	237
Bouts rimés.	241
Bisson.	243
Le Centenaire.	247
Notice.	249
Philosophie.	257
Notice sur les Italiennes.	259
Les Italiennes. — Dialogue entre l'Imagination et l'Italie.	267
L'Oracle (fragment).	271
Les Ruines de Pompéia.	273
Napoléon.	277
L'Insulaire (fragment).	279
Le Tasse.	281
Méditation.	283
A M. l'amiral Halgan.	285
Le Vœu.	287
Le Convoi de Casimir Périer.	289
A. S. Exc. le ministre des travaux publics.	291
A la comtesse de Vaudreuil.	295
Au docteur Alibert.	299
A madame Aublin de Villers.	301
A madame Bonaparte-Wyses.	303
A madame Ernestine Panckoucke.	305
A M. le docteur d'Audéjos.	306
Pour le mariage de mademoiselle Laure R.	307
Chant polonais.	309

Invocation à madame Genoude.	311
Vers A.	313
Boabdil.	315
Détails sur la lecture de ma tragédie.	425
Lettres.	433
Notice sur Jane Gray.	437
Jane Gray (fragments).	451
MÉLANGES. — A M. Guizot, ministre de l'instruction publique.	471
A S. A. R. Madame, duchesse de Berri.	472

FIN DE LA TABLE DU PREMIER VOLUME.

ERRATA.

Page 208, ligne 18 : Excuser son audace et daigner *excuser*, lisez : Excuser son audace et daigner *exaucer*.

Page 214, ligne 25 : Combattant mon destin peut vaincre *ma* rigueur, lisez : Combattant mon destin peut vaincre *sa* rigueur.

Page 241, note, lignes 1 et 2 : On lui avait également imposé à Elisa, lisez : On avait également imposé à Elisa.

Page 255, note, ligne 1 : M. *de Jouy*, lisez : M. *Pouqueville*.

Page 256, note, ligne 2 : M. *de Jouy*, lisez : M. *Pouqueville*.

Page 267, épigraphe, ligne 8 : Qui pourrait comparer *ta* force à *sa* faiblesse? lisez : Qui pourrait comparer *sa* force à *ta* faiblesse?

Page 281, note, lignes 5 et 6 : Aussi ces *quarante* vers, lisez : Aussi ces *vingt* vers.

Page 331, ligne 9 : *Séide*, lisez : *Aly, désignant Séide*.

Page 356, ligne 9 : Je croirai près de toi, sous un *ciel tout* de flamme; lisez : Je croirai près de toi, sous un *soleil* de flamme.

Page 454, ligne 19 : Et lorsque ses *remords* disent encor qu'ils m'aiment, lisez : Et lorsque ses *regards* disent encor qu'ils m'aiment.

Page 470, vers 3 : *il* me *traînait* encore, lisez : *ils* me *traînaient* encore.

Même page, note, ligne 1 : Voilà tout ce que j'ai retrouvé *des derniers actes*, lisez : Voilà tout ce que j'ai retrouvé *du dernier acte*.

www.ingramcontent.com/pod-product-compliance
Lightning Source LLC
Chambersburg PA
CBHW050316240426
43673CB00042B/1428